H. Kaiser · Bracker | Die Staatsanwaltsklausur im Assessorexamen

Die Staatsanwaltsklausur im Assessorexamen

Von
Horst Kaiser
Vorsitzender Richter am LG Lübeck a.D.
Ehem. Arbeitsgemeinschaftsleiter für Referendare
Ehem. Mitglied des gemeinsamen Prüfungsamtes Nord für das Assessorexamen
Seminarleiter bei den Kaiserseminaren

Ronald Bracker
Richter am Landgericht Lübeck
Ehem. Arbeitsgemeinschaftsleiter für Referendare
Seminarleiter bei den Kaiserseminaren

6., neu bearbeitete Auflage 2018

Verlag Franz Vahlen

Zitiervorschlag: *Kaiser/Bracker* Staatsanwaltsklausur

www.vahlen.de

ISBN 978 3 8006 5669 1

© 2018 Verlag Franz Vahlen GmbH
Wilhelmstraße 9, 80801 München
Druck: Druckhaus Nomos
In den Lissen 12, 76547 Sinzheim

Satz: R. John + W. John GbR, Köln
Umschlaggestaltung: Martina Busch, Grafikdesign, Homburg Saar

Gedruckt auf säurefreiem, alterungsbeständigem Papier
(hergestellt aus chlorfrei gebleichtem Zellstoff)

Vorwort zur 6. Auflage

Auch in dieser Auflage ging es darum, prozessuale Probleme, die in den Examensklausuren seit dem Erscheinen der Vorauflage wiederholt auftauchten und deshalb besonders examensrelevant sind, vertieft darzustellen. Der Schwerpunkt der Überarbeitung lag jedoch darauf, die umfangreichen Gesetzesänderungen durch das Gesetz zur Reform der strafrechtlichen Vermögensabschöpfung vom 13.4.2017 (BGBl. 2017 I 872), das Gesetz zur effektiveren und praxistauglichen Ausgestaltung des Strafverfahrens vom 17.8.2017 (BGBl. 2017 I 3202) und das Gesetz zur Stärkung der Verfahrensrechte von Beschuldigten im Strafverfahren und zur Änderung des Schöffenrechts vom 27.8.2017 (BGBl. 2017 I 3295) einzuarbeiten. Selbstverständlich haben die Gesetzesänderungen in der Neuauflage nur insoweit Niederschlag gefunden, als sie für eine Klausurlösung bedeutsam erscheinen. Auf eine umfassende Darstellung der Gesetzesänderungen habe ich dagegen verzichtet.

Ich danke den Lesern der Vorauflage für wertvolle Hinweise.

Lübeck, im März 2018   *Ronald Bracker*

Vorwort zur 1. Auflage

Dieses Begleitbuch zu meinem im Rahmen der **Kaiserseminare** ausgerichteten Wochenend-seminar »Die Staatsanwaltsklausur« soll der Vorbereitung auf die Strafrechtsklausur im Zweiten Examen dienen, in der von Ihnen unter anderem die Anfertigung einer Anklageschrift gefordert wird. Ziel ist es, Ihnen das Bewältigen der häufigsten Klausurprobleme zu erleichtern. Natürlich kann im Rahmen einer derartigen Darstellung nicht jedes denkbare Problem erörtert werden. Ihnen soll vielmehr die Angst vor diesem Klausurentyp genommen werden. Zu diesem Zweck werden Ihnen Strategien aufgezeigt, Lösungsvorschläge und Formulierungsbeispiele angeboten. Dieses Buch erhebt nicht den Anspruch, eine wissenschaftliche Abhandlung zu sein, weshalb ich auch weitgehend auf Zitate verzichtet habe. Lediglich wichtige Entscheidungen vor allem des Bundesverfassungsgerichts und des Bundesgerichtshofs, die meist neueren Datums sind, habe ich genannt. Im Übrigen habe ich mich weitgehend auf Zitate aus den Kommentaren von Fischer zum Strafgesetzbuch und von Meyer-Goßner zur StPO beschränkt, weil Sie diese in den meisten Bundesländern im Klausurexamen zur Hand haben. Auch den Anspruch auf Vollständigkeit will ich nicht erheben. Dieses Buch konzentriert sich ganz und gar auf typische Klausurprobleme und soll Ihnen das für das Bestehen des Examens erforderliche Basiswissen vermitteln.

Mit den im ersten Teil dieses Buches (»Gutachten«) dargestellten Problemen können Sie auch in der Urteils-, in der Anwalts und in der Revisionsklausur konfrontiert werden, sodass die angebotenen Lösungsvorschläge Ihnen auch in diesen Klausurtypen weiterhelfen werden.

Für Anregungen und Kritik bin ich (*bracker.kaiserseminare@email.de*) jederzeit dankbar.

Lübeck, im Juli 2009   *Ronald Bracker*

Der Verfasser ist Richter in einer Strafkammer am Landgericht Lübeck und erfahrener Referendarausbilder, der über 15 Jahre lang verschiedene Arbeitsgemeinschaften im Strafrecht sowie Klausurenkurse leitete. Zudem führt er seit 1995 Fortbildungsveranstaltungen für Staatsanwälte und Richter aus vielen Bundesländern durch.

Der Verfasser veranstaltet Wochenendseminare zur Vorbereitung auf die Examensklausuren. Nähere Informationen erhalten Sie unter:

KAISERSEMINARE

www.kaiserseminare.com

eMail: info@kaiserseminare.com

Inhaltsverzeichnis

Vorwort zur 6. Auflage V

Vorwort zur 1. Auflage VI

Inhaltsverzeichnis VII

Abkürzungsverzeichnis XIII

Literaturverzeichnis XV

1. Teil. Examensvorbereitung 1

A. Klausuren üben! 1
B. Zeitschriftenlektüre 2
C. Arbeitsgemeinschaft 2
D. Aktenvorträge 2

2. Teil. Einstieg in die Klausurtechnik 3

A. Zeiteinteilung und Bedeutung der einzelnen Abschnitte 4
B. Erfassen des Sachverhalts 5
C. Gedankliche Strukturierung 6
D. Das äußere Erscheinungsbild 6

3. Teil. Das Gutachten 7

A. Der Aufbau 7
    I.   Handlungsabschnitte 7
    II. Straftatbestände 9
        1. Reihenfolge 9
        2. Sonderfall: Wahlfeststellung 11
            a) Wahlfeststellung, Postpendenz und Stufenverhältnis 11
            b) Aufbau und Darstellung 12
    III. Gliederung innerhalb des jeweiligen Straftatbestandes 14
    IV. Darstellung der einzelnen Tatbestandsmerkmale 15
B. Gutachten- und Urteilsstil 17
    I.   Urteilsstil 17
    II. Gutachtenstil 17
C. Beweiswürdigung 19
    I.   Grundregeln 19
    II. Erforderlichkeit der Beweiswürdigung 21
    III. Darstellung der Beweiswürdigung 22
        1. Der Beschuldigte gesteht 22
        2. Der Beschuldigte schweigt 23
        3. Der Beschuldigte bestreitet 23
        4. Der Beschuldigte gesteht und bestreitet teilweise 25
    IV. Die Beweismittel 25
        1. Einlassung des Beschuldigten 25
        2. Zeugen 25
        3. Sachverständige 26
        4. Urkunden 27
        5. Augenschein 27

4. Teil. Häufige Rechtsprobleme im A-Gutachten 29

A. Verfahrenshindernisse 29
    I. Rechtskraft und Strafklageverbrauch 29
        1. Reichweite in persönlicher Hinsicht 29
        2. Reichweite in sachlicher Hinsicht 30
    II. Fehlender Strafantrag 31
    III. Verjährung, §§ 78 ff. StGB 32
B. Fehlerhafte Beweiserhebung und Verwertungsverbote 32
    I. Allgemeines 33
        1. Verdachtslage und Verurteilungswahrscheinlichkeit 33
        2. Begründung eines Verwertungsverbots 34
    II. Verwertbarkeit von Beschuldigtenangaben 35
        1. Verstöße gegen die Belehrungspflicht 35
            a) Belehrungspflicht 35
                aa) Bei Vernehmungen 35
                    (1) Vernehmung 35
                        (a) Beschuldigteneigenschaft 35
                        (b) Amtliches Auskunftsverlangen 37
                    (2) Belehrungspflicht 37
                        (a) Erste Vernehmung 37
                          (aa) Eröffnung des Tatvorwurfs 37
                          (bb) Belehrung über Aussagefreiheit 38
                          (cc) Belehrung über das Recht zur Verteidigerkonsultation 38
                        (dd) Belehrung über den Anspruch auf einen Pflichtverteidiger .. 38
                        (ee) Anwesenheitsrecht des Verteidigers 39
                        (b) Wiederholte Vernehmung 39
                    (3) Dokumentationspflicht 39
                    (4) Videodokumentation 39
                  bb) Bei Verhaftung und vorläufiger Festnahme 40
             b) Verwertungsverbot 40
                aa) Verstoß gegen §§ 136, 163a StPO 40
                  bb) Verstoß gegen §§ 168c I, V, 163a IV 3 StPO 41
                cc) Verstoß gegen § 136 IV 2 StPO 42
                  dd) Verstoß gegen §§ 127 IV, 114b StPO 42
             c) Drittwirkung 42
             d) Fortwirkung des Verwertungsverbots 42
                aa) Qualifizierte Belehrung 43
                bb) Folge des Unterlassens einer qualifizierten Belehrung 43
             e) Fernwirkung 44
         2. Verbotene Vernehmungsmethoden 44
            a) Unzulässige Methoden 44
                aa) Ermüdung 45
                bb) Täuschung 45
                cc) Versprechen eines Vorteils 45
             b) Verwertungsverbot 46
            c) Fortwirkung 46
             d) Fernwirkung 46
             e) Sonderfall: Hörfalle 46
    III. Verwertbarkeit von Zeugenaussagen 47
        1. Die Belehrungspflicht gem. § 57 StPO 48
        2. Das Auskunftsverweigerungsrecht nach § 55 StPO 48
            a) Gefahr der Verfolgung 48
            b) Belehrungspflicht 48
            c) Folgen des Verstoßes 49
         3. Das Zeugnisverweigerungsrecht nach § 52 StPO 49
            a) Kreis der Zeugnisverweigerungsberechtigten 49

b) Belehrungspflicht 50
c) Verwertungsverbot 51
d) Folge der Zeugnisverweigerung und § 252 StPO 51
   aa) Ergänzendes Verwertungsverbot 51
   bb) Ausnahmen 52
     (1) Vernehmung durch Richter 52
     (2) Zustimmung zur Verwertung 53
   cc) Geltung bei Berufsgeheimnisträgern 53
IV. Verwertbarkeit sonstiger Beweismittel und Erkenntnisse 54
  1. Durchsuchung 54
    a) Durchsuchung beim Beschuldigten 55
      aa) Tatverdacht 55
      bb) Durchsuchungsgegenstand 55
      cc) Durchsuchungszweck 55
      dd) Verhältnismäßigkeit 55
      ee) Anordnungskompetenz 56
      ff) Inhalt der Durchsuchungsanordnung 58
      gg) Folgen eines Verfahrensverstoßes 58
      hh) Zufallsfunde 59
    b) Durchsuchung bei Dritten 59
      aa) Durchsuchungsgegenstand 60
      bb) Durchsuchungszweck 60
      cc) Verwertungsverbot 60
      dd) Anordnungskompetenz, Inhalt der Durchsuchungsanordnung 60
      ee) Folgen eines Verfahrensverstoßes 60
  2. Beschlagnahme 60
    a) Beschlagnahmegegenstand 60
    b) Verhältnismäßigkeit 60
    c) Beschlagnahmeverbote 61
    d) Anordnungskompetenz 61
    e) Sonderfall: Beschlagnahme von Tagebüchern 62
    f) Sonderfall: Postbeschlagnahme 62
    g) Sonderfall: Beschlagnahme von E-Mails 63
  3. Verdeckte Ermittlungsmaßnahmen der Polizei 64
    a) Nicht offen ermittelnde Personen 64
      aa) Informant 65
      bb) Verdeckt ermittelnde Polizeibeamte 65
      cc) Verdeckte Ermittler 65
        (1) Voraussetzungen für den Einsatz 65
        (2) Klausurrelevante Probleme 65
      dd) V-Leute 66
      ee) V-Leute/vE als agent provocateur 67
        (1) Konkretes Vorgehen als Tatprovokation 67
        (2) Rechtsstaatliche Grenzen 67
        (3) Folgen der Einwirkung auf den Beschuldigten 67
    b) Telefonüberwachung 68
      aa) Änderung der rechtlichen Beurteilung 69
      bb) Zufallsfunde 69
        (1) Beschuldigter und Teilnehmer 69
        (2) Dritte 69
      cc) Fernwirkung 70
    c) Online-Durchsuchung 70
    d) Akustische Überwachung 70
      aa) Wohnraumüberwachung 70
      bb) Überwachung außerhalb von Wohnungen 71
  4. Weitere Ermittlungsmaßnahmen 72

a) Einholung von Behördenauskünften 72

b) Einholung anderer Auskünfte 73

    aa) Bankgeheimnis 73

    bb) Andere Beschränkungen 73

5. Blutprobenentnahme 73

a) Anordnungskompetenz 73

b) Beschlagnahme von Blutproben 74

6. Zufallsfunde 74

C. **Unmittelbarkeitsgrundsatz und Durchbrechung** 75

  I. Andere Vernehmungsniederschriften, schriftliche Erklärungen 75

  II. Richterliche Vernehmungsprotokolle 76

5. Teil. Der prozessuale Teil 79

A. **Das prozessuale Gutachten** 79

  I. Das sachlich zuständige Gericht 79

    1. Zuständigkeiten 80

    2. Regelstrafrahmen als Ausgangspunkt 81

    3. Strafrahmenverschiebungen 81

      a) § 21 StGB: Erhebliche Verminderung der Schuldfähigkeit 82

        aa) Feststellung der Tatzeit-BAK 83

        bb) Wirkung psychodiagnostischer Kriterien 84

      b) Minder schwere Fälle 86

    4. Konkrete Straferwartung 87

  II. Örtliche Zuständigkeit 88

  III. Anklage oder besondere Verfahrensarten 89

    1. Strafbefehlsverfahren 89

    2. Beschleunigtes Verfahren 90

  IV. Absehen von der Verfolgung (§ 154 StPO) und Beschränkung (§ 154a StPO) 90

    1. Prozessualer Tatbegriff 90

    2. Beschränkung der Verfolgung nach § 154a I StPO 91

    3. Absehen von Verfolgung nach § 154 I StPO 91

  V. Privatklagedelikte und öffentliches Interesse 92

  VI. Einstellung und Teileinstellung nach § 170 II StPO 93

  VII. Verfahrenseinstellung gem. §§ 153, 153a StPO 95

  VIII. Notwendige Verteidigung 95

  IX. Nebenklage 97

  X. Untersuchungshaft 98

    1. Der dringende Tatverdacht 98

    2. Die Haftgründe 99

      a) § 112 II Nr. 1 StPO: Flucht 99

      b) § 112 II Nr. 2 StPO: Fluchtgefahr 99

      c) § 112 II Nr. 3 StPO: Verdunkelungsgefahr 100

      d) § 112 III StPO: Schwerkriminalität 100

      e) § 112a I StPO: Wiederholungsgefahr 101

    3. Verhältnismäßigkeit 101

    4. Erforderliche Schritte 102

      a) Noch kein Haftbefehl erlassen 102

      b) Haftbefehl bereits erlassen 102

        aa) Haftbefehlsvoraussetzungen sind erfüllt 102

        bb) Haftbefehlsvoraussetzungen sind nicht erfüllt 103

  XI. § 111a StPO 104

    1. Entziehung der Fahrerlaubnis, §§ 69, 69a StGB 104

    2. Vorläufige Entziehung der Fahrerlaubnis 105

  XII. Beschlagnahme und Herausgabe 106

    1. Beschlagnahme 106

      a) Beweismittel, §§ 94, 98 StPO 107

	b) Einziehungsgegenstände, §§ 111b, 111e StPO	107
	aa) Einziehung nach den §§ 74 ff. StGB	107
	bb) Einziehung von Taterträgen, §§ 73 ff. StGB	108
	c) Beschlagnahme und Vermögensarrest	108
	2. Herausgabe sichergestellter oder beschlagnahmter Gegenstände	109
	a) Herauszugebende Gegenstände	109
	b) Herausgabe an Beschuldigten, Verletzten oder Dritten	110
	c) Herausgabeverfahren	110
XIII.	Verbindung und Trennung	111
	1. Verfahrensverbindung	111
	2. Verfahrenstrennung	111
XIV.	Mitteilungen	112
XV.	Beweismittel	113
XVI.	Strafkammeranklage und Besetzung in der Hauptverhandlung	115
B.	**Die Abschlussverfügung**	116
I.	Ermittlungshandlungen	116
II.	Verfahrenstrennung	116
III.	Verfahrenseinstellung gem. § 170 II StPO	116
	1. Einstellungsentschließung	116
	2. Einstellungsbescheid und Einstellungsnachricht	117
	a) Adressaten	117
	b) Inhalt eines Einstellungsbescheids	118
	c) Inhalt einer Einstellungsnachricht	120
IV.	Opportunitätsentscheidungen	121
V.	Herausgabe beschlagnahmter oder sichergestellter Gegenstände	121
VI.	Abschluss der Ermittlungen	122
VII.	Vermerke	122
VIII.	Prüfungssache	122
IX.	Fertigung der Anklageschrift	122
X.	Mitteilungen	123
XI.	Wiedervorlagefrist	123
XII.	Übersendungsverfügung	124
XIII.	Unterschrift	126
C.	**Die Anklageschrift**	127
I.	Rubrum	127
II.	Anklagesatz	129
	1. Gesetzliche Merkmale der Tat	131
	a) Ein Angeschuldigter verwirklicht einen Straftatbestand	131
	b) Ein Angeschuldigter verwirklicht mehrere Straftatbestände	134
	c) Mehrere Angeschuldigte verwirklichen jeweils mehrere Straftatbestände	137
	2. Die Konkretisierung	139
	3. Anzuwendende Strafgesetze und sonstige Hinweise	143
III.	Beweismittel	145
	1. Einlassung des Angeschuldigten	145
	2. Zeugen	146
	3. Sachverständige	146
	4. Urkunden	146
	5. Augenschein	147
IV.	Wesentliches Ergebnis der Ermittlungen	147
	1. Beweisgrundlage	147
	2. Rechtsfolgenrelevante Umstände	147
V.	Anträge	148
VI.	Unterschrift	149
VII.	Süddeutsche Anklageform	149
VIII.	Anhang: Kurze Anklagebeispiele	151

D. Besonderheiten des Jugendverfahrens 154

    I. B-Gutachten 154

        1. Zuständigkeit der Jugendgerichte 154

            a) Jugendrichter 155

                aa) Verfahren gegen Jugendliche 155

                bb) Verfahren gegen Heranwachsende 155

                cc) Verbundene Verfahren 155

            b) Jugendschöffengericht 155

                aa) Verfahren gegen Jugendliche 155

                bb) Verfahren gegen Heranwachsende 156

                cc) Verbundene Verfahren 156

            c) Jugendkammer 156

                aa) Verfahren gegen Jugendliche 156

                bb) Verfahren gegen Heranwachsende 156

                cc) Verbundene Verfahren 156

        2. Verfahrenstrennung 156

        3. Besondere Verfahrensarten 157

        4. Notwendige Verteidigung 157

        5. Besondere Mitteilungen 157

        6. Einstellungen 158

        7. Untersuchungshaft 158

    II. Abschlussverfügung 158

    III. Anklageschrift 158

        1. Rubrum 159

        2. Anklagesatz 159

            a) Abstraktum 159

            b) Konkretisierung 159

            c) Anzuwendende Vorschriften 159

        3. Anträge 160

        4. Wesentliches Ermittlungsergebnis 160

E. Abschließende Arbeiten 161

Stichwortverzeichnis 163

Abkürzungsverzeichnis

aaO	am angegebenen Ort
Abs.	Absatz
AG	Amtsgericht
AKB	Allgemeine Bedingungen für die Kraftfahrtversicherung
Allgem.	allgemein
AO	Abgabenordnung
Art.	Artikel
BAK	Blutalkoholkonzentration
BGH	Bundesgerichtshof
BGHR	Systematische Sammlung der Entscheidungen des Bundesgerichtshofes in Strafsachen
BGHSt	Amtliche Sammlung des Bundesgerichtshofs in Strafsachen
Bl.	Blatt
Beschl.	Beschluss
BtMG	Betäubungsmittelgesetz
BVerfG	Bundesverfassungsgericht
BVerfGE	Entscheidungen des Bundesverfassungsgerichts
d.A.	der Akte(n)
dh	das heißt
EB	Empfangsbekenntnis
EBE	Eildienst bundesgerichtlicher Entscheidungen
EMRK	Europäische Menschenrechtskonvention
f./ff.	folgende
GG	Grundgesetz
ggf.	gegebenenfalls
GrS	Großer Senat für Strafsachen
GVG	Gerichtsverfassungsgesetz
hM	herrschende Meinung
Hs.	Halbsatz
InsO	Insolvenzordnung
iSd	im Sinne des (der)
iÜ	im Übrigen
iVm	in Verbindung mit
JGG	Jugendgerichtsgesetz
Js	Ermittlungsverfahren in Strafsachen
JVA	Justizvollzugsanstalt
Ls	Strafverfahren vor dem Schöffengericht
MDR	Monatsschrift für Deutsches Recht
MiStra	Anordnung über die Mitteilungen in Strafsachen
mAnm	mit Anmerkung
mwN	mit weiteren Nachweisen

NJW	Neue Juristische Wochenschrift
Nr.	Nummer
NStZ	Neue Zeitschrift für Strafrecht
NStZ-RR	Neue Zeitschrift für Strafrecht – Rechtsprechungsreport
OLG	Oberlandesgericht
Rn.	Randnummer
RiStBV	Richtlinien für das Straf- und Bußgeldverfahren
S.	Satz
SGB	Sozialgesetzbuch
sog.	sogenannte(r)
StA	Staatsanwaltschaft
StGB	Strafgesetzbuch
StPO	Strafprozessordnung
StR	Revisionen in Strafsachen beim Bundesgerichtshof
StraFo	Strafverteidiger Forum
StrEG	Gesetz über die Entschädigung für Strafverfolgungsmaßnahmen
StV	Strafverteidiger
StVG	Straßenverkehrsgesetz
U-Haft	Untersuchungshaft
u.m.A.	urschriftlich mit Akte(n)
Urt	Urteil
usw.	und so weiter
UVollzO	Untersuchungshaftvollzugsordnung
Var.	Variante
vE	verdeckter Ermittler
vgl.	vergleiche
V-Leute	Vertrauensleute
Vors.	Vorsitzende(r)
VP	Vertrauensperson
wistra	Zeitschrift für Wirtschafts- und Steuerstrafrecht
Ws	Beschwerden in Straf- und Bußgeldsachen bei den Oberlandesgerichten
wv	wieder vorlegen
zB	zum Beispiel
ZPO	Zivilprozessordnung
ZU	Zustellungsurkunde

Literaturverzeichnis

Fischer, Thomas, Strafgesetzbuch, 65. Aufl. 2018 (zit.: *Fischer*)

Hannich, Rolf (Hrsg.), Karlsruher Kommentar zur Strafprozessordnung und zum Gerichts-verfassungsgesetz, 7. Aufl. 2013 (zit.: KK-StPO/*Bearbeiter*)

von Heintschel-Heinegg, Bernd/Stöckel, Heinz (Hrsg.), *Kleinknecht, Theodor/Müller, Herr-mann/Reitberger, Leonhard* (Begr.), Loseblattkommentar zur Strafprozessordnung, 84. EL 2018 (zit.: KMR/*Bearbeiter*)

Laufhütte, Heinrich Wilhelm/Rissing-van Saan, Ruth/Tiedemann, Klaus (Hrsg.), Leipziger Kommentar Strafgesetzbuch: StGB, 12. Aufl. 2006–2015 (zit.: LK-StGB/*Bearbeiter*)

Löwe, Ewald/Rosenberg, Werner (Begr.), Die Strafprozessordnung und das Gerichtsverfas-sungsgesetz, 26. Aufl. 2006–2013 (zit.: Löwe/Rosenberg/*Bearbeiter*)

Meyer-Goßner, Lutz/Schmitt, Bertram, Strafprozessordnung, 60. Aufl. 2017 (zit.: Meyer-Goßner/Schmitt/*Bearbeiter*)

Weber, Klaus, Betäubungsmittelgesetz, 4. Aufl. 2013 (zit.: *Weber*)

1. Teil. Examensvorbereitung

Nachdem das Erste Examen nach langer Büffelei glücklich geschafft ist, ist der Wunsch, die   1
Zügel etwas schleifen zu lassen, nur allzu verständlich. Auch wenn Sie dieser Versuchung
schließlich nicht nachgeben, weil Sie ein ordentliches Zweites Examen hinlegen und während
des Referendariats Ihre Ausbilder überzeugen wollen, liegt es angesichts der Fülle des neuen
Stoffes nahe, sich auf Schwerpunkte zu konzentrieren. Dabei gerät vielen Referendaren leider
das Strafrecht aus den Augen. Diese Gefahr ist in den Ausbildungsordnungen der Länder angelegt. Während Sie sich nämlich mit dem Zivilrecht fast bis zum letzten Tag Ihrer Ausbildung befassen müssen, sei es in der Gerichtsstation, sei es in der Anwaltsstation, kommen Sie
mit dem Strafrecht regelmäßig nur am Anfang Ihrer Ausbildung in Kontakt. Haben Sie die
Station bei einer Staatsanwaltschaft oder einem Strafrichter erst einmal hinter sich und dazu
kein besonderes Faible für das Strafrecht, dann war es das. Das Wissen, dass das Strafrecht ein
überschaubares Rechtsgebiet ist, tut ein Übriges.

Machen Sie auf keinen Fall den Fehler, sich erst kurz vor dem Examen wieder dem Strafrecht
zu widmen. Es sollte Ihnen aus der Ersten Juristischen Prüfung in Erinnerung geblieben sein,
wie schwierig sich auch im Strafrecht die materielle Rechtslage darstellen kann. Im Umgang
mit prozessualen Problemen werden Sie im Zweifel nicht geübt sein, die Zeit der praktischen
Ausbildung ist viel zu kurz. Es wäre schon ein großer Zufall, wenn Sie in der ersten Station
mit allen examensrelevanten Problemen konfrontiert worden wären. Waren Sie in Ihrer Ausbildung einem Strafrichter zugewiesen, haben Sie den Abschluss von Ermittlungen mit entsprechender Verfügung und Anklageerhebung vielleicht nicht oder nur unzureichend üben
können. Und dann sind da ja auch noch die speziellen Schwierigkeiten einer Strafrechtsklausur, die sich aus dem Missverhältnis von großer Stofffülle und wenig Zeit ergeben.

A. Klausuren üben!

Für Sie kann und darf es deshalb nur eine Konsequenz geben: Beginnen Sie so früh wie möglich mit der regelmäßigen Teilnahme an den überall angebotenen Klausurenkursen. Eine Strafrechtsklausur werden Sie nur nach viel Übung sicher in den Griff bekommen. Sie müssen ein
Gefühl dafür entwickeln, was von Ihnen in der Klausur erwartet wird.

Nur die Masse macht's

Das Schreiben der wöchentlichen/monatlichen Klausur sollte Ihnen zur Pflicht werden. Den
sicheren Umgang mit den gängigen Problemen werden Sie nur lernen, wenn Sie bis zum Examen ständig in Übung bleiben. So werden Sie immer wieder mit neuen Fallkonstellationen
konfrontiert, die Sie im Examen dann nicht mehr erschüttern können.

Schummeln zählt nicht!

Übungsklausuren müssen unter examensähnlichen Bedingungen geschrieben werden. Zur Lösung Ihnen nicht bekannter Probleme dürfen Sie nur auf die im Examen zur Verfügung stehenden Kommentare zurückgreifen. Eine Klausur wird »in Klausur« geschrieben, Kontakt
zu Kollegen gibt es während der fünf Stunden nicht. Sie sollen lernen, sich allein zu helfen,
wenn Sie einmal nicht mehr weiter wissen. Eine »Büchereimeinung« hat Sie nicht zu interessieren.

Eine Klausur dauert zudem immer nur fünf Stunden, keine Sekunde länger. Zu Übungszwe-
cken dürfen Sie die Zeit sogar verkürzen, das schafft im Ernstfall Luft. Meinen Sie, während
der Klausur Ihren Arbeitsplatz verlassen zu müssen, dann läuft die Zeit natürlich weiter. Im
Examen können Sie auch keine Auszeit nehmen.

Jede Note ist Motivation!

Lassen Sie sich weder durch schlechte Noten demotivieren noch durch eine gute Note vom weiteren Üben abhalten. Schlechte Noten bedeuten, dass Sie Ihre Anstrengungen intensivieren müssen. Gute Noten bedeuten nicht viel, schon die nächste Klausur kann Ihnen ungeahnte Schwierigkeiten bereiten. Im Übrigen sollte Ihnen eine gute Note Ansporn sein, Ihre Leistung zu wiederholen oder gar noch weiter zu verbessern.

Die Besprechung ist Pflicht!

Das sollte sich von selbst verstehen. Eine Klausur kann noch so gut korrigiert worden sein, was letztendlich von Ihnen gefordert wurde, werden Sie nur im Besprechungstermin erfahren. Haken Sie dort nach, wenn Sie etwas nicht verstehen. Geht es nicht voran? Bitten Sie den Klausurleiter doch um seine Hilfe, fragen Sie ihn, woran es liegt.

Nacharbeit erforderlich!

Nach dem Besprechungstermin müssen Sie die angesprochenen Rechtsprobleme noch einmal nacharbeiten. Im Vordergrund sollten dabei die Ihnen aus dem Studium weniger geläufigen prozessualen Probleme stehen. Das vertieft Ihr Wissen und wird sich positiv auf Ihr Erinnerungsvermögen auswirken.

B. Zeitschriftenlektüre

Keine aktuelle Entwicklung in der Rechtsprechung darf an Ihnen vorbeigehen. Für Sie ist es deshalb Pflicht, einmal monatlich jeweils die neueste Ausgabe zumindest einer der drei wichtigsten Strafrechtszeitschriften (StV, NStZ und NStZ-RR) auf examensrelevante Entscheidungen und Aufsätze zu durchforsten. Vor dem mündlichen Examen darf es auch mehr sein. Natürlich gehört auch zumindest eine der ausbildungsorientierten Zeitschriften (JA, JuS, JURA) zu Ihrer Pflichtlektüre.

C. Arbeitsgemeinschaft

Warum suchen Sie sich nicht Kollegen für eine private Arbeitsgemeinschaft? In der Ausgestaltung der Arbeitsgemeinschaft sind Sie völlig frei, jede Beschäftigung mit dem Thema ist besser als keine! »Pushen« Sie sich gegenseitig. Es ist wie beim Joggen oder Radfahren: Müssen Sie sich selbst in die Pflicht nehmen, wird sich leicht eine Ausrede finden. Schmerzt nicht wieder die Achillessehne, wird es nicht gleich regnen? Eine feste Verabredung, das Bewusstsein, andere sonst hängen zu lassen, wird Ihnen auf die Beine helfen. Das gilt auch für das juristische Training.

D. Aktenvorträge

Üben Sie Aktenvorträge und zwar vor allem in dem von Ihnen anvisierten Wahlfach. Auch das sollte unter möglichst examensähnlichen Bedingungen in einer privaten Arbeitsgemeinschaft geschehen. Drücken Sie sich aber auch nicht, wenn Vorträge in der begleitenden Arbeitsgemeinschaft angeboten werden. Sie müssen lernen, ohne Hemmungen vor einer größeren Runde frei zu sprechen. Also keine Angst! Jeder Fehler, den Sie in Ihrer Ausbildung machen, wird Ihnen im Zweifel im Examen nicht mehr unterlaufen. Drängen Sie schließlich auch darauf, dass Ihnen Ihr Ausbilder die Möglichkeit gibt, Vorträge zu üben.

2. Teil. Einstieg in die Klausurtechnik

Häufig ist nicht die fehlende Rechtskenntnis der Kandidaten Ursache für das Scheitern in der **2** Strafrechtsklausur. Natürlich kann es vorkommen, dass man mit seiner Lösung eines einzelnen oder auch mehrerer rechtlicher Probleme daneben liegt, diese vielleicht gar nicht erkennt. Doch sind in den meisten Klausuren so viele verschiedene Tatbestände zu prüfen, dass sich viele Fehler zumindest wieder ausgleichen lassen. Nein, die meisten Kandidaten scheitern eher, weil es ihnen nicht gelingt, eine hinreichende Struktur in ihr Gutachten zu bringen. Sie verzetteln sich in der Vielzahl der Handlungsabschnitte und Tatbestände, in der Beweiswürdigung und den vermeintlichen Ungereimtheiten des Sachverhalts sowie in prozessualen Problemen. Den Rest erledigt der Zeitdruck.

Ihr Ziel im Examen hat natürlich die perfekte Klausur zu sein, die jeder Kandidat anstreben muss – auch wenn er seine eigene Leistungsfähigkeit als eher bescheiden einschätzt. Jedoch kann Ihnen im Examen niemand richtige Lösungen garantieren. Deshalb müssen Sie in der Lage sein, dem Korrektor im Notfall zu zeigen, dass Sie – unabhängig von der Lösung einzelner rechtlicher Probleme – Ihr Handwerkszeug nicht nur kennen, sondern mit traumwandlerischer Sicherheit beherrschen. Zeigen Sie dem Korrektor, dass Sie trotz falscher Lösung oder Lösungsteile eigentlich in der Lage sind, Klausuren zu schreiben. Sie sind nur auf dem richtigen Weg, wenn der Korrektor beim Lesen Ihrer Klausur jeden Fehler, auf den er stößt, bedauert und diesen nicht als folgerichtig hinnimmt. Das bedarf eines durchdachten Aufbaus, des sicheren Umgangs mit stilistischen Mitteln und nicht zuletzt des gekonnten Herangehens an eine Beweiswürdigung. Ferner gehört dazu der sichere Umgang mit den wichtigsten prozessualen Problemen, deren Zahl überschaubar ist und die damit beherrschbar sind.

Ein gelungenes Gutachten erfordert:

- das Erfassen des Sachverhalts,
- einen durchdachten Aufbau,
- sprachliche Richtigkeit,
- den richtigen Einsatz von Urteils- und Gutachtenstil,
- eine überzeugende Beweiswürdigung,
- richtige Rechtsanwendung,
- konsequente Subsumtion.

A. Zeiteinteilung und Bedeutung der einzelnen Abschnitte

3 Im Gegensatz zum Ersten Examen wird im Zweiten Examen von Ihnen am Ende der Klausur eine praktische Lösung erwartet. Diesen praktischen Teil der Arbeit dürfen Sie auf gar keinen Fall unterschätzen, er fließt mit entscheidendem Gewicht in die Gesamtnote ein.

Zeitmangel ist keine Ausrede, sondern genau der Fehler, den es zu vermeiden gilt!

Denken Sie immer daran, dass eine Absicht hinter dem auf den ersten Blick kaum zu bewältigenden Umfang der Arbeit steht. Die Klausuren sind in der Regel nämlich darauf angelegt, Sie in zeitliche Bedrängnis zu bringen.

Sie sollen zeigen, dass Sie unter Zeitdruck zu einer in der Praxis vertretbaren rechtlichen Bewertung eines Sachverhalts und zu einer brauchbaren Umsetzung in ein praktisches Ergebnis kommen können.

Das bedeutet, dass für die Benotung das A-Gutachten und der prozessuale Teil etwa gleichwertig nebeneinander stehen. Dennoch wird es meistens unvermeidlich sein, den größeren Teil der zur Verfügung stehenden Zeit auf das Gutachten zu verwenden, schon allein deshalb, weil es einfach mehr Schreibarbeit zu bewältigen gibt. Ein festes Zeitminimum, das Ihnen nach der Fertigstellung des A-Gutachtens für die Anfertigung des prozessualen Teils zur Verfügung stehen muss, lässt sich nicht nennen. Dafür sind die Aufgaben zu unterschiedlich. Es wird Klausuren geben, in denen 60 Minuten ohne Weiteres ausreichen, in anderen Klausuren werden dagegen 90 Minuten schon zu knapp bemessen sein. Im Examen müssen Sie auf Ihre in vielen Übungsklausuren erworbene Erfahrung mit der Zeiteinteilung vertrauen können.

Viele Arbeiten haben einen erschreckenden Umfang. Den Korrektor Ihrer Klausur werden Sie damit nicht beeindrucken können – im Gegenteil! Meist bestätigt sich beim Lesen einer besonders umfangreichen Klausurlösung sehr schnell der anfängliche Verdacht, der Kandidat habe seine Klausur vor dem Niederschreiben nicht ausreichend durchdacht und deshalb nicht die richtigen Schwerpunkte gesetzt, sondern sich beim Ausformulieren wenig zielorientiert von den eigenen Gedanken treiben lassen. Auch für die Strafrechtsklausur gilt:

Gute Arbeiten zeichnen sich durch einen begrenzten Umfang aus!

B. Erfassen des Sachverhalts

Nachdem Sie Ihre Klausurtexte erhalten haben, geht es für Sie zunächst darum, den Sachverhalt zu erfassen. Verfallen Sie nicht gleich in Panik, wenn der Aktenauszug aus vielen und noch dazu eng beschriebenen Seiten besteht. Auch einen umfangreichen Sachverhalt können Sie durch eine systematische Herangehensweise ohne Weiteres in den Griff bekommen. Eine zeitliche Vorgabe für das Erfassen des Sachverhalts gibt es nicht, der Umfang der Aktenauszüge ist zu unterschiedlich. **4**

Wichtig: Lesen Sie unbedingt zunächst den Bearbeitervermerk, bevor Sie sich in den Aktenauszug vertiefen!

Der Bearbeitervermerk enthält über die Standardanweisungen hinaus oft sehr wichtige Hinweise. Häufig werden Sie nämlich gar nicht die Strafbarkeit aller Tatverdächtigen prüfen müssen. Mit diesem Wissen im Hinterkopf wird sich mancher Sachverhalt schon viel einfacher lesen und erfassen lassen. Deutliche Hinweise enthalten die Sachverhalte zu den von Ihnen zu lösenden prozessualen Problemen: Wurde der Beschuldigte vorläufig festgenommen oder ist er bereits in Haft, wird von Ihnen ersichtlich eine Auseinandersetzung mit den Haftvoraussetzungen verlangt. Verlangt er ausdrücklich bei ihm sichergestellte Gegenstände heraus, werden sie sich mit den Voraussetzungen einer Beschlagnahme von Beweismitteln oder zur Sicherung der späteren Einziehung auseinandersetzen müssen. Widersprüche gegen die Verwertung einzelner Beweiserkenntnisse bedeuten, dass Sie die Voraussetzungen möglicher Verwertungsverbote zu prüfen haben.

Natürlich werden Sie zum Erfassen des Sachverhalts mehr Zeit benötigen als während einer Strafrechtsklausur im Studium. Es geht nicht mehr um konstruierte Fälle, sondern um echte Lebenssachverhalte.

Achtung: Sie werden deshalb auch immer wieder auf kleinere Ungenauigkeiten und Ungereimtheiten stoßen, die in der Praxis fast zwangsläufig sind. Häufig geben etwa von Polizeibeamten aufgenommene Strafanzeigen, mit denen die Klausursachverhalte meistens beginnen, das Geschehen ungenau oder unvollständig wieder, weil diese nur eine grobe Zusammenfassung der ihnen geschilderten Sachverhalte darstellen. Die wirklichen Beobachtungen des Zeugen werden Sie erst den nachfolgenden förmlichen Vernehmungen entnehmen können. Das ist dann die für Sie maßgebende Aussage. Kommen Sie in einer derartigen Konstellation wegen der vermeintlichen Widersprüche zu dem Ergebnis, der Zeuge habe gelogen, befinden Sie sich höchstwahrscheinlich auf einem Irrweg.

Sie können zwar sicher sein, dass Ihnen damit niemand bewusst eine Falle stellen will. Trotzdem können derartige Ungenauigkeiten auf den falschen Weg führen. Seien Sie also aufmerksam!

Manche Sachverhalte sind vom Klausurverfasser etwas aufgearbeitet. So werden manche Sachverhalte rechtlich etwas entschärft, in andere werden Rechtsprobleme eingearbeitet. Auch das kann einen Klausursachverhalt unrund machen. Das Gefühl für die richtige Interpretation des Sachverhalts können Sie nur durch ständige Übung und die regelmäßige Teilnahme an Klausurbesprechungen erwerben.

Geraten Sie auch dann nicht in Panik, wenn Sie schon beim Durchlesen des Aktenauszuges erkennen, dass das Gutachten auf die Prüfung lauter ungewöhnlicher und Ihnen völlig unbekannter Straftatbestände hinauslaufen wird. Denn in diesem Klausurtyp wird es nicht auf eine umfassende Erörterung der klassischen Klausurprobleme ankommen, sondern um sorgfältige Beweiswürdigung und Subsumtion gehen. Außerdem haben Sie einen Kommentar zur Hand.

C. Gedankliche Strukturierung

5 Schon beim ersten Durchlesen des Sachverhalts sollten Sie diesen gedanklich strukturieren und chronologisch aufgebaut in einzelne Handlungsabschnitte gliedern. Damit verschaffen Sie nicht zuletzt sich selbst eine bessere Übersicht.

Auf die Bedeutung dieser Strukturierung des Sachverhalts für den Aufbau des Gutachtens komme ich unten noch einmal ausführlicher zurück.

D. Das äußere Erscheinungsbild

6 Bevor Sie das erste Wort zu Papier bringen, sollten Sie sich noch einmal in Erinnerung rufen, wie wichtig für die Endnote auch das äußere Erscheinungsbild Ihrer Klausur ist.

Bedenken Sie immer, dass der Korrektor Ihrer Arbeit die Klausur nicht etwa probeweise selbst schreibt. Er wird also ohne Weiteres davon ausgehen, dass es Ihnen bei richtiger Schwerpunktbildung gelingen muss, die Lösung in fünf Stunden in angemessener Form zu Papier zu bringen. Muss er bereits gegen Ende des materiellen Gutachtens nur noch stichwortartige, mit Plus- und Minuszeichen versehene Tatbestandsmerkmale lesen, wird er daraus für Sie negative Schlüsse ziehen. Er wird davon ausgehen, dass Sie falsche Schwerpunkte gesetzt, wegen mangelnder Rechtskenntnisse zu lange nachgedacht oder zu lange Zeit gebraucht haben, den Sachverhalt zu erfassen. Stichwortartige Lösungen stellen nie eine vollwertige Leistung dar. Sie haben Ihre Gedanken in vollständigen Sätzen zu formulieren.

> Sie wollen eine möglichst hohe Punktzahl erreichen.
> Werben Sie deshalb auch mit dem äußeren Erscheinungsbild Ihrer Klausur darum!

- Die schönste Gedankenführung nützt nichts, wenn der Prüfer Ihre **Schrift** nicht lesen kann. Eine lesbare Schrift müssen Sie schon im Rahmen Ihrer Examensvorbereitung üben.
- Lassen Sie unbedingt den erforderlichen **Korrekturrand**.
- Von stringenter Gedankenführung werden Sie den Korrektor nur dann wirklich überzeugen, wenn diese sich auch im äußeren Erscheinungsbild Ihrer Arbeit widerspiegelt. **Vermeiden Sie** deshalb möglichst **Einschübe** mit Sternchen und Nummern sowie **Verweisungen** von vorne nach hinten oder hinten nach vorne.
- Auch das nachträgliche **Streichen** ganzer Passagen zeugt nicht eben von großer Sicherheit. Bevor eine Seite völlig unleserlich wird, schreiben Sie diese lieber noch einmal.
- Das Ende eines Prüfungsabschnittes sollten Sie immer durch einen kleinen **Absatz** kenntlich machen. Nichts liest sich beim Korrigieren schlimmer als ein Gutachten ohne Absätze.
- **Stichworte** gehören **nicht** in ein Gutachten. Stichwortartige Darstellungen beinhalten keine vollwertige Leistung und zeigen dem Korrektor auf den ersten Blick an, dass mit Ihrem Zeitmanagement etwas nicht gestimmt haben kann, mithin an Ihrer Arbeit etwas faul sein dürfte.
- **Nummerieren Sie die Blätter** Ihrer Arbeit.
- Denken Sie bei der Abgabe an die richtige **Reihenfolge** der einzelnen Klausurteile. Das Gutachten gehört vor den prozessualen Teil, es folgen prozessuales Gutachten und Abschlussverfügung. An das Ende gehört die Anklageschrift.

3. Teil. Das Gutachten

Auf keinen Fall dürfen Sie gleich nach dem Erfassen des Sachverhalts mit dem Niederschreiben des Gutachtens beginnen. Sie sind nämlich mit den Vorarbeiten noch lange nicht fertig.

A. Der Aufbau

Jetzt gilt es für Sie, sich intensiv mit dem Aufbau des Gutachtens zu beschäftigen. Eine durchdachte Gliederung zeigt dem Korrektor auf den ersten Blick, dass Sie in der Lage sind, den Sachverhalt konsequent zu durchdenken und dass Sie nicht blind mit dem Schreiben des Gutachtens begonnen haben. Zudem wird eine durchdachte Gliederung Sie vor vielen möglichen Fehlern bewahren.

Nehmen Sie sich deshalb unbedingt die Zeit, zunächst eine zumindest grob gegliederte Lösungsskizze auf einem Schmierzettel zu entwerfen!

Die Zeit, die Sie auf den Entwurf der Lösungsskizze verwenden, werden Sie beim Niederschreiben des Gutachtens mehr als zurückgewinnen!

I. Handlungsabschnitte

Jedes Gutachten sollte in Handlungsabschnitte gegliedert werden. Selten einmal ist das überflüssig. Wenn Sie meiner Anregung folgend den Sachverhalt bereits beim ersten Durchlesen gedanklich in Abschnitte zerlegt haben, wird es Ihnen leichter fallen, nunmehr eine grobe Gliederung zu Papier zu bringen.

Diese Grobgliederung wird Ihnen helfen, die Übersicht zu behalten. Denn es ist erheblich einfacher, alle in Betracht kommenden Straftatbestände innerhalb eines eng begrenzten Handlungsabschnittes als innerhalb eines mehraktigen und komplexen Gesamtgeschehens zu erkennen. Zudem ist der Aufbau innerhalb eines Handlungsabschnittes wegen der begrenzten Zahl in Betracht kommender Straftatbestände weniger anspruchsvoll. Unter wenigen Straftatbeständen fallen die mit der höheren Strafandrohung, die im Gutachten zuerst zu prüfen sind, viel eher ins Auge.

Als Mindestanforderung gilt:

Zumindest selbstständige prozessuale Taten müssen in selbstständigen Handlungsabschnitten geprüft werden.

Die Handlungsabschnitte müssen das Geschehen in der richtigen zeitlichen Abfolge abbilden.

Die einzelnen Handlungsabschnitte sind mit einer kurzen und prägnanten Überschrift zu versehen.

Im Zweifel sollten Sie jedoch noch viel übersichtlichere Abschnitte bilden.

Eine elegante Gliederung erfordert eine Vorabbewertung des tatsächlichen Geschehens und der Rechtslage. Nur mit einer Gliederung, die unter Berücksichtigung der Rechtslage das Geschehen zeitlich richtig abbildet, werden Sie den Prüfer wirklich überzeugen.
Die Gliederung dient also nicht nur der eigenen gedanklichen Klarheit, sondern soll dem Prüfer zugleich zeigen, dass Sie in der Lage sind, souverän mit der Materie umzugehen.

Fall 1: Der Beschuldigte entwendet unter Alkoholeinfluss einen Pkw, mit dem er nach dem Aufbrechen wegfährt. Als die Polizei die Verfolgung aufnimmt, rammt er eines der Polizeifahrzeuge. Danach

7

8

> kann er seine Flucht in dem Pkw noch einige Kilometer fortsetzen, bevor er in einen Graben fährt. Auf der Flucht zu Fuß bedroht er einen Polizeibeamten mit einem Messer, das er bei Verlassen des Fahrzeugs an sich genommen hat, um diesen dadurch von der weiteren Verfolgung abzuhalten.

Diesen kleinen Beispielsfall, der einen examenstypischen Sachverhalt wiedergibt, sollten Sie in zumindest drei überschaubare Handlungsabschnitte gliedern.

> 1. Handlungsabschnitt: Das Verschaffen des Autos
> 2. Handlungsabschnitt: Die Flucht vor der Polizei
> 3. Handlungsabschnitt: Die weitere Flucht zu Fuß

Handlungsabschnitte sollten möglichst dort beginnen und enden, wo Tatmehrheit zum vorangegangenen oder nachfolgenden Handlungsabschnitt in Betracht kommt. Sie dürfen auch Hauptabschnitte für jeweils selbstständige prozessuale Taten bilden und innerhalb dieser Hauptabschnitte tatmehrheitlich verwirklichtes Geschehen in **Unterabschnitten** prüfen.

Der in den ersten beiden Handlungsabschnitten verwirklichte § 316 StGB kann diese wegen seines geringen Gewichts und den in beiden Abschnitten verwirklichten schwereren Delikten auch als Dauerdelikt nicht zur Tateinheit verklammern. Dagegen sollten Sie das Rammen des Polizeifahrzeugs und die sich daran anschließende Weiterfahrt nicht in selbstständigen Handlungsabschnitten prüfen, weil in derartigen Fällen regelmäßig kein neuer Entschluss zur – von vornherein beabsichtigten – Weiterfahrt gefasst wird und deshalb keine Zäsur, die zur Tatmehrheit führen würde, vorliegt. Diesem Ergebnis, das voraussehbar ist, sollten Sie von Anfang an durch den zuvor dargestellten Aufbau Rechnung tragen.

Noch einmal: **Das Gutachten ist chronologisch aufzubauen!**

> **Fall 2:** Die Beschuldigten A und B überfallen eine Bank. Beide haben Waffen in der Hand. Während A das Geld aus dem Tresor nimmt, bedroht B die Bankangestellten weiter. Als beide die Bank verlassen wollen, steht bereits die Polizei vor der Tür. A bringt daraufhin die Angestellte C in seine Gewalt und droht der Polizei für den Fall des Erstürmens der Bank mit der Tötung der Geisel. B fordert 10 Minuten später von der Polizei 100.000 EUR und ein Fluchtfahrzeug, sonst werde der Geisel etwas geschehen. Später gelingt den Beschuldigten mittels des Fluchtfahrzeugs und unter Mitnahme der Geisel zunächst die Flucht.

In dieser Examensklausur scheiterten viele Kandidaten schon daran, dass Sie den Sachverhalt nicht sorgfältig genug lasen und deshalb die zeitliche Zäsur von 10 Minuten vor der Forderung nach weiterem Geld und dem Fluchtfahrzeug nicht bemerkten.

Der Beispielsfall 2 zeigt, dass sich die Gliederung in Handlungsabschnitte auch dann anbietet, wenn im Endergebnis die verwirklichten Tatbestände in Tateinheit stehen werden. Das Geschehen nach dem eigentlichen Überfall diente den Beschuldigten nämlich im Wesentlichen zur Beutesicherung, die Bedrohungslage dauerte bis zum Ende an, was für die Annahme von Tateinheit spricht. Gleichwohl sollten Sie das Geschehen in drei Abschnitte gliedern, um sich so die Suche nach den in Betracht kommenden Straftatbeständen zu erleichtern und diese sauber abarbeiten zu können. Die mögliche Kritik, der Sachverhalt gäbe für diese Aufteilung nichts her, werden Sie leichter verschmerzen können als den Vorwurf, Sie hätten nicht alle verwirklichten Tatbestände gesehen oder falsch subsumiert.

Es bietet sich die Gliederung in die folgenden drei Handlungsabschnitte an:

> 1. Handlungsabschnitt: Der Überfall
> 2. Handlungsabschnitt: Die Forderung, die Bank nicht zu stürmen
> 3. Handlungsabschnitt: Die Forderung nach Geld und Fluchtfahrzeug

Bei Ihren Vorüberlegungen sollte nicht nur die Suche nach Zäsuren im Geschehen eine Rolle spielen. Sie sollten auch taktische Überlegungen anstellen. Eine der Grundregeln des Klausurschreibens ist, dass sog. »Inzidentprüfungen« als klassische Fehlerquellen vermieden werden müssen. Immer wird sich das vielleicht nicht machen lassen. Jedoch ist das Gliedern in Handlungsabschnitte vielfach ein probates Mittel, um Inzidentprüfungen zu umgehen. Entwendet der Beschuldigte etwa ein angeschlossenes Fahrrad und wird er beim Wegfahren von einem Zeugen ertappt, den er schlägt, müssten Sie mit § 252 StGB als schwerstem Delikt beginnen und inzident § 242 StGB erörtern. Das lässt sich vermeiden, wenn Sie die Wegnahme und die Gewalt in jeweils selbstständigen Handlungsabschnitten entsprechend der zeitlichen Abfolge prüfen.

II. Straftatbestände

1. Reihenfolge

Innerhalb der jeweiligen Handlungsabschnitte sind die einzelnen Straftatbestände zu prüfen. 9 Das versteht sich von selbst. Sie haben zunächst Stoff – in diesem Fall Straftatbestände – zu sammeln und diesen Stoff innerhalb des jeweiligen Handlungsabschnittes in die richtige Reihenfolge zu bringen. Dabei haben Sie sich an der Arbeitsweise des Staatsanwalts zu orientieren und innerhalb des jeweiligen Handlungsabschnittes die schwersten in Betracht kommenden Tatbestände vor den weniger schweren zu prüfen. Deshalb gehören regelmäßig auch die Qualifikationstatbestände vor die Grundtatbestände, es sei denn, der jeweilige Qualifikationstatbestand ist erkennbar nicht gegeben. Die Schwere eines Tatbestandes richtet sich nach der Höhe der angedrohten Strafe. Nur zur Erinnerung: Die schwerere Strafandrohung ist nicht die mit der höheren Mindeststrafe, sondern die mit der höheren Höchststrafandrohung.

Die Gliederung nach zu prüfenden Straftatbeständen sollte mit arabischen Ziffern erfolgen. Die Gliederung in **Fall 1** könnte dann wie folgt aussehen:

1. Handlungsabschnitt: Das Verschaffen des Autos
1. § 244 I Nr. 1a, b StGB
2. §§ 242, 243 I Nr. 1 StGB
3. § 248b I, III StGB
4. §§ 303, 303c StGB
5. § 316 I, II StGB
6. Konkurrenzen

2. Handlungsabschnitt: Die Flucht vor der Polizei
1. §§ 315b I Nr. 2, 3, III, 315 III Nr. 1b StGB
2. §§ 224 I, 22, 23 StGB
3. § 113 I, II Nr. 1 StGB
4. § 240 StGB
5. § 315c I Nr. 1a StGB
6. § 305a I Nr. 2 StGB
7. § 142 I Nr. 1 StGB
8. §§ 303, 303c StGB
9. § 316 I, II StGB
10. Konkurrenzen

3. Handlungsabschnitt: Die weitere Flucht zu Fuß
1. §§ 224 I, 22, 23 StGB
2. § 113 I, II Nr. 1 Alt. 2 StGB
3. § 240 StGB
4. § 241 I StGB
5. Konkurrenzen

Schauen Sie wegen der Schwere der Delikte immer wieder in das Gesetz. Ist Ihnen klar, dass § 303 StGB eine viel höhere Strafe als § 316 StGB androht? § 305a StGB führt zwar ein Schattendasein, gehört aber selten an das Ende eines Handlungsabschnittes, weil die Vorschrift eine Höchststrafe von immerhin fünf Jahren androht.

Jeden Handlungsabschnitt, in dem Sie den hinreichenden Verdacht der Verwirklichung mehrerer Straftatbestände bejaht haben, sollten Sie mit der Erörterung der **Konkurrenzen** unter der entsprechenden Überschrift beenden. Im Übrigen sind auch Straftatbestände, die ersichtlich der Gesetzeskonkurrenz (Spezialität, Subsidiarität, Konsumtion) zum Opfer fallen werden, zu prüfen. Weil derartige Tatbestände schon allein deshalb nicht den Schwerpunkt einer Klausur darstellen können, sollten Sie diese nur in der gebotenen Kürze bejahen und auch das Verhältnis zu vorrangigen Delikten nur komprimiert darstellen. Im Zweifel lässt sich das mit einem Satz erledigen.

Wichtig: Vergessen Sie die Erörterung der Konkurrenzen nicht!

Anfängerhaft und deshalb überflüssig ist es dagegen, nach dem Bejahen der Vollendung noch auf den Versuch einzugehen oder nach der Annahme von Täterschaft noch die Anstiftung eines späteren Mittäters zu prüfen.

Aufpassen müssen Sie ferner, wenn Sie die Strafbarkeit mehrerer Beschuldigter zu untersuchen haben. Sie sollten es sich zur Regel machen, **bei mehreren Beschuldigten den hinreichenden Tatverdacht gegen jeden Beschuldigten selbstständig zu prüfen.** Zwar mag es im Einzelfall auch gut gehen, wenn Sie die Strafbarkeit mehrerer Beschuldigter zusammen erörtern. Erfahrungsgemäß führt das aber viel häufiger zu Ungenauigkeiten oder sogar schweren Fehlern.

Innerhalb eines Handlungsabschnittes sollten Sie immer mit dem hinreichenden Tatverdacht gegen den tatnächsten Beteiligten beginnen. Das ist bei zwei oder mehr Beschuldigten, die als Mittäter in Betracht kommen, im Zweifel derjenige, der alle Tatbestandsmerkmale eigenhändig erfüllt hat. Dieser Aufbau macht die spätere Zurechnung über § 25 II StGB einfacher. Tatnäher als Anstifter und Gehilfe ist natürlich der Täter.

Für **Fall 2** bedeutet das:

1. Handlungsabschnitt: Der Überfall
   I. Hinreichender Tatverdacht gegen den Beschuldigten A
       1. §§ 250 II Nr. 1, 249 StGB
       2. § 241 I StGB
       3. § 123 StGB
   II. Hinreichender Tatverdacht gegen den Beschuldigten B
       1. §§ 250 II Nr. 1, 249, 25 II StGB
       2. § 241 I StGB
       3. § 123 StGB

2. Handlungsabschnitt: Die Forderung, die Bank nicht zu stürmen
   I. Hinreichender Tatverdacht gegen den Beschuldigten A
       1. § ...
       2. § ...
   II. Hinreichender Tatverdacht gegen den Beschuldigten B
       1. § ...
       2. § ...

3. Handlungsabschnitt: Die Forderung nach Geld und Fluchtfahrzeug
   I. ...

Auch in diesem Beispielsfall müssen die Abschnitte am Ende jeweils Ausführungen zu den Konkurrenzverhältnissen enthalten.

Beim späteren Niederschreiben des Gutachtens denken Sie bitte daran, dass sich ein Tatverdacht immer nur *gegen* einen Beschuldigten richten kann. Liest ein Prüfer gleich am Anfang eines Gutachtens, dass Sie den »*hinreichenden Verdacht für den Beschuldigten*« oder den »*hinreichenden Verdacht des Beschuldigten*« prüfen wollen, wird sein Wohlwollen sofort auf eine harte Probe gestellt.

Wichtig: Vermeiden Sie **umständliche** Einleitungssätze!

Viele Prüfer und Ausbilder sehen es gerne, wenn Sie die Prüfung der einzelnen Tatbestände mit einem einleitenden Satz beginnen, in dem der zu untersuchende Sachverhalt grob umrissen wird. So müsste es in Beispiel 1 etwa heißen:

> Indem der Beschuldigte in angetrunkenem Zustand mit dem Pkw die ...-Straße befuhr, könnte er sich einer vorsätzlichen Trunkenheit im Verkehr gem. § 316 I StGB hinreichend verdächtig gemacht haben.

Ich halte derartige Einleitungssätze in den meisten Fällen für überflüssig. Denn immer dann, wenn Sie meiner Anregung folgend den Sachverhalt in übersichtliche Handlungsabschnitte gegliedert und diese entsprechend mit einer Überschrift versehen haben, wird völlig klar sein, welches Verhalten Sie gerade auf seine Strafbarkeit hin untersuchen. Lange Einleitungssätze stellen nur überflüssige Schreibarbeit dar, die sich summiert.

Etwas anderes sollte nur gelten, wenn Sie innerhalb eines Handlungsabschnittes ein mehraktiges Geschehen untersuchen wollen. Dann mögen Sie sich aber die Frage gefallen lassen, ob Sie Ihre Handlungsabschnitte klug genug gewählt haben.

Vermeiden Sie im Übrigen auch folgenden typischen Fehler: »*Indem der Beschuldigte die Geschädigte mit dem Messer bedrohte, könnte er sich eines schweren Raubes gem. § 250 II Nr. 1 StGB hinreichend verdächtig gemacht haben*«. Die Antwort darauf kann nur sein: Ganz sicher nicht! Denn bekanntlich ist für einen Raub neben einer Bedrohung auch die Wegnahme einer Sache erforderlich! Wenn Sie also längere Einleitungssätze formulieren, dann bitte sinnvolle und vollständige.

Ungeschickt ist zudem die Einleitung mit einem »Indem-Satz«, wenn das Verhalten des Beschuldigten nicht feststeht, sondern erst im Rahmen einer Beweiswürdigung ermittelt werden muss. Dann sollten Sie den Einleitungssatz besser mit einem »wenn« beginnen.

Ein Einleitungssatz in einer derartigen Konstellation könnte auch wie folgt aussehen:[1]

> Die Angaben des Zeugen B, der Beschuldigte A habe ihm eine Ohrfeige versetzt, geben Anlass zur Prüfung einer Körperverletzung nach § 223 StGB.

2. Sonderfall: Wahlfeststellung

Auf eine Wahlfeststellung werden Sie in einer Klausur nur selten zurückgreifen müssen. Wenn dann aber wirklich einmal eine Wahlfeststellung in Betracht kommt, haben viele Kandidaten große Probleme mit der Herangehensweise und dem Aufbau der Klausur. **10**

Der 2. Senat des BGH[2] forderte zuletzt für eine wahldeutige Verurteilung eine gesetzliche Grundlage, weil diese eine materiellrechtlich strafbegründende Wirkung habe und deshalb der Geltung des Gesetzesvorbehalts unterliege. Nachdem auf einen Anfragebeschluss bereits die anderen Senate erklärt hatten, an der bisherigen Rechtsprechung, die von der Zulässigkeit der Wahlfeststellung ausging, festhalten zu wollen, entschied schließlich auch der Große Senat für Strafsachen[3] entsprechend. Bei der ungleichartigen Wahlfeststellung handelt es sich um eine richterrechtliche prozessuale Entscheidungsregel, die nicht dem Gesetzesvorbehalt unterliegt. Die Strafbarkeit folgt aus den in Betracht kommenden, vorab gesetzlich normierten Straftatbeständen. Die Rechtsfigur hält sich zudem im Rahmen zulässiger richterlicher Rechtsfortbildung und hat zudem die Billigung des Gesetzgebers, der bewusst davon abgesehen hat, die Voraussetzungen und Grenzen von wahldeutigen Schuldfeststellungen zu normieren.

a) Wahlfeststellung, Postpendenz und Stufenverhältnis

Klassischer Fall ist die Wahlfeststellung zwischen Diebstahl und Hehlerei. Rechtlich bereitet die Wahlfeststellung den Kandidaten regelmäßig keine größeren Probleme, weil die Voraussetzungen bekannt sind. Schwierigkeiten bereitet jedoch immer wieder die Abgrenzung zur Postpendenzfeststellung, als problematisch stellt sich zudem der Aufbau dar. **11**

Merke: Die Wahlfeststellung setzt voraus, dass innerhalb des von § 264 StPO gezogenen Rahmens die vorgeworfene Tat nach Erschöpfung aller Beweismöglichkeiten nicht so eindeutig aufzuklären

---

1 Hinweise für die Aufsichtsarbeiten der Landesjustizprüfungsämter Niedersachsen und Sachsen-Anhalt.
2 BGH BeckRS 2015, 20998.
3 BGH NJW 2017, 2842.

ist, dass ein bestimmter Tatbestand festgestellt werden kann, aber sicher festzustellen ist, dass der Täter einen von mehreren möglichen Tatbeständen verwirklicht hat und andere als die wahlweise festgestellten Handlungen ausgeschlossen sind.

12 Während die Wahlfeststellung eine »zweiseitige Sachverhaltsungewissheit« erfordert, geht es bei der **Postpendenzfeststellung** um eine nur »**einseitige Sachverhaltsungewissheit**«.

Merke: Eine Postpendenzfeststellung ist möglich, wenn von zwei Sachverhalten der zeitlich frühere nur möglicherweise, der zeitlich spätere aber sicher gegeben ist.[4] Die Möglichkeit der eindeutigen Verurteilung in Fällen der Postpendenz schließt eine Wahlfeststellung aus.

So wird wegen Hehlerei bestraft, wem **nachzuweisen ist,** dass er sich in Kenntnis der Herkunft aus einer Straftat einen Beuteanteil aus einem Vermögens- oder Eigentumsdelikt verschafft hat, **wenn lediglich ungewiss bleibt,** ob er schon an der Vortat beteiligt war. Einer eindeutigen Verurteilung steht nach der Rechtsprechung in einem solchen Fall nicht einmal entgegen, dass Mittäter der Vortat nicht Täter einer Hehlerei sein können.

Dazu folgender

Fall:[5] Die D beging eine räuberische Erpressung, bei der sie eine mit Geld gefüllte Geldbombe erbeutete. Ob die A bereits an dieser räuberischen Erpressung beteiligt war, konnte nicht sicher festgestellt werden. Dagegen konnten zum weiteren Geschehen folgende Feststellungen getroffen werden: Entweder fuhren die beiden Frauen nach dem Überfall gemeinsam zur Wohnung der D, wo Letztere sich nur kurz aufhielt, ohne sich noch um die Tasche mit der Geldbombe zu kümmern, und dann von der A zu einem Lokal gefahren wurde; oder die D fuhr, nachdem sie den Überfall allein verübt hatte, sogleich zu ihrer Wohnung und zeigte der A die Geldbombe mit dem Bemerken, sie könne sie nicht öffnen. Nachdem der A die Öffnung gelungen war, teilte man die Beute hälftig auf.

Der ungeklärten aber möglichen Beteiligung der A an der räuberischen Erpressung stand also die sichere – wenn auch alternative – Feststellung gegenüber, dass die A sich einen Teil der Beute nachträglich verschafft hatte. Die A konnte damit über die Postpendenzfeststellung wegen Hehlerei verurteilt werden.

Beachte: Kein Raum für eine Wahlfeststellung ist auch dann, wenn die alternativ verwirklichten Delikte in einem Stufenverhältnis stehen. Ein Stufenverhältnis liegt vor, wenn der dem Täter günstigere Sachverhalt als ein rechtliches Minus in dem sonst in Betracht kommenden ungünstigeren Sachverhalt bereits enthalten ist

Ein derartiges Stufenverhältnis besteht etwa zwischen Privilegierungs-, Regel- und Qualifikationstatbeständen, Versuch und Vollendung, Täterschaft und Beihilfe, Vorsatz- und Fahrlässigkeitstaten. Sollten Sie einmal nicht sicher sein, ob der Beschuldigte eines »Raubes« die Sache weggenommen hat oder sich hat geben lassen, dürfen Sie nicht wahlweise Raub oder räuberische Erpressung anklagen, sondern müssen erkennen, dass der nach der Rechtsprechung speziellere Raub zur allgemeineren räuberischen Erpressung in einem Stufenverhältnis steht, denn die Wegnahme schließt die Nötigung eines anderen zur Duldung der Wegnahme ein. Die Anklage **muss** dann wegen der jedenfalls gegebenen räuberischen Erpressung erhoben werden.[6]

b) Aufbau und Darstellung

13 Ergeben Ihre Vorüberlegungen, dass es tatsächlich um eine **Wahlfeststellung** gehen wird, müssen Sie sich entscheiden, wie Sie das Gutachten schlüssig aufbauen und das Problem darstellen.

---

4 *Fischer* StGB § 1 Rn. 45.
5 BGHSt 35, 89 = NJW 1988, 921.
6 BGH NStZ 2014, 640.

Zur Veranschaulichung folgender kleiner

Fall: Dem Geschädigten wurde ein teures Fahrrad gestohlen, das er mit einem Schloss angeschlossen hatte. Das Fahrrad wurde wenige Tage später leicht verändert, unter anderem wurde die Fahrradnummer unkenntlich gemacht, bei dem Beschuldigten gefunden. Die Werkzeuge, mit denen diese Veränderungen vorgenommen wurden, wurden ebenfalls bei dem Beschuldigten sichergestellt. Dieser lässt sich nicht zur Sache ein.

Sie erkennen auf den ersten Blick, dass entweder ein Diebstahl gem. §§ 242, 243 StGB oder **14** eine Hehlerei gem. § 259 StGB in Betracht kommt. Zudem übersehen Sie, dass Sie dem Beschuldigten weder den Diebstahl noch die Hehlerei werden nachweisen können und es im Gutachten auf eine Wahlfeststellung hinaus laufen wird. Das darf Sie aber keinesfalls zu dem Fehler verleiten, Ihr Gutachten nun sofort mit der Erörterung der Wahlfeststellung zu beginnen. Vielmehr muss das Gutachten logisch entwickelt werden:

Zunächst haben Sie zu prüfen, ob sich der Beschuldigte eines Diebstahls gem. §§ 242, 243 **15** StGB hinreichend verdächtig gemacht hat. Dass es sich bei dem Fahrrad um eine für den Beschuldigten fremde, bewegliche Sache gehandelt hat, werden Sie im Urteilsstil feststellen können. Dieses wurde dem Geschädigten, wie sich aus seiner Anzeige ergeben wird, auch weggenommen. Sie haben nun zu prüfen, ob das durch den Beschuldigten geschehen ist. Vorsicht! Beschränken Sie sich dabei nicht auf die schlichte Feststellung, niemand habe den Beschuldigten bei der Tatausführung gesehen, sodass ihm die Tat nicht nachzuweisen sei. Überlegen Sie vielmehr sehr genau, ob es nicht vielleicht ausreichend Beweisanzeichen dafür gibt, dass der Beschuldigte das Fahrrad selbst weggenommen haben könnte. Vielleicht stellt sich dabei heraus, dass Ihre Vorüberlegung Sie auf den falschen Weg gebracht hat und sich der hinreichende Verdacht eines Diebstahls doch begründen lässt. Dann wäre für eine Wahlfeststellung kein Raum. Nur wenn Sie zu dem Ergebnis kommen, dem Beschuldigten die Tat nicht nachweisen zu können, befinden Sie sich weiterhin auf dem Weg zur Wahlfeststellung. Sie sollten nicht schon an dieser Stelle erörtern, ob gegebenenfalls die übrigen Tatbestandsmerkmale erfüllt wären. Diese Überlegung ist logisch nachrangig. Dafür ist erst später Raum, nachdem Sie auch bezüglich der Hehlerei den hinreichenden Tatverdacht abgelehnt haben.

Anschließend haben Sie also eine Hehlerei gem. § 259 StGB zu prüfen. Den hinreichenden **16** Tatverdacht werden Sie deshalb ablehnen müssen, weil nach der Beweislage der abgeleitete Erwerb vom Vortäter nicht festzustellen ist. Der Beschuldigte kann auch Täter des Diebstahls sein. Damit ist für Sie auch die Erörterung der Hehlerei zunächst abgeschlossen.

Erst jetzt sollte erstmals der Begriff »Wahlfeststellung« fallen. Sie sollten die Voraussetzungen einer Wahlfeststellung zunächst definieren.

Achtung: Keinesfalls haben Sie nunmehr die mögliche Wahlfeststellung gegenüber der Postpendenzfeststellung oder einem Stufenverhältnis abzugrenzen. Diese Abgrenzung haben Sie allein im Rahmen Ihrer gedanklichen Vorarbeiten zu leisten. Haben Sie sich an die vorstehenden Aufbauhinweise gehalten, sind Sie nämlich in Fällen der Postpendenz oder des Stufenverhältnisses bereits zu dem Ergebnis der Strafbarkeit des Beschuldigten gekommen.

Die Feststellung, dass nach Ausschöpfen aller Beweismittel weder der Diebstahl noch die **17** Hehlerei nachzuweisen ist, wird Ihnen keine Schwierigkeiten mehr bereiten. Anschließend müssen Sie erörtern, ob hinreichend sicher festzustellen ist, dass der Beschuldigte entweder den einen oder den anderen Tatbestand verwirklicht hat. In diesem Zusammenhang haben Sie zu prüfen, ob der Beschuldigte unter der Prämisse, er habe das Fahrrad weggenommen, eines Diebstahls und unter der Prämisse, er sei nicht der Dieb, einer Hehlerei hinreichend verdächtig wäre. Der Diebstahl wird ohne Weiteres zu bejahen sein. Im Rahmen der Hehlerei werden Sie in derartigen Konstellationen immer zu erörtern haben, ob der Beschuldigte die deliktische Herkunft des Gegenstandes kannte. Das wäre im Beispielsfall zu bejahen, weil nur das die von dem Beschuldigten an dem Fahrrad vorgenommenen Manipulationen erklärt.

Vergessen Sie auf keinen Fall die Feststellung, dass andere Handlungen, durch die sich der Be- **18** schuldigte in den Besitz des Fahrrades gebracht haben könnte, nicht in Betracht kommen.

Sodann haben Sie sich mit der **rechtsethischen und psychologischen Vergleichbarkeit** der wahlweise anzunehmenden Delikte auseinanderzusetzen. Diese ist gegeben, wenn die Schuldvorwürfe eine im Wesentlichen gleiche seelische Beziehung des Täters zu den Verhaltensalternativen aufweisen und ihn mit einer im Wesentlichen gleichen ethischen Missbilligung belasten. Sicherheit darüber, ob das der Fall ist, wird Ihnen nur ein Blick in die Übersicht im Ihnen vorliegenden Kommentar[7] verschaffen. Bei alternativer Verwirklichung der §§ 242 und 259 StGB ist diese jedenfalls gegeben.

An der rechtsethischen und psychologischen Vergleichbarkeit fehlt es im Übrigen auch nicht deshalb, weil der Beschuldigte im Beispielsfall in der Diebstahlsvariante zugleich ein Regelbeispiel gem. § 243 I Nr. 1 StGB verwirklicht hätte.

> **Beachte:** Vergleichbare Grundtatbestände verlieren ihre Vergleichbarkeit nicht dadurch, dass strafschärfende Umstände hinzutreten, die nur bei dem einen Tatbestand zu einer gesetzlichen Straferhöhung führen. Es kommt dann nur auf die Vergleichbarkeit der Kerntatbestände an.

Gleichwohl müssen Sie der Wahlfeststellung auf der einen Seite den schweren Diebstahl gem. §§ 242, 243 I Nr. 1 StGB zugrunde legen. Jedoch darf die Strafe nur dem Gesetz mit dem milderen Strafrahmen entnommen werden. Darauf sollten Sie am Ende Ihrer Ausführungen zur Wahlfeststellung unbedingt hinweisen.

Eine Wahlfeststellung kann auch zwischen Delikten mit unterschiedlichen Strafandrohungen – etwa Diebstahl und Pfandkehr – erfolgen, jedoch bestimmt sich der Strafrahmen dann ebenfalls nach dem milderen Gesetz.

Mit wenigen Sätzen sollten Sie entsprechend meinen einleitenden Hinweisen auch darauf eingehen, ob eine Wahlfeststellung nach der derzeitigen Gesetzeslage überhaupt zulässig ist.

Zusammenfassend wäre das Gutachten in dem **Beispielsfall** wie folgt aufzubauen:

> **Das Verschaffen des Fahrrads**
> 1. Diebstahl, §§ 242, 243 StGB
>   Täterschaft nicht nachweisbar
> 2. Hehlerei, § 259 StGB
>   Täterschaft nicht nachweisbar
> 3. Wahlfeststellung
>   a) Zulässigkeit der Wahlfeststellung
>   b) Eindeutige Feststellung nicht möglich
>   c) Jede Möglichkeit muss zusammen mit dem eindeutigen Sachverhalt Gesetz verletzen
>   aa) Diebstahl im Übrigen verwirklicht?
>   bb) Hehlerei im Übrigen verwirklicht?
>   d) Ausschluss jeder weiteren Möglichkeit
>   e) Psychologische und rechtsethische Vergleichbarkeit
>   f) Ggf. Ausführungen zum Strafrahmen

III. Gliederung innerhalb des jeweiligen Straftatbestandes

19 Prozessvoraussetzungen oder Verfahrenshindernisse sind stets vor dem Tatbestand zu erörtern.

Dabei kann es um Verjährung, Strafklageverbrauch und Strafantrag gehen. Allerdings müssen Sie zwischen absoluten Antragsdelikten, bei denen der Antrag an den Anfang des Abschnitts gehört, und relativen Antragsdelikten[8], bei denen der Antrag und das den Antrag ersetzende besondere öffentliche Verfolgungsinteresse nach hM am Ende des Abschnitts zu prüfen sind, unterscheiden.[9]

---

7 *Fischer* StGB § 1 Rn. 42–44.
8 *Fischer* StGB Vor § 77 Rn. 3 will die Begriffe absolutes und relatives Antragsdelikt anders verstanden wissen; wie hier jedoch LK-StGB/*Schmid* Vor § 77 Rn. 6.
9 Näheres zu den Verfahrenshindernissen bei → Rn. 154 ff.

Innerhalb des jeweiligen Tatbestandes bleibt es bei der klassischen Gliederung in objektiven und subjektiven Tatbestand, Rechtswidrigkeit und Schuld, an die sich im Abschnitt »Strafe« gegebenenfalls die Erörterung einer Rücktrittsproblematik oder möglicherweise erfüllter Regelbeispiele, die nicht in zum Tatbestand gehören, anschließen sollte.

Nicht ganz so einfach lässt sich die Frage beantworten, wie Sie mit dem vertypten Strafmilderungsgrund des § 21 StGB und den unbenannten Milderungsgründen, den minder schweren Fällen (zB § 250 III oder § 306 II StGB), umzugehen haben. Die meisten der vertypten Milderungsgründe, wie etwa §§ 13 II, 23 II, 27 II StGB, sind bereits im Abschnitt »Tatbestand« zu prüfen. Auch bei § 21 StGB handelt es sich um eine Vorschrift des materiellen Rechts, die damit im A-Gutachten unter »Strafe« erörtert werden kann. Das ist jedoch nicht in jedem Bundesland ein vertretbarer Weg. Verschiedene Landesjustizprüfungsämter lassen in ihren Hinweisen für die Anfertigung strafrechtlicher Arbeiten die Erörterung des § 21 StGB wie auch der unbenannten Strafmilderungsgründe nur im B-Gutachten im Zusammenhang mit der Gerichtszuständigkeit zu.[10] Diesem Weg wird hier gefolgt.

In Ihrer Lösungsskizze sollten Sie die jeweiligen Abschnitte am besten mit einer stichwortartigen Überschrift versehen. Der Fehler, zwischen objektiven und subjektiven Tatbestandsmerkmalen nicht sauber zu trennen, dürfte Ihnen dann nicht unterlaufen. In dem eigentlichen Gutachten sollten Sie dagegen besser auf derartige Überschriften verzichten, weil viele Prüfer diese für anfängerhaft und deshalb überflüssig halten. Ein Absatz zwischen den einzelnen Abschnitten muss jedoch sein.

Häufig wird es sich anbieten, Rechtswidrigkeit und Schuld zusammenzufassen.

Formulierungsbeispiel:
Der Beschuldigte handelte auch rechtswidrig und schuldhaft.

Erwähnen sollten Sie Rechtswidrigkeit und Schuld auf jeden Fall, auch wenn es in einigen Anleitungen zu Strafrechtsklausuren heißt, darauf könne gegebenenfalls auch verzichtet werden. Das verleitet allerdings zur Oberflächlichkeit.

Schon hier einmal folgender Hinweis: Beweisergebnisse dürfen Sie nicht auf diese Art und Weise offen lassen!

IV. Darstellung der einzelnen Tatbestandsmerkmale

Konsequent wäre es, auch innerhalb der einzelnen Abschnitte schulmäßig zu gliedern. Doch 20 wird das kaum einmal wirklich erforderlich sein, zumal Sie unzweifelhaft vorliegende Tatbestandsmerkmale – im Urteilsstil – zusammengefasst darstellen dürfen bzw. müssen. Wichtig ist es nur, den Leser unmissverständlich darüber zu informieren, welches Merkmal Sie untersuchen. Zu keinem Zeitpunkt darf sich der Korrektor fragen: Was prüft der Kandidat hier eigentlich?

Merke: Müssen Sie in den Gutachtenstil, haben Sie jedes zu prüfende Tatbestandsmerkmal einleitend zu nennen.

Formulierungsbeispiel:
Indem der Beschuldigte mit dem Pkw ... die ...-Straße befuhr, hat er ein Kraftfahrzeug im Straßenverkehr geführt.
Fraglich ist, ob er infolge des Genusses alkoholischer Getränke **nicht in der Lage war, das Fahrzeug sicher zu führen**.

Ausnahmsweise ist es zulässig, vorrangig zu prüfende Tatbestandsmerkmale zu überspringen und auf ein nachrangiges Tatbestandsmerkmal einzugehen, wenn dieses ersichtlich nicht erfüllt ist. Wenn das Ergebnis allerdings so offensichtlich ist, sollten Sie sich die Kontrollfrage stellen, ob es dann überhaupt erforderlich ist, auf den Tatbestand einzugehen.

---

10 So die Hinweise der Justizprüfungsämter Niedersachsen und Sachsen-Anhalt.

Keinesfalls dürfen Sie die Erörterung eines Straftatbestandes einleitend mit der Wiederholung des Gesetzeswortlauts beginnen. Dem Korrektor ist der Wortlaut der zu prüfenden Norm bekannt. Halten Sie sich im Übrigen einmal vor Augen, was das für Sie an zusätzlicher Schreibarbeit bedeutet. In Strafrechtsklausuren sind durchaus mal 20 und mehr einzelne Straftatbestände anzuprüfen. So kämen leicht zwei oder noch mehr Seiten an überflüssiger Schreibarbeit auf Sie zu. Rechnen Sie das einmal in die dabei verschwendete Zeit um!

B. Gutachten- und Urteilsstil

Gleichgültig, ob Sie einzelne Passagen im Gutachten- oder Urteilsstil schreiben, es kommt auf   21
klaren und verständlichen Ausdruck und grammatikalische Richtigkeit an.

- Nicht nur in einem Urteil, auch in einem Gutachten sind Bandwurmsätze verboten. Der Praktiker und somit der Korrektor Ihrer Arbeit liebt kurze und knackige Sätze. Bandwurmsätze legen zudem den Schluss auf eine unklare Gedankenführung nahe.
- Verstärkende Begriffe wie »*offensichtlich*« und »*unzweifelhaft*« sind sowohl in der Anklageschrift als auch im Gutachten fehl am Platz. Ist ein Tatbestandsmerkmal *offensichtlich erfüllt*, machen Sie das schon durch den Gebrauch des Urteilsstils deutlich. *Fehlt es offensichtlich* an einem Tatbestandsmerkmal, ist im Zweifel schon jedes Wort zu diesem Tatbestand überflüssig.
- Zur Rechtswidrigkeit und Schuld lese ich immer wieder: »*Gegen Rechtswidrigkeit und Schuld bestehen keine Bedenken.*« Das ist Unsinn. Richtig muss es heißen:

  > Der Beschuldigte hat auch rechtswidrig und schuldhaft gehandelt.

- Kommen Sie zu dem Ergebnis, dass der Beschuldigte nicht tatverdächtig ist, weil ein Tatbestandsmerkmal nicht erfüllt ist, darf es nicht heißen: »*Der hinreichende Tatverdacht entfällt.*« Denn tatsächlich hat ein hinreichender Tatverdacht, der entfallen könnte, nie vorgelegen. Richtig ist:

  > Der Beschuldigte ist ... nicht hinreichend verdächtig.

I. Urteilsstil

Für den Urteilsstil im Gutachten sind keine besonderen Regeln zu beachten. Sie bedienen sich   22
des Urteilsstils bei der Subsumtion unter die gesetzlichen Merkmale, die offensichtlich erfüllt
sind. Machen Sie von dieser Möglichkeit ausreichend Gebrauch, denn es wirkt nicht nur anfängerhaft, sondern *es ist anfängerhaft*, derartige Merkmale breit auszuwalzen.

II. Gutachtenstil

Leider unterliegen viele Referendare der Fehlvorstellung, den Gutachtenstil mit dem Eintritt   23
in die zweite Ausbildungsphase vergessen zu können. Und so gleichen viele Strafrechtsklausuren eher Besinnungsaufsätzen denn juristischen Gutachten. Von diesem Irrglauben müssen
Sie sich lösen, sonst werden Sie im Examen zwangsläufig scheitern.

> **Es gilt die Faustregel:** Müssen Sie selbst darüber nachdenken, ob ein Tatbestandsmerkmal erfüllt ist, ist dieses in der Klausur im Gutachtenstil zu untersuchen.

Gutachtenstil bedeutet, dass Sie zu Beginn das zu prüfende Merkmal nennen, damit der Korrektor weiß, worum es geht. Nebenbei dient das auch Ihrer eigenen gedanklichen Klarheit, weil Sie so zwangsläufig die einzelnen Merkmale sauber gegeneinander abgrenzen.

Haben Sie das zu prüfende Merkmal genannt, folgen ein definierender Obersatz und anschließend die erläuternden Untersätze. Im Zweifel darf erst unter diese subsumiert werden.

> **Formulierungsbeispiel:**
> Der Beschuldigte könnte die Schnapsflasche **weggenommen** haben.
> Wegnahme bedeutet den **Bruch fremden und die Begründung neuen, nicht notwendig tätereigenen Gewahrsams.**
> Gewahrsam ist die von einem **Herrschaftswillen getragene tatsächliche Herrschaftsmacht.**
> Der geschädigte Ladeninhaber hat in diesem Sinne Gewahrsam an allen ... Fraglich ist, ob der Beschuldigte diesen Gewahrsam schon dadurch gebrochen hat, dass er die Flasche in die Innentasche seiner Jacke steckte. Zweifelhaft könnte das sein, weil ...

Zwei typische Fehler beim Gebrauch des Gutachtenstils:

24 • Sehr häufig wird in Klausuren der Fehler gemacht, den ein Tatbestandsmerkmal definierenden Obersatz zu formulieren, dann aber ohne nähere Erörterung ein Ergebnis zu behaupten. Beispiel: »*Bei der Fahrzeugidentifizierungsnummer müsste es sich um eine Urkunde handeln. Eine Urkunde ist eine verkörperte menschliche Gedankenerklärung, die bestimmt und geeignet ist, im Rechtsverkehr Beweis zu erbringen und die ihren Aussteller erkennen lässt. Die FIN ist ein Beweiszeichen und deshalb eine Urkunde.*« Damit kann niemand etwas anfangen, denn es fehlt die Subsumtion. Warum fällt ein Beweiszeichen unter den Begriff der Urkunde, welche Gedankenerklärung ist verkörpert, was soll im Rechtsverkehr bewiesen werden?

25 • Die einleitenden Worte »*problematisch*« oder »*zweifelhaft*« sollten keine Füllworte sein, sondern nur dort eingesetzt werden, wo wirklich ein Problem zu erörtern ist. Der Leser, der mit der Einleitung, »*Problematisch ist, ob es sich bei dem Schmuck um eine fremde bewegliche Sache handelt*«, an ein vermeintliches Problem herangeführt wird, dürfte überrascht sein, im nächsten Satz zu lesen: »*Der Schmuck ist eine fremde bewegliche Sache, weil er nicht dem Beschuldigten gehört.*« Hier gab es also gar kein Problem, eine Feststellung im Urteilsstil hätte ausgereicht. Diese Feststellung sollte dann auch sachlich richtig sein, denn wenn eine Sache nicht dem Beschuldigten gehört, heißt das nicht automatisch, dass diese iSd § 242 StGB fremd ist. Sie könnte auch herrenlos sein. Um das auszuschließen müsste der Satz heißen:

> Der Schmuck ist eine für den Beschuldigten fremde bewegliche Sache, weil er im Eigentum des … steht.

26 Stoßen Sie auf ein Problem, das ausnahmsweise die Erörterung eines Streitstandes erforderlich macht, so hat das schulmäßig abzulaufen. Jede der zur Diskussion stehenden Ansichten ist kurz darzustellen. Dann ist zu untersuchen, zu welchen Ergebnissen die verschiedenen Ansichten nach einer Subsumtion führen. Nur wenn die verschiedenen Ansichten am Ende zu unterschiedlichen Ergebnissen führen, ist der Streitstand zu entscheiden. Verschwenden Sie nicht zu viel Zeit darauf! Niemand erwartet von Ihnen, dass Sie das Rad neu erfinden. Denn immer werden Sie damit durchkommen, dass Sie wichtige Argumente der einen Seite aufgreifen und damit die Argumentation der anderen Seite aushebeln. Eigene und neue Argumente fließen in die Entscheidung also nicht ein. Welche neuen Argumente sollten Ihnen zu der seit vielen Jahren diskutierten Frage, ob § 255 StGB eine Vermögensverfügung erfordert, auch ausgerechnet in einer Examensklausur einfallen! Verschießen Sie Ihr Argumentationspulver deshalb nicht schon bei der Darstellung der Ansicht, der Sie im Ergebnis folgen wollen, sondern heben Sie sich Argumente für den Streitentscheid zugunsten der höchstrichterlichen Rechtsprechung, an die der Staatsanwalt für die Anklageerhebung gebunden ist,[11] auf.

27 Machen Sie es sich aber zur Regel, allenfalls die klassischen Streitstände auf diese Weise darzustellen und das auch nur in Klausuren, in denen die Erörterung ersichtlich von Ihnen erwartet wird. Im Übrigen müssen Sie die **Darstellung von Streitständen möglichst vermeiden**. Das ist in der Strafrechtsklausur des Zweiten Examens nicht Ihre Aufgabe. In den Kommentaren werden zu fast jedem Tatbestandsmerkmal zwei oder auch mehr abweichende Ansichten zitiert. Das können Sie nicht jedes Mal ausdiskutieren. Es reicht deshalb aus, wenn Sie Problembewusstsein zeigen und die abweichende Meinung in einem auf das Problem zuführenden Einleitungssatz aufgreifen, sich jedoch sofort darauf der Rechtsprechung anschließen.

---

11 Zur Bindung an die höchstrichterliche Rspr.: BGHSt 15, 155 = BeckRS 9998, 117151.

C. Beweiswürdigung

In jeder Strafrechtsklausur werden Sie irgendwann an den Punkt stoßen, an dem eine Beweiswürdigung erforderlich wird. Unterschätzen Sie deren Bedeutung niemals. Jeder Prüfer wird es als selbstverständlich voraussetzen, dass Sie den Gutachtenstil sicher beherrschen und auch die materielle Rechtslage in den Griff bekommen. Denn das ist es schließlich, was Sie über Jahre im Studium gelernt haben. Dagegen stellt der Umgang mit einem streitigen Sachverhalt ein wirklich neues Element dar. Sie sollen nachweisen, dass Sie dieses neue Element beherrschen.

28

Die Beweiswürdigung ist ein Schwerpunkt einer jeden Klausur! Mit einer gelungenen Beweiswürdigung können Sie deshalb für die Gesamtwertung wichtige Punkte gutmachen.

I. Grundregeln

Bevor ich im Einzelnen auf die Darstellung der Beweiswürdigung eingehe, müssen Sie sich zunächst einige Grundregeln einprägen.

29

Regel 1: Eine Beweiswürdigung darf nur an dem Tatbestandsmerkmal erfolgen, für dessen Verwirklichung diese von Bedeutung ist.

30

Keinesfalls dürfen Sie die Beweiswürdigung vor die Klammer ziehen. Das heißt, Sie dürfen die Beweiswürdigung nicht etwa dem objektiven Tatbestand voranstellen, um so losgelöst von konkreten Tatbestandsmerkmalen zunächst einmal den beweisbaren Sachverhalt zu klären. Schon häufig habe ich in Klausuren folgende Sätze gelesen: »*Der Beschuldigte könnte sich eines Diebstahls nach § 242 StGB hinreichend verdächtig gemacht haben, indem er ... Dann müsste er Täter sein. Das ist zweifelhaft, weil er bestritten hat ...*« Ob der Beschuldigte Täter eines Diebstahls ist, werden Sie auch nach der Beweiswürdigung nicht wissen, denn dann haben Sie immer noch kein einziges Tatbestandsmerkmal geprüft. Im Übrigen ist zu diesem Zeitpunkt doch noch gar nicht absehbar, auf welches Verhalten des Beschuldigten es für die Tatbestandsverwirklichung überhaupt ankommt.

Formulierungsbeispiel:
Der Beschuldigte könnte sich eines Diebstahls nach § 242 StGB hinreichend verdächtig gemacht haben, indem er ...
Bei der Schnapsflasche handelte es sich um eine für den Beschuldigten fremde bewegliche Sache. Diese müsste er weggenommen haben. Wegnahme ist der Bruch fremden und die Begründung neuen ... Gewahrsams. Gewahrsam ist die von einem Herrschaftswillen getragene tatsächliche Herrschaftsmacht. Nach allgemeiner Ansicht liegt eine Wegnahme auch dann schon vor, wenn der Beschuldigte sich zwar noch in den Räumen des letzten Gewahrsamsinhabers befindet, die Sache aber bereits in die körpereigene Gewahrsamssphäre ... **Der Beschuldigte hat allerdings bestritten**, die Schnapsflasche in seine Jacke gesteckt zu haben, ...

Regel 2: Das Ergebnis der Beweiswürdigung soll nicht Ihre sichere Überzeugung sein. Ihre Aufgabe ist lediglich, die **hinreichende Wahrscheinlichkeit** eines bestimmten Sachverhalts festzustellen. Diese ist für die Anklageerhebung ausreichend. Der Zweifelsgrundsatz gilt im Ermittlungsverfahren deshalb nur sehr eingeschränkt.

31

Sie dürfen an den Grad der Überzeugungsbildung keine zu hohen Anforderungen stellen. Der Staatsanwalt hat im Ermittlungsverfahren eine **Prognoseentscheidung** zu treffen, die sich daran zu orientieren hat, ob mit **den vorhandenen Beweismitteln eine Verurteilung des Beschuldigten hinreichend wahrscheinlich** sein wird. **Für den hinreichenden Tatverdacht reicht ein schlichtes Überwiegen der Verurteilungswahrscheinlichkeit aus.** Das wird von vielen Kandidaten leider verkannt.[12]

---

12 Sie sollten unbedingt einmal die Entscheidung BGH NStZ-RR 2009, 90 lesen: Der Zweifelsgrundsatz gilt ohnehin nicht für einzelne Elemente der Beweiswürdigung und schon gar nicht für entlastende Indiztatsachen.

32 **Regel 3:** Verwenden Sie die richtigen Begriffe.

Glaubhaft oder **unglaubhaft** kann nur eine Einlassung oder Aussage sein, während ein Zeuge oder ein Beschuldigter **glaubwürdig** oder **unglaubwürdig** sein können.

Ein Beschuldigter wird sich im Zweifel zur Sache **einlassen,** er kann **gestehen,** sich **geständig einlassen,** Tatsachen **einräumen** oder **bestreiten** und **vorgeben.**

Zeugen **sagen aus, bekunden** oder **schildern.**

In diesem Zusammenhang ein weiterer Hinweis: Es ist eine stilistische Unart, an Stelle der möglichen Aktivform die Passivform zu benutzen. Es darf nicht heißen: »*Von dem Zeugen ist eine Aussage getätigt worden.*« Denn tatsächlich **hat er ausgesagt.**

33 Noch einmal: Ungeschickt ist es, den Beschuldigten im Rahmen der Beweiswürdigung bereits als **Täter** zu bezeichnen, wenn Sie nach der Beweiswürdigung noch weitere Tatbestandsmerkmale zu prüfen haben. Sind Sie beim Betrugstatbestand gerade bei der Täuschung angekommen und wollen Sie nun prüfen, ob der Beschuldigte auch der Täuschende war, dann darf es nicht heißen: »*Fraglich ist, ob D als Täter feststeht.*« Das mag zwar wirklich fraglich sein, nur werden Sie das allein durch die Beweiswürdigung nicht beantworten können, wenn danach noch weitere Tatbestandsmerkmale zu prüfen sind. Noch schlimmer wird es, wenn ein Kandidat dann am Ende dieser Beweiswürdigung auch noch zu dem Ergebnis kommt: »*Damit steht D als Täter fest.*«

34 **Regel 4:** Die Wiedergabe des Inhalts von Einlassungen und Aussagen erfolgt grundsätzlich im Konjunktiv.

Wollen Sie den Inhalt einer Einlassung oder Aussage darstellen, muss dies im **Konjunktiv** und der Zeitform Perfekt geschehen. Benutzen Sie den Indikativ, vermittelt das den Eindruck, als ginge es Ihnen um eine bereits feststehende Tatsache. Diesen Eindruck müssen Sie vermeiden, weil ja erst die nachfolgende Würdigung zu diesem Ergebnis führen kann. Zudem werden Sie durch den Gebrauch des Konjunktivs nicht aus den Augen verlieren, dass die Einlassung oder Aussage keineswegs als inhaltlich richtig feststeht, sondern noch zu würdigen ist. Denn an den Satz im Konjunktiv muss sich stets die Feststellung anschließen: »Das ist un-/ glaubhaft«.

Sprachlich unrichtig ist der folgende Satz: »*Nach der Aussage des Zeugen hat der Beschuldigte ihm in das Gesicht geschlagen.*« Richtig muss es heißen:

> Der Zeuge hat bekundet, er sei von dem Beschuldigten in das Gesicht geschlagen worden. Diese Aussage ist glaubhaft, ...

Unrichtig ist auch das: »*Der Beschuldigte sagt aus, dass er die Flasche nicht eingesteckt hat.*« Richtig heißt es:

> Der Beschuldigte hat sich dahin eingelassen, er habe die Flasche nicht eingesteckt.

Auch die folgenden Formulierungen wären nicht zu beanstanden:

> Der Beschuldigte hat sich dahin eingelassen, die Flasche nicht eingesteckt zu haben.
>
> (oder:)
>
> Der Beschuldigte hat bestritten, die Flasche eingesteckt zu haben.
>
> (oder:)
>
> Der Beschuldigte hat die Vorwürfe bestritten. Er will die Flasche nicht eingesteckt haben.

35 **Regel 5:** Vermeiden Sie bei der Würdigung von Einlassungen und Aussagen Leerformeln.

Schildert ein Zeuge, er habe gesehen, wie der Beschuldigte die Flasche eingesteckt habe, wird es kaum einen Leser Ihrer Klausur überzeugen, wenn Sie dem Zeugen glauben wollen, weil diese Aussage »*frei von Widersprüchen und in sich schlüssig*« sei. Dass mag zwar richtig sein, aussagekräftig wird das aber nur bei komplexen und umfangreichen Aussagen sein. Zu den klassischen Leerformeln, vor denen Sie sich in der Klausurlösung hüten sollten, gehört auch der Begriff »Belastungstendenz«. Wenn Sie nichts weiter für die Würdigung einer Aussage in der Hand haben, wird es meist ausreichen festzustellen, dass der Zeuge für eine falsche Aussage **kein Motiv** habe.

Regel 6: Die Wiedergabe von Aussageinhalten ersetzt keine Beweiswürdigung.   **36**

Ihre Aufgabe bei der Beweiswürdigung besteht nicht darin, die Inhalte von Einlassungen und Aussagen umfangreich wiederzugeben, sondern diese zueinander und zu anderen Umständen in Beziehung zu setzen. Sie haben also die Frage zu beantworten, ob eine Einlassung oder Aussage durch andere Einlassungen oder Aussagen sowie andere Umstände gestützt oder widerlegt wird. Auch insoweit kann das mögliche Motiv für das Aussageverhalten eine wichtige Rolle spielen.

Regel 7: Die eigentliche Beweiswürdigung erfolgt im Urteilsstil.   **37**

Im Rahmen der Beweiswürdigung begründen Sie Ihre »Überzeugung«. Greifen Sie deshalb auf den Urteilsstil zurück. Keinesfalls dürfen Sie die Beweiswürdigung damit einleiten, dass eine bestimmte Aussage glaubhaft sei und im Anschluss an diese Feststellung sofort wieder Zweifel an deren Richtigkeit äußern. Das ist unlogisch.

II. Erforderlichkeit der Beweiswürdigung

Grundsatz: Eine Beweiswürdigung ist immer dann erforderlich, wenn es um **erhebliche** Tatsachen   **38** geht, die von dem Beschuldigten – sei es einfach, sei es qualifiziert – bestritten werden oder zu denen er sich nicht eingelassen hat. In seltenen Fällen kann auch ein Geständnis/eine geständige Einlassung des Beschuldigten **kritisch** zu würdigen sein.

Von der eigentlichen Beweiswürdigung sind die Fälle zu unterscheiden, in denen Sie dem Korrektor mitteilen sollten, auf welche Erkenntnisquelle Sie sich stützen, wenn Sie Tatsachen ohne Weiteres als erwiesen ansehen und dem weiteren Gutachten zugrunde legen wollen. Mit anderen Worten:

Dem Leser ist mitzuteilen, mit welchen Beweismitteln Sie den von Ihnen ermittelten Sachverhalt in der Hauptverhandlung nachweisen wollen.

> **Formulierungsbeispiel:**
> Die Höhe des Schadens ergibt sich aus dem nachvollziehbaren schriftlichen Gutachten des Sachverständigen M.
> Die Blutalkoholkonzentration ergibt sich aus dem Gutachten …

Ob der Sachverständige sein Gutachten in der Hauptverhandlung persönlich und mündlich zu erstatten hat oder ob sein schriftliches Gutachten verlesen werden kann, sollten Sie besser im B-Gutachten unter dem Stichwort »Beweismittel« erörtern.

Ein Kardinalfehler in sehr vielen Klausuren ist die **allzu kritiklose Übernahme der Beschuldigteneinlassungen.** Während den meisten Kandidaten klar ist, dass eine Beweiswürdigung erforderlich wird, wenn der Beschuldigte eine Tat insgesamt und ausdrücklich bestreitet, wird dies bei teilbestreitenden Einlassungen, die nicht auf den ersten Blick erkennbar im Gegensatz zu anderen Beweisergebnissen stehen, häufig übersehen. Hüten Sie sich davor!

> Ein **Beispiel:** Der Beschuldigte findet verlorene Ausweispapiere eines anderen, der ihm täuschend ähnlich sieht, und steckt diese ein. Wochen später weist er sich mit diesen Papieren anlässlich einer Polizeikontrolle nach einer Trunkenheitsfahrt aus. Seine Einlassung, er habe vergessen, die Papiere – wie beabsichtigt – zurückzugeben, wird ungeprüft übernommen. Dabei ist bei genauem Hinsehen völlig klar, dass Zweifel an der Richtigkeit dieser Einlassung angebracht sind. Die Ähnlichkeit, der Umstand, dass die Papiere nicht zurück-

gegeben wurden und deren Vorlage bei der Kontrolle lassen es nahe liegend erscheinen, dass der Beschuldigte die Papiere nur zu diesem Zweck eingesteckt hat. Gleichgültig, ob Sie am Ende tatsächlich zu diesem Ergebnis kommen oder die Einlassung des Beschuldigten trotzdem als unwiderlegbar ansehen, muss das erörtert werden.

Weiter im **Beispiel:** Aufgrund der Vorlage der falschen Papiere wird gegen deren tatsächlichen Inhaber ein Strafverfahren durchgeführt. Der Beschuldigte lässt sich dahin ein, er habe ein derartiges Verfahren nicht gewollt und zudem darauf vertraut, dass der Schwindel auffliegen würde, weil die Polizeibeamten den vermeintlichen Täter nicht wiedererkennen würden. Auch diese Einlassung wurde durchweg ungeprüft übernommen.

Dabei ist seine Einlassung schon deshalb unglaubhaft, weil die Durchführung des Verfahrens gegen den Inhaber der Papiere die zwingende Folge des Verhaltens des Beschuldigten war und zum Erreichen seines Zieles auch gewollt sein musste. Wie soll der Beschuldigte darauf vertraut haben können, der Schwindel werde bei einer späteren Gegenüberstellung auffliegen, wenn es ihm aufgrund der Ähnlichkeit mit dem Inhaber der Papiere gelungen war, die Polizeibeamten schon im Rahmen der Kontrolle zu täuschen? Auch das muss erörtert werden!

Sie dürfen es sich auch nicht leicht machen und eine Beweiswürdigung dadurch umgehen, dass Sie die Glaubhaftigkeit einer Zeugenaussage offen lassen, weil der Beschuldigte sich auf der Basis seiner Einlassung ebenfalls strafbar gemacht hätte. Auf diese Argumentation darf keine Anklage und keine Verurteilung gestützt werden. Im Strafverfahren steht die Wahrheitsermittlung im Vordergrund, der Anklageerhebung darf keine erkennbar falsche Einlassung zugrunde gelegt werden.

Sie haben den **wahren Sachverhalt** zu ermitteln!

III. Darstellung der Beweiswürdigung

39 Im Rahmen der Beweiswürdigung können Sie von vier Grundkonstellationen ausgehen:

- Gestehen,
- Schweigen,
- Bestreiten,
- Teilbestreiten.

1. Der Beschuldigte gesteht

40 Diese Konstellation ist einfach zu bewältigen. Denn selten gibt es Anlass, an der Richtigkeit einer geständigen Einlassung oder eines Geständnisses zu zweifeln. Sie können den eingeräumten Sachverhalt ohne Weiteres zugrunde legen, sollten aber nicht vergessen, den Leser gegebenenfalls darauf hinzuweisen, welche Erkenntnisse auf dem Geständnis des Beschuldigten beruhen.[13] Dabei sollten sie nicht formelhaft den Hinweis auf dessen Glaubhaftigkeit wiederholen.

Formulierungsbeispiel:
Der Beschuldigte hat in seiner polizeilichen Vernehmung eingeräumt, die Flasche in seine Jacke gesteckt zu haben. Es gibt keinen Anlass, an der Richtigkeit seiner geständigen Einlassung zu zweifeln.

Sollte der Sachverhalt tatsächlich einmal Hinweise enthalten, die Zweifel an der Richtigkeit einer geständigen Einlassung oder eines Geständnisses begründen könnten, könnten Sie Ihre Überlegungen wie folgt einleiten:

Formulierungsbeispiel:
Der Beschuldigte hat eingeräumt, ... Diese geständige Einlassung ist glaubhaft, denn sie wird durch die Aussage des Zeugen H. bestätigt, der bekundet hat, ... Zwar hat der Zeuge V ... angegeben, ... Das ändert jedoch an der Glaubhaftigkeit der geständigen Einlassung nichts, denn ...

---

13 Denken Sie bitte daran, sprachlich zwischen »Geständnis« in richterlichen Vernehmungen und »geständigen Einlassungen« in polizeilichen Vernehmungen zu unterscheiden!

(oder:)

Zwar hat der Beschuldigte U eingeräumt, ... Angesichts der Aussage des Zeugen V, ..., erscheint es aber zweifelhaft, ob der Beschuldigte tatsächlich ... Der Zeuge hat in seiner polizeilichen Vernehmung geschildert, ... Das ist glaubhaft, weil ...

2. Der Beschuldigte schweigt

Dass ein Beschuldigter von seinem Schweigerecht Gebrauch macht, wird in Klausursachverhalten eher selten geschehen. Auf den ersten Blick wird Ihnen diese Konstellation sehr einfach erscheinen, weil Sie sich nicht mit einer zu widerlegenden Einlassung auseinandersetzen müssen. Doch Vorsicht, lassen Sie sich nicht zu oberflächlichem Arbeiten verleiten. Die Beweise müssen genauso sorgfältig wie im Fall eines bestreitenden Beschuldigten gewürdigt werden. Der Klausurverfasser erwartet von Ihnen eine echte Leistung. Anderenfalls hätte er nämlich ohne Weiteres ein kurzes Vernehmungsprotokoll, in dem der Beschuldigte alle Vorwürfe einräumt, in den Klausursachverhalt stellen können.

> **Formulierungsbeispiel:**
> Fraglich ist, ob der Beschuldigte auf den Geschädigten eingeschlagen hat. Der Beschuldigte hat sich nicht zur Sache eingelassen. Er wird jedoch durch die Aussage des Geschädigten überführt werden. Dieser hat bekundet, ... Diese Aussage ist glaubhaft, weil sie mit der Aussage des Zeugen M ... übereinstimmt, der geschildert hat ... Im Übrigen erklärt die Aussage des Geschädigten die Verletzungen, die dieser nach dem ärztlichen Attest des ... am 12.3.1999 hatte. Das Attest kann in der Hauptverhandlung gem. § 256 I Nr. 2 StPO verlesen werden.

Achtung: Auf gar keinen Fall sollten Sie sich bei einem schweigenden Beschuldigten mit den Grundlagen seines Schweigerechts auseinandersetzen. Das wäre anfängerhaft!

3. Der Beschuldigte bestreitet

Auf diese Konstellation werden Sie sehr häufig stoßen. Weil eine Beweiswürdigung nur am konkreten Tatbestandsmerkmal erfolgen darf und sich damit immer nur auf einzelne bestrittene Tatsachen bezieht, werden Sie möglicherweise an verschiedenen Stellen Ihres Gutachtens würdigen müssen. Denken Sie daran, dass mit dem Widerlegen einer Einlassung des Beschuldigten nicht automatisch die zur Erfüllung eines Tatbestandsmerkmals erforderlichen Tatsachen bewiesen sind.

Als Ergebnis der Beweiswürdigung müssen Sie sich auf *einen bestimmten* Sachverhalt festlegen. Wenn sich der hinreichende Tatverdacht sowohl aufgrund eines vom Beschuldigten geschilderten Sachverhalts als auch aufgrund eines von einem Zeugen geschilderten anderen Sachverhalts ergibt, müssen Sie deshalb entscheiden, wem Sie glauben wollen. Sie dürfen sich nicht auf die Feststellung beschränken, schon nach der Einlassung des Beschuldigten bestehe ein hinreichender Tatverdacht. Denn dann hätten Sie keinen bestimmten Sachverhalt ermittelt, den Sie der Anklage zugrunde legen könnten. Von einer Tatsachenalternativität dürften Sie nur im Rahmen einer unechten Wahlfeststellung ausgehen, wenn der wahre Sachverhalt nicht zu ermitteln ist. Auch das erfordert aber einen Versuch der Wahrheitsermittlung im Rahmen der Beweiswürdigung.

Achtung: Schreiben Sie die Beweiswürdigung auf keinen Fall nieder, bevor Sie diese nicht gedanklich durchgespielt und strukturiert haben.

Anderenfalls läuft Ihre Darstellung nämlich Gefahr, chaotisch und für den Leser nicht mehr nachvollziehbar zu werden.

Ihre Vorüberlegungen können zu zwei verschiedenen Ergebnissen führen:

- Sie legen die Einlassung des Beschuldigten Ihrem Gutachten zugrunde,
  - weil Sie diese nicht widerlegen können,
  - weil Sie diese glauben.
- Sie glauben diese nicht.

41

42

43

44 Mit Bedacht ist im ersten Obersatz nicht davon die Rede, dass Sie dem Beschuldigten *glauben*. Natürlich können Sie zu diesem Ergebnis kommen, nur müssen Sie zuvor sehr sorgfältig unterscheiden. Denn nicht immer legen Sie die Einlassung eines Beschuldigten deshalb Ihrem weiteren Gutachten zugrunde, weil Sie dieser Glauben schenken. Zum selben Ergebnis können Sie nämlich auch kommen, wenn Sie zwar Zweifel an der Richtigkeit der Einlassung haben, diese aber nicht widerlegen können. Das wird in Klausuren häufig nicht sauber genug herausgearbeitet. Für den Praktiker ist deshalb oft überraschend zu lesen, was die Kandidaten den Beschuldigten alles glauben.

Auf die *Unwiderlegbarkeit* einer Einlassung wird eine Beweiswürdigung meist hinauslaufen, wenn diese weder eindeutig widerlegt noch bestätigt wird aber immerhin gewisse Anhaltspunkte für deren Richtigkeit sprechen.

> **Beispiel:** Bricht der Beschuldigte ein Auto auf und behauptet nach seiner späteren Festnahme, er habe es später zurückbringen wollen, so ist das im Zweifel nicht glaubhaft. Behauptet er zudem, das Fahrzeug vorübergehend benötigt zu haben, um einen Streit mit seiner in einem anderen Ort wohnenden Freundin beizulegen und bekunden Polizeibeamte, er sei vor seiner Festnahme in Richtung auf den Tatort gefahren, so wird man weiterhin Zweifel an der Richtigkeit seiner Einlassung haben, diese aber wohl nicht widerlegen können. Es könnte dann im Gutachten nach Erörterung der Zueignungsproblematik heißen:

> **Formulierungsbeispiel:**
> Der Beschuldigte hat sich dahin eingelassen, er habe das Fahrzeug in B ... nur deshalb an sich gebracht, weil er nach einem Streit zu seiner Freundin in M ... habe fahren wollen, um sich wieder mit ihr zu vertragen. Er habe das Fahrzeug anschließend zurückbringen wollen. Auch wenn Zweifel an der Richtigkeit dieser Einlassung bestehen, weil der Beschuldigte das Fahrzeug aufgebrochen hat und bei seiner Rückkehr an den Tatort mit seiner Entdeckung oder gar Festnahme rechnen musste, wird sie **letztlich nicht zu widerlegen** sein, zumal die ermittelnden Polizeibeamten bekundet haben, dass er mit dem Fahrzeug aus M ... kommend in Fahrtrichtung B ... gefahren sei.

Ist die bestreitende Einlassung des Beschuldigten wirklich glaubhaft, dann müssen Sie das im Gutachten zum Ausdruck bringen.

> **Formulierungsbeispiel:**
> Die Einlassung des Beschuldigten, er sei zur Tatzeit nicht Fahrer des Fahrzeugs gewesen, ist glaubhaft. Denn der unbeteiligte Zeuge, dessen Aussage keinen Anlass zu Zweifeln an deren Richtigkeit gibt, hat bekundet, das Fahrzeug sei von einer Frau geführt worden.

Sehr häufig werden Sie in Klausuren jedoch bestreitende Einlassungen des Beschuldigten widerlegen können und müssen. Beschränken Sie sich dabei nicht auf die Gegenüberstellung von Einlassungen und Zeugenaussagen.

> **Wichtig:** Das gesamte Ermittlungsergebnis kann und muss gegebenenfalls in die Beweiswürdigung einfließen!

45 Der Inhalt von Urkunden und Sachverständigengutachten wird oftmals große Bedeutung haben. Auch einfache Auskünfte von Polizeibeamten und Zeugen, der Inhalt von Ermittlungsberichten und Vermerken, selbst Hinweise aus dem Bearbeitervermerk müssen gegebenenfalls berücksichtigt werden. Einlassungen und Aussagen sind auf deren Plausibilität abzuklopfen. **Wichtig im Rahmen der Beweiswürdigung ist auch die Frage nach möglichen Motiven des Beschuldigten für die Tat und eines Zeugen für ein bestimmtes Aussageverhalten.** Dagegen spielen persönliche Eindrücke von Beschuldigten und Zeugen in der Klausur naturgemäß keine Rolle. Eher selten werden Sie deshalb Gelegenheit haben, Ihre im Referendariat erworbenen Kenntnisse der Aussagepsychologie anzuwenden.

> **Formulierungsbeispiel:**
> Der Beschuldigte hat zwar bestritten, das Fahrzeug geführt zu haben. Er wird jedoch durch die Aussage des Zeugen ... überführt werden. Der Zeuge hat bekundet ... Diese Aussage ist glaubhaft. Der Zeuge hatte kein erkennbares Motiv ... Im Übrigen wird die Aussage durch die Angaben des Zeugen ... gestützt. Dagegen hatte der Beschuldigte durchaus ein Motiv, ...

Keinesfalls dürfen Sie sich auf die schlichte Feststellung beschränken, es stehe »**Aussage gegen Aussage**«, ein hinreichender Tatverdacht liege deshalb nicht vor. Das ist keine Beweiswürdigung! Diese Konstellation ist ohnehin eher selten, denn streng genommen geht es nur dann darum, wenn es für die belastende Aussage keine stützenden Indizien gibt.

4. Der Beschuldigte gesteht und bestreitet teilweise

Für diese Konstellation kann auf die vorstehenden Ausführungen verwiesen werden, weil es weder für den gestehenden noch für den bestreitenden Teil der Einlassung Besonderheiten zu beachten gibt.

> **Formulierungsbeispiel:**
> Der Beschuldigte hat glaubhaft eingeräumt, ... zu haben. Soweit er sich dahin eingelassen hat, er habe ..., ist dies unglaubhaft. Denn die Zeugen haben übereinstimmend und deshalb glaubhaft bekundet, ...

Möglicherweise können Sie allerletzte Zweifel am Ende nicht ausräumen. Das steht der Annahme des hinreichenden Verdachts und damit der Anklageerhebung jedoch nicht entgegen, weil die sichere Überzeugung nur zur Verurteilung erforderlich ist. Sätze, wie »*Das Ausräumen letzter Zweifel muss der Hauptverhandlung vorbehalten bleiben*«, haben im Gutachten jedoch nichts zu suchen.

IV. Die Beweismittel

1. Einlassung des Beschuldigten

Ausgangspunkt der Beweiswürdigung wird regelmäßig die Einlassung des Beschuldigten sein, die sowohl im Verfahren gegen ihn selbst als auch gegen Mitbeschuldigte eine Rolle spielen kann.

Wollen Sie die Einlassung eines Beschuldigten gegen einen Mitbeschuldigten verwerten, müssen Sie zeigen, dass Sie sich des regelmäßig **geringeren Beweiswerts** einer belastenden Aussage bewusst sind. Manch Beschuldigter neigt nun einmal dazu, sich zulasten eines anderen Beschuldigten eine Strafmilderung verdienen zu wollen, selbst wenn das auf Kosten der Wahrheit geht. Auf jeden Fall sollte in Ihrem Gutachten das Stichwort **Beweiswert** fallen.

Denken Sie immer daran, dass den Beschuldigten keine Pflicht zur aktiven Mitwirkung im Strafverfahren trifft (Nemo-tenetur-Grundsatz). Schweigt ein Beschuldigter etwa und macht von einer nahe liegenden Entlastungsmöglichkeit keinen Gebrauch, darf das nicht zu seinen Lasten in die Beweiswürdigung einfließen. Hat er sich dagegen teilweise eingelassen, sieht das schon ganz anders aus. Beruft sich der Beschuldigte darauf, im Besitz entlastender Beweismittel zu sein, die er dann nicht vorlegt oder beruft er sich zur Untermauerung seiner Einlassung auf Zeugen, deren Namen er dann verschweigt, dürfen aus diesem Verhalten für ihn nachteilige Schlüsse gezogen werden.

2. Zeugen

Häufigstes Beweismittel in Ihren Klausuren wird der Zeuge sein.

Beachten Sie im Rahmen der Beweiswürdigung immer das sich aus § 250 StPO ergebende »**Unmittelbarkeitsprinzip**«.

> Beruht der Beweis einer Tatsache auf der Wahrnehmung einer Person, so ist diese zu vernehmen.

Keinesfalls dürfen Sie die Reichweite dieses Grundsatzes überdehnen. Denn der Unmittelbarkeitsgrundsatz bedeutet lediglich den **Vorrang des Personalbeweises vor dem Urkundenbeweis**. Der Zeuge, der eine Beobachtung gemacht hat, ist also im Zweifel zu vernehmen. Diese Vernehmung darf, soweit sich **nicht** ausnahmsweise aus den §§ 251 ff. StPO etwas anderes ergibt, nicht durch Verlesung eines Vernehmungsprotokolls oder einer schriftlichen Erklärung des Zeugen **ersetzt werden. Ein weitergehender Grundsatz, nach dem immer das sachnächste Beweismittel benutzt werden müsste, lässt sich nach der Rechtsprechung aus

46

47

48

49

§ 250 StPO nicht ableiten.[14] Zeugen vom Hörensagen dürfen also vernommen werden, wenn die von ihnen wahrgenommenen Äußerungen als Indiz für die Richtigkeit der ihnen mitgeteilten Tatsachen dienen sollen.[15]

50 Für Sie erwachsen in der Staatsanwaltsklausur daraus keine besonderen Probleme. **Sie sollten sich an der Aufklärungspflicht des Gerichts orientieren, die regelmäßig die Vernehmung des sachnächsten Beweismittels gebieten wird.** Andererseits sollten Sie nie aus den Augen verlieren, dass Sie für die Anklageerhebung nur einen hinreichenden Verdacht benötigen. Greifen Sie also, soweit das möglich ist, auf das sachnächste Beweismittel zurück. Ist der Zeuge noch nicht als solcher vernommen worden, sondern liegen Ihnen nur Vermerke eines Polizeibeamten über formlose Zeugenbefragungen oder schriftliche Angaben eines Zeugen vor, würdigen Sie diese, als sei der Zeuge vernommen worden und benennen Sie den Zeugen anschließend in der Anklage.

51 Zum Schluss sei auf einen häufigen, leicht vermeidbaren Fehler hingewiesen: Schildert ein Zeuge seine Beobachtung eines Geschehens und gibt er dabei seiner Überzeugung Ausdruck, der Täter habe vorsätzlich oder absichtlich gehandelt, so dürfen Sie das dem weiteren Gutachten nicht einfach als Tatsache zugrunde legen. Es darf nicht heißen: »*Nach der Aussage des Zeugen hat der Beschuldigte vorsätzlich gehandelt.*« Denn tatsächlich handelt es sich nicht um eine Wahrnehmung, sondern nur um einen Schluss des Zeugen. Ob aufgrund der Beobachtungen des Zeugen dieser Schluss gerechtfertigt ist, haben nur Sie selbst zu beurteilen. Das ist ein wesentlicher Teil der Aufgabe, die Sie im Rahmen der Beweiswürdigung zu bewältigen haben.

Beachte: In der Beweiswürdigung sind nur Wahrnehmungen eines Zeugen von Bedeutung; was dieser vermutet oder welche Rückschlüsse er zieht, spielt keine Rolle!

3. Sachverständige

52 Die Würdigung von Sachverständigengutachten wird in den Klausuren eine eher untergeordnete Rolle spielen. Soweit die Sachverhalte sachverständige Äußerungen enthalten, werden Sie diese ohne Weiteres dem Gutachten zugrunde legen können. Für eine Würdigung wird kaum je Raum sein. Am häufigsten werden Sie es mit Sachverständigengutachten zu tun haben, wenn es um das Bestimmen der Tatzeit-BAK aufgrund einer dem Beschuldigten entnommenen Blutprobe oder auf der Basis von Trinkmengenangaben des Beschuldigten oder eines Zeugen geht. Schriftliche Gutachten dazu werden die Sachverhalte nur selten enthalten. Oft werden die Klausursachverhalte Vermerke der ermittelnden Polizeibeamten über gutachterliche Äußerungen eines Sachverständigen enthalten. Sie können dann davon ausgehen, dass der Sachverständige ein entsprechendes Gutachten in der Hauptverhandlung erstatten wird. Dann ist natürlich auch nichts zu würdigen.

Vergessen Sie nicht, dass Behördengutachten und insbesondere BAK-Gutachten gem. § 256 StPO durch Verlesung eingeführt werden können.

53 Weil Sie im Rahmen der Beweiswürdigung Ihre Erkenntnisquelle immer einem bestimmten Beweismitteltyp zuordnen müssen, kann im Einzelfall die Abgrenzung zwischen Sachverständigen- und Zeugenbeweis Bedeutung erlangen. Zur Sachverständigentätigkeit gehört nicht nur die Vermittlung der Rückschlüsse, die der Sachverständige zieht, sondern auch die Vermittlung der sog. »**Befundtatsachen**«, die der Sachverständige für das Gutachten **aufgrund seiner Sachkunde** festgestellt hat. Demgegenüber berichtet der Sachverständige über sog. »**Zusatztatsachen**« und Zufallsbeobachtungen **als Zeuge**. Zusatztatsachen sind Anknüpfungstatsachen, zu deren Ermittlung der Sachverständige **ohne Sachkunde** in der Lage ist. Typischer Fall ist der Inhalt einer geständigen Einlassung, die der Beschuldigte gegenüber dem Sachverständigen abgegeben hat und über dessen Inhalt der Sachverständige als Zeuge vernommen werden muss.

---

14 Meyer-Goßner/Schmitt/*Meyer-Goßner* StPO § 250 Rn. 3.
15 BGHSt 1, 373 = BeckRS 9998, 124550.

4. Urkunden

Beim Urkundenbeweis müssen Sie auf die Abgrenzung zum Augenscheinsbeweis achten, auf **54** die im Zusammenhang mit den in der Anklage zu benennenden Beweismitteln noch eingegangen wird. Zunächst nur so viel:

* Die Verlesung von Urkunden dient der Ermittlung des gedanklichen Inhalts eines Schriftstückes.
* Eine Urkunde kann auch Gegenstand des Augenscheinsbeweises sein, wenn es nicht auf ihren Inhalt, sondern auf ihr Vorhandensein und ihre Beschaffenheit ankommt.

5. Augenschein

Bei der Augenscheinseinnahme geht es um die sinnliche Wahrnehmung durch Sehen, Hören, **55–56** Riechen, Schmecken oder Fühlen. Zu den Augenscheinsobjekten gehören deshalb beispielhaft auch Ton- und Videoaufnahmen sowie Urkunden, soweit deren Aussehen von Bedeutung ist.

Der Augenscheinsbeweis wird Ihnen im Rahmen der Beweiswürdigung keinerlei Probleme bereiten.

4. Teil. Häufige Rechtsprobleme im A-Gutachten

In diesem Abschnitt soll auf häufige prozessuale Rechtsprobleme und Fehlerquellen einge- **57** gangen werden. Ich möchte Sie noch einmal darauf hinweisen, dass die Darstellung dieser Rechtsprobleme keinesfalls abschließend ist.

Gleichzeitig mit den Rechtsproblemen werde ich die damit einhergehenden Aufbau- und Darstellungsprobleme aufzeigen. Die Ihnen angebotenen Lösungswege sollen als Anregungen verstanden werden, andere Lösungen und Lösungswege sind genauso denkbar. Die von mir vorgeschlagenen Lösungswege sind darauf angelegt, Sie mit geringstem Risiko die vor Ihnen auftauchenden Klippen umschiffen zu lassen. Die möglichen Fehlerquellen sollen minimiert werden. Rechtsprobleme müssen in Klausuren zudem nicht in ihrer vollen Tiefe ausgelotet werden, Sie sollen diese lediglich erkennen und in der erforderlichen Kürze diskutieren. Dabei sollen Ihnen die nachfolgenden Darstellungen helfen.

Im Übrigen müssen Sie sich in Ihrer Klausurlösung keinesfalls mit jeder abweichenden Meinung, auf die Sie Hinweise in der Kommentierung finden, auseinandersetzen. Das würde den Rahmen jeder Klausur sprengen. Es genügt vielmehr, dass Sie das Problem anreißen und sich dann mit einer kurzen Begründung – möglichst für die Rechtsprechung[16] – entscheiden.

A. Verfahrenshindernisse

I. Rechtskraft und Strafklageverbrauch

Die wichtigste Wirkung der **materiellen Rechtskraft**, die wiederum an der **formellen** **57a** **Rechtskraft** hängt, ist der **Verbrauch der Strafklage**. Der Strafklageverbrauch steht als Verfahrenshindernis der Fortführung des Verfahrens entgegen. In einer Klausur kann der Strafklageverbrauch sowohl in **sachlicher** als auch in **persönlicher** Hinsicht problematisch sein.

1. Reichweite in persönlicher Hinsicht

In **persönlicher** Hinsicht kann die Reichweite des Strafklageverbrauchs problematisch sein, **57b** wenn das Verfahren gegen den Beschuldigten unter falschen Personalien geführt wurde, etwa weil sich dieser mit falschen Papieren ausgewiesen hat.

> **Beachte:** Die Strafklage wird gegen denjenigen verbraucht, gegen den sich das Verfahren tatsächlich gerichtet hat.

> **Beispiel:** Der auf frischer Tat betroffene Beschuldigte A weist sich mit den Papieren seines ihm sehr ähnlich sehenden verstorbenen Bruders aus, nennt aber seine eigene Adresse. Ihm wird ein Strafbefehl mit den falschen Personalien zugestellt, gegen den er keinen Einspruch einlegt. Fliegt dieser Schwindel später auf, stellt sich die Frage, ob die Strafklage bereits verbraucht ist.

Gemäß § 410 III StPO steht ein rechtskräftiger Strafbefehl einem rechtskräftigen Urteil gleich. Es lässt sich sicher vertreten, dass sich das Verfahren tatsächlich – trotz der falschen Personalien – gegen A gerichtet hat. Richtiger dürfte dagegen sein, die materielle Rechtskraft in persönlicher Hinsicht abzulehnen.

Der BGH[17] hat **die Angabe falscher Personalien** für ein strafrechtliches Urteil dann **als un-** **57c** **schädlich angesehen, wenn**

- gegen die richtige Person Anklage erhoben wurde und
- diese tatsächlich vor Gericht stand.

---

16 Vgl. → Rn. 26.
17 BGH NStZ-RR 1996, 9.

Jedenfalls am letzten Erfordernis fehlt es bei Erlass eines Strafbefehls aber. Damit hätten Sie den Strafklageverbrauch bereits abzulehnen.

Lediglich wenn Sie dem vorstehenden Lösungsvorschlag nicht folgen wollen, müssen Sie sich mit den nachfolgend dargestellten Problemen auseinandersetzen:

57d Weil der Strafklageverbrauch den Eintritt der formellen Rechtskraft voraussetzt, wäre dann nämlich zu erörtern, ob wegen der falschen Personalien die Zustellung an A überhaupt wirksam war. Das Zustellungsverfahren nach § 37 StPO iVm §§ 166 ff. ZPO ist zwar stark formalisiert. Weil Zustellungsadressat jedoch derjenige ist, für den die Zustellung bestimmt ist, lässt sich ohne Weiteres vertreten, dass die Angabe der falschen Personalien die Zustellung nicht unwirksam macht. Im Übrigen wären etwaige Zustellungsmängel gem. § 189 ZPO durch Zugang bei dem richtigen – dem eigentlich gemeinten – Empfänger geheilt. Gleich, welche Auffassung Sie vertreten, werden Sie schließlich zum gleichen Ergebnis kommen.

- Bei wirksamer Zustellung oder Heilung einer fehlerhaften Zustellung wäre der Strafbefehl rechtskräftig, der Strafklageverbrauch und damit ein Prozesshindernis wären die Folge.
- Bei einer unwirksamen Zustellung wäre der Strafbefehl zwar nicht rechtskräftig, mit dessen Erlass wäre die Sache jedoch **rechtshängig**.

> Die **anderweitige Rechtshängigkeit** stellt ebenfalls ein Verfahrenshindernis für ein weiteres Verfahren gegen denselben Beschuldigten dar.

57e Das Verfahren könnte also auch ohne wirksame Zustellung nicht fortgeführt werden. Kämen Sie tatsächlich zu einem derartigen Ergebnis, könnten Sie außerdem diskutieren, ob der Strafbefehlsantrag im ursprünglichen Verfahren stattdessen zurückgenommen werden kann. Es ist aber streitig, ob das nach Erlass eines Strafbefehls einen wirksamen Einspruch voraussetzt. Deshalb wäre es in der Praxis sauberer, zunächst abzuwarten, was im Ursprungsverfahren geschieht, um erst dann im aktuellen Verfahren Weiteres zu veranlassen. Abwarten können Sie in der Klausur nicht. Deshalb sollten Sie ein Verfahrenshindernis annehmen. Der alte Strafbefehl müsste bei Annahme des zweiten Ergebnisses mit korrigierten Personalien erneut zugestellt werden. Lediglich das hätten Sie in Ihrer Abschlussverfügung durch eine Mitteilung zum Ursprungsverfahren noch zu veranlassen.

2. Reichweite in sachlicher Hinsicht

57f Die Reichweite des Strafklageverbrauchs in sachlicher Hinsicht ist mittlerweile zu einem Standardproblem in vielen Klausuren geworden. In **sachlicher** Hinsicht haben Sie bei einer im Sachverhalt vorgegebenen Vorverurteilung immer zu prüfen, ob diese bereits den Ihnen im vorliegenden Verfahren beschriebenen einheitlichen Lebenssachverhalt zum Gegenstand hat. Maßgebend ist insoweit der **Tatbegriff des § 264 StPO**.

Besonders problematisch kann das sein, wenn die bereits abgeurteilte Tat ein Dauerdelikt war und der Beschuldigte während der Verwirklichung des Dauerdelikts eine weitere, meist viel schwerere Straftat beging, die Gegenstand Ihres Gutachtens ist.

> **Beispiel:** Der Beschuldigte befand sich längere Zeit im Besitz von Drogen. Noch mit den Drogen am Körper beging er einen Raub. Anschließend war er zeitweise flüchtig. Nachdem er durch Strafbefehl rechtskräftig wegen des Drogenbesitzes – ausdrücklich auch zur Zeit des Raubs – verurteilt worden war, stellte er sich der Polizei und wandte gegen die Verfolgung wegen des Raubes Strafklageverbrauch ein.

57g Der BGH fordert für eine einheitliche prozessuale Tat nicht nur eine äußere zeitliche Verknüpfung, die im Beispielsfall ohne Weiteres gegeben ist, sondern darüber hinaus eine Verknüpfung dergestalt, dass **der Unrechts- und Schuldgehalt der einen Handlung nicht ohne die Umstände, die zu der anderen Handlung geführt haben, gewürdigt werden kann**.[18]

> Für die Tatidentität muss ein **innerer Beziehungs- und Bedingungszusammenhang** zwischen den Handlungen bestehen.

---

18 BGH NStZ 2009, 705.

- An diesem Beziehungs- und Bedingungszusammenhang fehlt es im Beispielsfall, der dicht an einen Klausurfall angelehnt ist, der kurz nach der Entscheidung des BGH gestellt wurde. Der Raub war in keiner Weise durch den Drogenbesitz bedingt oder beeinflusst.
- Anders sah es in dem Fall aus, der dem BGH[19] zur Entscheidung vorlag. Der Angeklagte war wegen einer Trunkenheitsfahrt nach § 316 StGB rechtskräftig verurteilt worden, die, wie sich später herausstellte, zum bewaffneten Transport von Drogen diente.[20]
- Mit der Forderung nach einem inneren Bedingungs- und Beziehungszusammenhang ließe sich in der Klausur auch die Konstellation lösen, dass ein wegen unerlaubten Waffenbesitzes rechtskräftig vorbestrafter Beschuldigter verdächtig ist, mit der Waffe während des von der Verurteilung erfassten Tatzeitraums aufgrund eines neuen Entschlusses einen Raubüberfall begangen zu haben. Der BGH[21] hat in einer derartigen Konstellation, wenn auch mit etwas anderer Begründung, den Strafklageverbrauch durch die Verurteilung wegen des unerlaubten Waffenbesitzes abgelehnt.

Klausurtaktisch gilt auch für den Strafklageverbrauch: Würde der Strafklageverbrauch alle im Raum stehenden Tatvorwürfe betreffen, sodass Sie zur vollständigen Verfahrenseinstellung nach § 170 II StPO kommen müssten, sollten Sie unbedingt mit dem Ziel argumentieren, ein derartiges Verfahrenshindernis abzulehnen. Beträfe dieser dagegen nur einzelne von mehreren Tatvorwürfen, sodass am Ende Stoff für eine Anklageschrift bliebe, wäre das Ergebnis offen.

II. Fehlender Strafantrag

Der Strafantrag (§§ 77 ff. StGB) ist **Prozessvoraussetzung.** Das Fehlen begründet – zumindest bei absoluten Antragsdelikten – ein Verfahrenshindernis. Auch ohne Strafantrag kann die Tat jedoch eine rechtswidrige Haupttat sein.   **57h**

- Machen Sie es sich zur eisernen Regel, bei Delikten, deren Verfolgung einen Strafantrag erfordert (absolute Antragsdelikte), diesen noch vor dem Tatbestand zu erörtern. Der Strafantrag gehört nicht an das Ende der Erörterungen. Kein Staatsanwalt wird die Tatbestandsvoraussetzungen eines Straftatbestands prüfen, wenn schon kein Strafantrag gestellt ist.
- Bei **absoluten Antragsdelikten**[22] sollten Sie mit dem Strafantrag keine Probleme haben, wenn dieser **vom Berechtigten** (§§ 77 I–IV, 77a StGB) und **innerhalb der Dreimonatsfrist** (§ 77b StGB) gestellt worden ist. Die Frist beginnt mit Kenntnis des Geschädigten von Tat **und** Täter. Der Strafantrag muss gem. § 158 II StPO im Zweifel **schriftlich** gestellt werden. Er **erstreckt sich auf die gesamte Tat im prozessualen Sinn** (§ 264 StPO), es sei denn, einzelne Rechtsverletzungen wurden ausdrücklich ausgenommen. Weil das Vorliegen der Prozessvoraussetzungen Bedingung für die Zulässigkeit eines Sachurteils ist, müssen letzte Zweifel – aus tatsächlichen Gründen – an einem ordnungsgemäß gestellten Strafantrag sich zugunsten des Beschuldigten auswirken.   **57i**
- Bei den **relativen Antragsdelikten**[23] kann ein fehlender Strafantrag dadurch ersetzt werden, dass die Staatsanwaltschaft **das besondere öffentliche Interesse** an der Strafverfolgung bejaht. Unterschiedlich wird die Frage beantwortet, wo im Gutachten dieses besondere öffentliche Interesse zu prüfen ist.   **57j**
  - Dafür, das **besondere öffentliche Interesse an der Strafverfolgung erst am Ende** zu prüfen, spricht nach der hM, dass dies erst nach Abschluss der Strafbarkeitsprüfung abschließend beurteilt werden kann.

---

19 BGH NStZ 2009, 705.
20 Auch BGHSt 36, 151 ff. = NJW 1989, 1810 zum Strafklageverbrauch für mit Schusswaffe begangener Straftat nach bereits erfolgter Aburteilung nach dem Waffengesetz. Wegen der etwas anderen Argumentation sollten Sie auch diese Entscheidung unbedingt lesen!
21 BGHSt 36, 151 = NJW 1989, 1810.
22 Zum Begriff Fn. 9.
23 Teilweise, vgl. etwa *Fischer* StGB Vor § 77 Rn. 3, werden als absolute Antragsdelikt solche bezeichnet, die stets antragsbedürftig sind, etwa § 185 StGB, und als relative Antragsdelikte jene, bei denen besondere Voraussetzungen hinzutreten müssen, etwa der geringe Wert bei einem Diebstahl gem. § 248a StGB. Im Folgenden sollen die Begriffe in der in den → Rn. 57 i, 57j dargestellten Bedeutung verwendet werden.

– Andererseits erscheint es sinnlos, aufwendig einen Straftatbestand zu prüfen, um dann in Kenntnis des fehlenden Strafantrags am Ende zu dem Ergebnis zu gelangen, dass auch ein besonderes öffentliches Interesse an der Strafverfolgung nicht vorliegt. Diese Überlegung legt es nahe, **darauf bereits gemeinsam mit dem Strafantragserfordernis einzugehen.** Weil Sie im Gutachten einleitend mitgeteilt haben, welches Verhalten Sie unter welchem Aspekt auf seine Strafbarkeit untersuchen wollen, lässt sich auch absehen, ob gegebenenfalls ein besonderes Interesse an der Strafverfolgung zu bejahen sein würde. Bedeutung kann dieses Problem ohnehin nur erlangen, wenn Sie das Strafverfolgungsinteresse ablehnen wollen, weil damit die Erörterung des Tatbestandes entfiele. Riecht in dieser Konstellation der Sachverhalt geradezu danach, dass der Klausurverfasser etwas zu dem relativen Antragsdelikt hören will, sollten Sie das besondere öffentliche Interesse besser am Ende prüfen.

III. Verjährung, §§ 78 ff. StGB

57k Verjährungsproblematiken spielen in der Klausur selten eine Rolle.

Die Länge der Verjährungsfrist hängt von der jeweils vom Gesetz angedrohten Höchststrafe ab (§ 78 III, IV StGB). Die Frist ist für jeden einzelnen verwirklichten Straftatbestand selbstständig zu bestimmen.

Der Beginn der Verjährungsfrist richtet sich nach § 78a StGB und ist regelmäßig an die Beendigung der Tat oder bei später eintretendem Taterfolg an diesen geknüpft. Sollte die Verjährung durch eine der in § 78c I StGB beschriebenen Handlungen unterbrochen worden sein, müssen Sie die sich aus Abs. 3 ergebende **absolute Verjährung** im Auge behalten. Diese tritt ein, wenn seit dem in § 78a StGB genannten Zeitpunkt – also regelmäßig ab Beendigung – das Doppelte der gesetzlichen Verjährungsfrist verstrichen ist.

Liegen die möglichen Straftaten bereits längere Zeit zurück und kommt deshalb Verjährung in Betracht, prüfen Sie unbedingt, ob die Verjährung unterbrochen worden sein könnte. **Wichtige Unterbrechungshandlungen sind etwa Beschuldigtenvernehmungen (§ 78c I Nr. 2 StGB) sowie Beschlagnahme- und Durchsuchungsanordnungen (§ 78c I Nr. 4 StGB).** Haben Sie es in Ihrer Klausuraufgabe mit mehreren Beschuldigten zu tun, müssen Sie stets prüfen, ob sich die **Wirkrichtung einer Unterbrechungshandlung** (§ 78c IV StGB) nur gegen einen oder gegen alle Beschuldigte richtet. Nach der Rechtsprechung des BGH[24] wirkt eine Beschuldigtenvernehmung nur gegen den Vernommenen, Beschlagnahme- und Durchsuchungsanordnungen wirken dagegen gegen alle Tatverdächtigen.

Achtung: Maßgebend für den möglichen Verjährungseintritt ist das sich aus dem Bearbeitervermerk ergebende Datum der staatsanwaltlichen Entschließung.

B. Fehlerhafte Beweiserhebung und Verwertungsverbote

58 Die meisten prozessualen Probleme, auf die Sie im A-Gutachten stoßen können, hängen unmittelbar mit der Tatsachenfeststellung zusammen.

Achtung: Jedes Beweismittel, das Sie für Ihre Beweisführung benötigen, muss auch **verwertbar** sein.

Die Probleme sind überschaubar und beschränken sich im Wesentlichen auf folgende Fragestellungen:

- Sind – frühere – **Angaben eines Beschuldigten verwertbar** und wie können diese in die Hauptverhandlung eingeführt werden?
- Ist eine – frühere – **Aussage eines angehörigen Zeugen verwertbar** und wie kann sie ggf. in die Hauptverhandlung eingeführt werden?

---

24 BGH NJW 2013, 1174.

- Sind Erkenntnisse, die auf **sonstige Beweismittel** (Zeugenaussagen, Augenscheinsobjekte und Urkunden) gestützt werden, **verwertbar** und wie können diese ggf. in die Hauptverhandlung eingeführt werden?

Merke: Prozessuale Fragestellungen im A-Gutachten werden im Kern also meistens darauf hinauslaufen, ob ein festgestellter Verfahrensfehler im Ermittlungsverfahren ein Verwertungsverbot zur Folge hat.

I. Allgemeines

1. Verdachtslage und Verurteilungswahrscheinlichkeit

In den bisherigen Ausführungen zur Beweiswürdigung bin ich davon ausgegangen, dass die sich aus dem Klausursachverhalt ergebenden Beweiserkenntnisse auch verwertbar sind, habe also allein die **materielle Verdachtslage** betrachtet. Weil aber Verwertungsverbote denkbar sind und in den Examensklausuren eine bedeutende Rolle spielen, muss die materielle Verdachtslage nicht immer der **Verurteilungswahrscheinlichkeit** entsprechen. Maßgebend für die Anklageerhebung ist nicht die materielle Verdachtslage, sondern eben diese Verurteilungswahrscheinlichkeit: **59**

Nach vorläufiger Tatbewertung muss die Verurteilung in der Hauptverhandlung **mit vollgültigen Beweisen** möglich und wahrscheinlich sein.

Sie haben also für die Beantwortung der Frage, ob ein hinreichender Tatverdacht iSd §§ 170, 203 StPO gegen den Beschuldigten begründet ist, auch mögliche Beweisverwertungsverbote zu berücksichtigen.   **60**

- Das ist dann einfach, wenn Sie zu dem Ergebnis gekommen sind, dass eine Beweiserkenntnis aufgrund eines – im Gesetz möglicherweise sogar ausdrücklich geregelten – **absoluten** oder **selbstständigen** Verwertungsverbots gesperrt ist. Besonders klausurrelevant sind die ausdrücklich geregelten Verwertungsverbote der §§ 136a und 252 StPO sowie die sich aus einem Verstoß gegen die Belehrungspflicht nach § 52 StPO ergebenden Verwertungsverbote. Schließlich kann auch die Verletzung des Kernbereichs privater Lebensgestaltung (Art. 2 I, 1 I GG) – etwa durch Abhörmaßnahmen – zu einem absoluten Verwertungsverbot führen.   **61**

- Auf den ersten Blick schwieriger zu beurteilen ist die Lage, wenn Sie ein Verwertungsverbot aus der Anwendung der nachfolgend dargestellten Grundsätze abgeleitet haben. Viele der ungeschriebenen – **relativen** oder **unselbstständigen** – Verwertungsverbote entfalten ihre Wirkung nämlich nur, wenn der Tatverdächtige als Angeklagter der Verwertung in der Hauptverhandlung ausdrücklich widerspricht (sog. **Widerspruchslösung**).   **62**
Die Reichweite der Widerspruchslösung ist allerdings mit einer Entscheidung des 2. Senats des BGH aus dem Jahr 2017[25] in die Diskussion geraten. Während der Senat die Widerspruchslösung bei Verstößen gegen die §§ 136 I 2, 163a IV 2 und fehlerhaften Gesprächsüberwachungen gem. §§ 100a, 100f StPO anerkennt, bestreitet er die Anwendbarkeit der Widerspruchslösung für unselbstständige Beweisverwertungsverbote, die aus Fehlern bei Durchsuchungen oder Beschlagnahmen resultieren können. Es fehle an der Dispositionsbefugnis des Beschuldigten bezüglich der aus Durchsuchung und Beschlagnahme erlangten **Sachbeweise**. Die Verteidigung dürfe dem staatlichen Strafverfahren sächliche Beweismittel grundsätzlich nicht entziehen, wenn sie verwertbar und dem hoheitlichen Zugriff ausgesetzt seien. Die Art und Weise der Erlangung solcher Sachbeweise durch die Ermittlungsbehörden, auf die der Beschuldigte keinen Einfluss habe, sei deshalb vom Gericht von Amts wegen aufzuklären, soweit ein Verfahrensfehler bei diesem Vorgang in Betracht komme. Auch dürften Versäumnisse der Verteidigung nicht dazu führen, dass an sich rechtswidrig erlangtes Beweismaterial ohne Weiteres zur Grundlage einer strafrechtlichen

---

25 BGH NStZ 2017, 367 mit kritischem Praxiskommentar *Basdorf*. Unbedingt sollten Sie auch einmal die Entscheidung BGH NStZ 1992, 212 lesen, mit der der BGH seine Rechtsprechung zum Verwertungsverbot nach fehlender Beschuldigtenbelehrung und zur Widerspruchslösung eingeleitet hat.

Verurteilung werden könne. Selbst wenn auch bei sächlichen Beweismitteln die Widerspruchslösung anzuerkennen wäre, dürfe diese zudem nicht über eine aus § 257 StPO, der eine Schutzvorschrift zugunsten der Verfahrensbeteiligten sei, abzuleitende Befristung zu einer Einengung des Widerspruchsrechts führen. Es reiche aus, wenn der Widerspruch so rechtzeitig erhoben werde, dass das Tatgericht die Verwertbarkeit in der Beweisaufnahme prüfen könne.

Völlig unabhängig davon, wie sich die Rechtsprechung zur Widerspruchslösung zukünftig entwickeln wird, müssen Sie sich über diese Fragen in der Staatsanwaltsklausur keine Gedanken machen, denn schon seit längerer Zeit geben die Prüfungsämter nur noch Klausursachverhalte heraus, in denen der Beschuldigte oder sein Verteidiger mögliche Verfahrensfehler bereits beanstandet und entsprechende Verwertungswidersprüche erhoben haben. Auch wenn ein bereits im Ermittlungsverfahren erhobener Verwertungswiderspruch den Widerspruch in der Hauptverhandlung nicht ersetzen kann, haben Sie damit davon auszugehen, dass der Widerspruch in der Hauptverhandlung wiederholt werden würde und deshalb ein relatives Verwertungsverbot bei der Lösung der Klausur zu beachten ist. Diese Praxis der Prüfungsämter erspart Ihnen zugleich die Suche nach relevanten Verfahrensfehlern, zumal die Erfahrung zeigt, dass in den Klausursachverhalten mit solchen Widersprüchen auch auf mögliche absolute Verwertungsverbote hingewiesen wird.

- **Die Widerspruchslösung gilt** im Übrigen **nicht** für die absoluten Verwertungsverbote:
  - Insbesondere bei Verstößen gegen § 136a StPO ist ein Widerspruch gegen die Verwertung der dadurch gewonnenen Erkenntnisse nicht erforderlich.
  - Auch bedarf es wegen eines Verstoßes gegen die §§ 52, 252 StPO keines Verwertungswiderspruchs, weil die Ausübung des Zeugnisverweigerungsrechts allein zur Disposition des Zeugen steht.[26]
  - Ebenso wenig erforderlich ist ein Verwertungswiderspruch bei Verstößen gegen §§ 100c, 100d StPO.

2. Begründung eines Verwertungsverbots

63 Führt ein Verfahrensfehler nicht zu einem im Gesetz ausdrücklich geregelten – absoluten – Verwertungsverbot, müssen Sie beachten, dass mit der Rechtsprechung **eine rechtsfehlerhafte Beweiserhebung nicht automatisch zur Unzulässigkeit der Verwertung der so gewonnenen Beweise führt.**[27]

64 Weil die Strafprozessordnung keine abschließende Regelung über Verwertungsverbote enthält, muss die Frage, ob ein Beweiserhebungsverbot zu einem Verwertungsverbot führt, für jede Vorschrift und für jede Fallgestaltung besonders entschieden werden. Die Entscheidung für oder gegen ein Verwertungsverbot ist aufgrund einer umfassenden Abwägung zu treffen (Abwägungslehre):

- Dient die Verfahrensvorschrift, die verletzt worden ist, nicht oder nicht in erster Linie dem Schutz des Beschuldigten, so liegt ein Verwertungsverbot fern.
- Andererseits liegt ein Verwertungsverbot nahe, wenn die verletzte Verfahrensvorschrift dazu bestimmt ist, die Grundlagen der verfahrensrechtlichen Stellung des Beschuldigten im Strafverfahren zu sichern.

Die Entscheidung des 5. Senats des BGH,[28] der diese Grundsätze entnommen sind, sollten Sie unbedingt einmal – vollständig – gelesen haben.

Wird also von dem Beschuldigten ein relatives Verwertungsverbot behauptet und haben Sie eine verfahrensfehlerhafte Ermittlungsmaßnahme festgestellt, kann ein Verwertungsverbot nur entstanden sein, wenn Sie die folgende Frage positiv **beantworten** können (**Abwägungslehre**):

---

26 Meyer-Goßner/Schmitt/*Meyer-Goßner* StPO § 252 Rn. 12, 16a.
27 BVerfG NStZ 2006, 46.
28 BGHSt 38, 214 ff. = NJW 1992, 1463.

Überwiegt das Interesse an der Sicherung der Grundlagen der verfahrensrechtlichen Stellung des Beschuldigten im Strafverfahren die Wahrheitserforschungspflicht und das Interesse der Allgemeinheit am Funktionieren der Strafrechtspflege?

Im Strafverfahren stellt der Schutz des Beschuldigten einen wichtigen Aspekt dar, andererseits sind auch die Wahrheitserforschungspflicht und das Interesse am Funktionieren der Strafrechtspflege wichtige Schutzgüter. Sowohl der Bundesgerichtshof als auch das Bundesverfassungsgericht betonen deshalb immer wieder, dass die Annahme eines Verwertungsverbots nur ausnahmsweise in Betracht komme. Das ist insbesondere dann der Fall, wenn die Ermittlungsbehörden willkürlich gehandelt haben.

Lernen Sie die vorstehenden Grundsätze auswendig. Mit deren Hilfe werden Sie die Frage, ob ein Verfahrensfehler zu einem Verwertungsverbot führt, auch dann vertretbar beantworten können, wenn Sie einmal auf andere Konstellationen als die nachfolgend dargestellten stoßen sollten.

Denken Sie auch klausurtaktisch: Die Annahme eines Verwertungsverbots wird regelmäßig fern liegen, wenn sich unter Berücksichtigung des Verwertungsverbots der hinreichende Tatverdacht gegen den Beschuldigten insgesamt nicht mehr begründen lassen würde. Sie sollen am Ende eine Anklageschrift schreiben! Anders sieht es deshalb nur aus, wenn das Verwertungsverbot lediglich einen von mehreren Beschuldigten oder einen von mehreren Tatvorwürfen betrifft oder aber mangels Fernwirkung des Verwertungsverbots andere und ausreichende Beweiserkenntnisse zur Verfügung stehen.

II. Verwertbarkeit von Beschuldigtenangaben

Wenn es in einer Klausur um die Verwertbarkeit von Beschuldigtenangaben geht, wird dieser **65** eingeräumt haben, die Tat begangen zu haben. Begrifflich ist dann zwischen Geständnis und geständiger Einlassung zu unterscheiden. Noch einmal: Ein Geständnis kann der Beschuldigte nur in einer richterlichen Vernehmung ablegen, während in einer polizeilichen oder staatsanwaltschaftlichen Vernehmung von einer geständigen Einlassung gesprochen wird.

1. Verstöße gegen die Belehrungspflicht

a) Belehrungspflicht

aa) Bei Vernehmungen

(1) Vernehmung
Die Belehrung hat am Beginn der **ersten Vernehmung** des Beschuldigten zu erfolgen. **66**

Merke: Eine Beschuldigtenvernehmung liegt vor, wenn der Vernehmende dem Beschuldigten in amtlicher Eigenschaft gegenübertritt und in dieser Eigenschaft von ihm Auskunft verlangt.[29]

(a) Beschuldigteneigenschaft

Die Belehrungspflicht über die Aussagefreiheit besteht nur, wenn der Verdächtige zum Zeitpunkt **67** des Auskunftsverlangens bereits Beschuldigter ist.

Der **Beschuldigtenbegriff enthält sowohl subjektive als auch objektive** Elemente.[30] **Subjek- 68** tiv ist der **Verfolgungswille** der Strafverfolgungsbehörden erforderlich, der sich **objektiv in einem Verfolgungsakt manifestieren** muss.

* Das ist der Fall, wenn bereits ein **förmliches Ermittlungsverfahren** gegen einen Verdächtigen eingeleitet wurde.
* Ist das noch nicht geschehen, hängt es davon ab, **wie sich das Verhalten des ermittelnden Beamten nach außen, insbesondere in der Wahrnehmung des davon Betroffenen, darstellt.** Ausreichend für die Begründung der Beschuldigtenstellung ist jede Ermittlungs-

---

29 GrS BGHSt 42, 139 = NStZ 1996, 502.
30 BGH NStZ 2008, 48 mwN.

handlung, die darauf gerichtet ist, den Vernommenen als Täter einer Straftat zu überführen. Darauf, wie der Ermittlungsbeamte sein Verhalten selbst rechtlich bewertet, kommt es dagegen nicht an.[31] Wenn es dem Aufgabensteller darum gehen sollte, werden Sie im Klausursachverhalt – etwa im Widerspruch des Beschuldigten – klare Hinweise finden.

In Klausuren werden Sie möglicherweise eine der beiden nachfolgend dargestellten Konstellationen zu beurteilen haben:

* Wird eine Person zunächst als Zeuge und damit ohne eine Belehrung nach den §§ 136, 163a StPO vernommen und macht sie später in der Rolle des Beschuldigten von ihrem Schweigerecht Gebrauch, wird regelmäßig zu diskutieren sein, ob die Angaben, die sie als Zeuge gemacht hat, im weiteren Verfahren verwertbar sind.

  Das ist der Fall, wenn die Vernehmung als Zeuge nicht zu beanstanden ist. **Auch ein Verdächtiger darf im Einzelfall als Zeuge vernommen werden**, wie sich aus den §§ 55 II, 60 Nr. 2 StPO ergibt. Die Verfolgungsbehörden sind – zumal bei Tötungsdelikten – erst bei einem konkreten und ernsthaften Tatverdacht zur Vernehmung des Verdächtigen als Beschuldigten verpflichtet.[32] Dies dient auch dem Schutz des Verdächtigen, der nicht vorschnell mit allen nachteiligen Konsequenzen mit einem Ermittlungsverfahren überzogen werden muss. Der Verdächtige wird durch § 55 StPO ausreichend geschützt.

  Ob ein Verdächtiger noch als Zeuge vernommen werden darf oder von einer Zeugen- zu einer Beschuldigtenvernehmung übergegangen werden muss, unterliegt der pflichtgemäßen Beurteilung der Verfolgungsbehörden, die bei starkem Tatverdacht aber nicht willkürlich die Grenze des Beurteilungsspielraums überschreiten dürfen.

  > **Merke:** Angaben, die ein **Verdächtiger zunächst als Zeuge** gemacht hat, sind **verwertbar, wenn der Übergang zur Beschuldigtenvernehmung zu Recht unterblieben ist**.

* Möglicherweise haben Sie auch zu erörtern, ob statt einer förmlichen Vernehmung eine lediglich **informatorische Befragung** stattgefunden hat und zulässig war.

  > **Beispiel:** Ein herbeigerufener Polizeibeamter trifft am Unfallort mehrere Personen an und befragt diese formlos, ob sie das Geschehen beobachtet hätten, um so zu ermitteln, was geschehen ist. Der Beschuldigte räumt ein, Fahrer des Fahrzeugs gewesen zu sein, und hat, wie später ermittelt wird, infolge Trunkenheit die Unfallursache gesetzt.

  Auch wenn der Polizeibeamte den Anwesenden in amtlicher Eigenschaft entgegengetreten ist und in dieser Eigenschaft Auskunft verlangt hat, ist eine derartige formlose Befragung zulässig. Die Angaben des Beschuldigten sind verwertbar.[33] **Letztlich hängt auch die Zulässigkeit einer formlosen Befragung immer davon ab, wie konkret die Verdachtsgründe gegen den späteren Beschuldigten bereits waren und wie sich das Verhalten des Beamten auch in der Wahrnehmung des Beschuldigten darstellte.** Keinesfalls darf die informatorische Befragung missbräuchlich, etwa gerade zur Vermeidung von Belehrungspflichten, erfolgen.

69 Traf der Polizeibeamte am Unfallort dagegen nur auf eine Person, die aufgrund der Umstände von vornherein als Täter einer Straftat in Betracht kam, dürfte kaum Raum für eine formlose Befragung gewesen sein. Die anwesende Person muss als Beschuldigter belehrt worden sein.

Denken Sie unbedingt daran, dem Leser mitzuteilen, wie Sie den Inhalt der Äußerungen des Beschuldigten in die Hauptverhandlung einführen wollen. Denn die Verwertbarkeit der Angaben diskutieren Sie nur deshalb, weil der Beschuldigte seine Angaben in einer späteren förmlichen Vernehmung nicht wiederholt hat und Sie davon ausgehen müssen, dass das auch in der Hauptverhandlung nicht geschehen wird. Der Inhalt der Äußerungen des Beschuldigten kann dann regelmäßig durch die Vernehmung der Verhörsperson und nur ausnahmsweise durch eine Protokollverlesung eingeführt werden.

---

31 BGH NStZ 2015, 291.
32 BGH NStZ-RR 2004, 368 f.
33 BGH NStZ 1983, 86.

(b) Amtliches Auskunftsverlangen

In den zuvor dargestellten Fallkonstellationen werden Sie mit diesem Merkmal keine Proble- **70** me haben, weil die fragenden Personen regelmäßig offen als Polizeibeamte auftreten werden. Geschieht das ausnahmsweise nicht, weil der Tatverdächtige von einem in Zivil gekleideten Beamten, der sich nicht als Polizist zu erkennen gibt, befragt wird, fehlt es an einem aus der Sicht des Tatverdächtigen amtlichen Auskunftsverlangen. Das gilt auch für verdeckte polizeiliche Ermittlungsmaßnahmen, bei denen sich der Ermittler nicht als Polizeibeamter zu erkennen gibt. Darauf soll jedoch erst im Zusammenhang mit den jeweiligen Ermittlungsmaßnahmen näher eingegangen werden.

Kein Verstoß gegen das Belehrungsgebot liegt vor, wenn der Polizeibeamte einen Tatverdächtigen vor der Befragung zur Sache ordnungsgemäß belehren wollte, dieser aber von sich aus – ohne Zutun des Polizeibeamten – eine geständige Einlassung (**Spontanäußerung**) abgelegt hat. Dann kann diese geständige Äußerung ohne Weiteres durch Vernehmung des Polizeibeamten, der Zeuge ist, verwertet werden.[34] Denn der selbstbelastenden Äußerung des Tatverdächtigen ist kein amtliches Auskunftsbegehren vorausgegangen, sodass bereits keine Vernehmungssituation vorlag. Ob der Tatverdächtige zum Zeitpunkt seiner Spontanäußerung bereits Beschuldigter war oder auch nicht, spielt deshalb keine Rolle.

Ergänzend sollten Sie sich merken, dass der 3. Senat des BGH[35] darauf hingewiesen hat, dass auch eine sofortige Nachfrage auf die Spontanäußerung, die ohne sofortige Belehrung erfolge, nicht zu einem Verwertungsverbot bezüglich der daraufhin abgegebenen Äußerung führen müsse. Wenn darin ein Verfahrensverstoß liege, habe dieser jedenfalls nicht das Gewicht, das ein Verwertungsverbot begründen könne.

Ein von der Staatsanwaltschaft oder vom Gericht bestellter Sachverständiger muss den Beschuldigten selbst dann nicht gem. § 136 StPO belehren, wenn er ihn zu den Tatvorwürfen befragt.[36] Der Sachverständige handelt auch dann nicht in amtlicher Eigenschaft.

(2) Belehrungspflicht

(a) Erste Vernehmung

Gemäß § 136 StPO ist der Beschuldigte vor seiner **ersten** richterlichen Vernehmung über den **71** Gegenstand des Verfahrens sowie seine Aussagefreiheit zu **belehren**. Die Einzelheiten regelt § 136 I StPO. Nach § 163a III und IV StPO sind auch **Staatsanwaltschaft** und **Polizei** verpflichtet, den Beschuldigten zu Beginn der ersten Vernehmung zu **belehren**.

Die Belehrung muss folgende Bestandteile enthalten:

- die **Eröffnung des Tatvorwurfs**, § 136 I 1 StPO,
- die **Belehrung über die Aussagefreiheit**, § 136 I 2 StPO,
- die **Belehrung über das Recht zur Verteidigerkonsultation**, § 136 I 2 StPO,
- den Hinweis auf das Beweisantragsrecht, § 136 I 4 StPO,
- die Belehrung über das Recht, einen Pflichtverteidiger beanspruchen zu können und über die mögliche Kostenfolge des § 465 StPO, § 136 I 5 Hs. 2 StPO,
- in geeigneten Fällen den Hinweis auf das Recht zur schriftlichen Äußerung und die Möglichkeit eines Täter-Opfer-Ausgleichs, § 136 I 6 StPO.

Die Hinweispflicht auf das Beweisantragsrecht und das Recht zur schriftlichen Äußerung spielen in den Klausuren keine Rolle.

(aa) Eröffnung des Tatvorwurfs

Anders als bei einer richterlichen Vernehmung müssen die Ermittlungsbeamten der Polizei dem Beschuldigten nicht die in Betracht kommenden Vorschriften nennen. Eine entsprechende Belehrungspflicht ist von dem Verweis in § 163a IV StPO ausgenommen. Der vernehmende Polizeibeamte muss den Beschuldigten gleichwohl zumindest **in groben Zügen über den**

---

34 BGH NStZ 1990, 43 (44).
35 BGH NStZ 1990, 43 (44).
36 BGH StV 1995, 564 (565).

ihm vorgeworfenen Sachverhalt und die ihn prägenden Gesichtspunkte in Kenntnis setzen. Dabei hat er allerdings insbesondere im Hinblick auf ermittlungstaktische Gründe einen gewissen Spielraum. Dieser Spielraum ist aber jedenfalls dann überschritten, wenn er dem Beschuldigten, dem ein Gewaltdelikt vorgeworfen wird, den Tod des Opfers nicht mitteilt.[37]

(bb) Belehrung über Aussagefreiheit

Ist in einer Vernehmungsniederschrift vermerkt, der Beschuldigte sei »belehrt« worden und wird der Umfang der Belehrung von keinem Verfahrensbeteiligten beanstandet, so müssen Sie für Ihr Gutachten davon ausgehen, dass die Belehrung den gesetzlichen Anforderungen entsprochen hat. Erwartet man dagegen von Ihnen eine Erörterung der Problematik, wird der Klausursachverhalt wegen der geltenden Widerspruchslösung einen eindeutigen Verwertungswiderspruch enthalten. Es wird in der Klausur dann darum gehen, ob im Grenzbereich zwischen Spontanäußerung und informatorischer Befragung einerseits und Vernehmung andererseits eine Belehrungspflicht bestand.

Inhaltlich soll die Belehrung möglichst dem Wortlaut des § 136 I 2 StPO entsprechen. Das ist jedoch nicht zwingend, entscheidend ist, dass die Belehrung dem Beschuldigten Klarheit über seine Aussagefreiheit verschafft und etwaige Fehlvorstellungen ausschließt.

Wegen der geltenden Widerspruchslösung wird der Klausursachverhalt einen Hinweis enthalten, sodass Sie nicht lange nach möglichen Verfahrensfehlern suchen müssen.

(cc) Belehrung über das Recht zur Verteidigerkonsultation

Verlangt der Beschuldigte nach der Belehrung über das **Recht zur Verteidigerkonsultation** mit einem Verteidiger zu sprechen, ist die Vernehmung aufzuschieben und ihm die Gelegenheit zu geben, sich telefonisch mit dem Verteidiger in Verbindung zu setzen. Telefonbuch oder Verteidigerliste und natürlich ein Telefon müssen ihm zur Verfügung gestellt werden. Eine Fortsetzung der Vernehmung in Abwesenheit seines Verteidigers ist nur zulässig, wenn

- der Beschuldigte **nach erneuter Belehrung** über das Recht zur Verteidigerkonsultation in frei verantwortlicher Entscheidung ausdrücklich damit einverstanden ist und
- dem **ernsthafte Bemühungen** des Vernehmungsbeamten vorangegangen sind, dem Beschuldigten bei der Herstellung des Kontaktes zu einem Verteidiger zu helfen.

Kündigt der Verteidiger sein kurzfristiges Erscheinen an, hat der Vernehmungsbeamte aber in aller Regel mit dem Beginn der Vernehmung abzuwarten.[38] Benennen mehrere Beschuldigte vor ihrer Vernehmung denselben Verteidiger, ist ein Hinweis auf das Verbot der Mehrfachverteidigung nicht erforderlich, weil die Zurückweisung eines Verteidigers nur aufgrund eines förmlichen gerichtlichen Verfahrens nach § 146a StPO erfolgen kann und Handlungen eines gemeinsamen Verteidigers mehrerer Beschuldigter, die dieser bis zur Zurückweisung vorgenommen hat, wirksam bleiben.

Die Vernehmungsperson muss dem Beschuldigten zudem erleichtern, einen Verteidiger zu kontaktieren und ihn auch über bestehende anwaltliche Notdienste informieren.

(dd) Belehrung über den Anspruch auf einen Pflichtverteidiger

In den Katalog der zu erteilenden Belehrungen neu aufgenommen hat der Gesetzgeber die Belehrung über das Recht des Beschuldigten, bei Vorliegen der Voraussetzungen des § 140 I, II StPO nach Maßgabe des § 141 I, III StPO einen Pflichtverteidiger – auch schon im Ermittlungsverfahren – beanspruchen zu können. Die bereits wiederholt abgefragte Klausurproblematik, in der der Beschuldigte vor einer Vernehmung die Konsultation mit einem Verteidiger wünschte, sich aber aus finanziellen Gründen dazu nicht in der Lage sah, lässt sich unter Berücksichtigung dieser neuen Belehrungspflicht leicht lösen. Der Polizeibeamte hat den Beschuldigten über die Möglichkeit der Bestellung eines Pflichtverteidigers bereits im Ermittlungsverfahren zu belehren und wird ihn zudem darüber zu informieren haben, dass in

---

37 BGH BeckRS 2012, 09052.
38 Der BGH (NStZ 2008, 643) hat im Fall, dass ein Vernehmungsbeamter das für 30 Minuten später angekündigte Erscheinen eines Verteidigers nicht abgewartet hatte, die Annahme eines Verwertungsverbots (nach Widerspruch in der Hauptverhandlung) als naheliegend bezeichnet.

Erwartung der späteren Beiordnung eine erste Beratung durch einen Rechtsanwalt auch ohne vorherige Bezahlung wahrscheinlich ist. Andererseits ist der Vernehmende nunmehr auch verpflichtet, den Beschuldigten auf § 465 StPO und damit auf die Verpflichtung, die eigenen Auslagen, zu denen auch die Verteidigerkosten gehören, im Falle einer Verurteilung selbst zu tragen, hinzuweisen.

(ee) Anwesenheitsrecht des Verteidigers

Das Anwesenheitsrecht des Verteidigers bei richterlichen Beschuldigtenvernehmungen ergibt sich nicht aus § 136 StPO, sondern ist in § 168c I StPO geregelt. Neu ist nunmehr, dass der Verteidiger auch ein Anwesenheitsrecht bei Vernehmungen, die durch Polizeibeamte durchgeführt werden, hat, denn § 163a IV 3 StPO verweist auf § 168c I, V StPO. Hat der Beschuldigte zum Zeitpunkt der ersten Vernehmung bereits einen Verteidiger, muss dieser über den Vernehmungstermin informiert werden, hat aber keinen Anspruch auf eine Terminsverlegung.

Daneben soll die Position des Beschuldigten im Falle einer richterlichen (Beschuldigten- und auch Zeugen-)Vernehmung dadurch gesichert werden, dass das vernehmende Gericht entweder auf Antrag der Staatsanwaltschaft aber auch aufgrund eigener Beurteilung, wenn die Mitwirkung eines Verteidigers aufgrund der Bedeutung der Vernehmung zur Wahrung der Rechte des Beschuldigten geboten erscheint, einen Verteidiger zu bestellen hat, § 141 III 4 StPO. Dies kann insbesondere dann erforderlich sein, wenn bereits im Ermittlungsverfahren absehbar ist, dass ein wichtiger Belastungszeuge in der Hauptverhandlung nicht zur Verfügung stehen oder von einem Zeugnisverweigerungsrecht Gebrauch machen könnte. Dann könnte eine solche Verteidigerbestellung ausschlaggebend für die Frage sein, ob das Verfahren insgesamt als fair bewertet werden kann, wenn die Aussage später vernehmungsersetzend in die Hauptverhandlung eingeführt wird und der Beschuldigte deshalb sein Recht auf konfrontative Befragung (Art. 6 IIId EMRK) nicht ausüben kann.

(b) Wiederholte Vernehmung

Für wiederholte Vernehmungen gilt:　　　　　　　　　　　　　　　　　　　　　　　72

- Bei richterlichen Vernehmungen
  - ist der Beschuldigte über seine Aussagefreiheit auch dann zu belehren, wenn bereits eine polizeiliche oder staatsanwaltschaftliche Vernehmung mit Belehrung vorausgegangen ist,
  - muss dann keine weitere Belehrung über die Aussagefreiheit erfolgen, wenn bereits eine richterliche Vernehmung vorausgegangen ist.
- Bei Vernehmungen durch die Polizei, die richterlichen Vernehmungen regelmäßig vorausgehen, ist § 136 I 2 StPO über § 163a IV 2 StPO anwendbar, was bedeutet, dass der Beschuldigte lediglich in seiner ersten polizeilichen Vernehmung zu belehren ist. Die einmal erteilte Belehrung über die Aussagefreiheit wirkt für die weiteren polizeilichen (und staatsanwaltschaftlichen) Vernehmungen fort.

(3) Dokumentationspflicht

Hat eine Vernehmung durch die Staatsanwaltschaft stattgefunden, muss die Erteilung der Belehrung des Beschuldigten nach den §§ 136, 163a StPO gem. § 168b III StPO in den Akten dokumentiert worden sein.

(4) Videodokumentation

Das Gesetz sieht demnächst in § 136 IV StPO auch die **Videodokumentation** einer richterlichen Vernehmung vor. Eine Videodokumentation ist allerdings nur in wenigen Fällen zwingend, nämlich dann, wenn es in dem Verfahren, in dem die richterliche Vernehmung stattfindet, um ein vorsätzliches Tötungsdelikt geht (§ 136 IV 2 Nr. 1 StPO). Die Pflicht zur Videodokumentation gilt über § 163a IV 2 StPO, der auf § 136 StPO verweist, auch für Vernehmungen durch Staatsanwaltschaft und Polizei. Die Pflicht zur Aufzeichnung entfällt regelmäßig nur dann, wenn die Vernehmung etwa vor Ort stattfinden soll und ihr deshalb äußere Umstände entgegenstehen oder die technischen Möglichkeiten der audiovisuellen Aufzeichnung aus Gründen der Eilbedürftigkeit (besondere Dringlichkeit der Vernehmung) nicht gegeben sind.

Die audiovisuelle Aufzeichnung wegen der besonderen Schutzbedürftigkeit des Beschuldigten gem. § 136 IV 2 Nr. 2 StPO dürfte in Klausuren keine Rolle spielen.

Die soeben vorgestellten Gesetzesänderungen werden jedoch erst am 1.1.2020 in Kraft treten![39]

bb) Bei Verhaftung und vorläufiger Festnahme

Für die Klausur müssen Sie auch mit § 114b StPO[40] vertraut sein. Im Fall der Verhaftung sieht diese Vorschrift eine eingehende schriftliche und ggf. mündliche Rechtsbelehrung für den Beschuldigten vor. Der Umfang der Hinweispflicht ergibt sich für den Regelfall aus § 114b II 1 Nr. 1–8 StPO. Dazu gehören selbstverständlich auch die Hinweise auf das Schweigerecht (Nr. 2), das Recht auf Verteidigerkonsultation (Nr. 4) und korrespondierend mit der Regelung in § 136 I 3 StPO auf den Anspruch auf einen Pflichtverteidiger (Nr. 4a). Weitergehend hat der Gesetzgeber in Nr. 7 sogar einen Hinweis auf den Anspruch des Beschuldigten nach § 147 VII StPO vorgesehen, nach dem ihm zur Vorbereitung einer sachgerechten Verteidigung Auskünfte und Abschriften aus den Akten zu überlassen sind, wenn er keinen Verteidiger hat. In der Klausurlösung gehen Sie aber auch auf § 114b StPO nur ein, wenn vom Beschuldigten eine fehlerhafte Belehrung gerügt wurde.

Für die Klausur viel relevanter als Belehrungsfehler bei der Verhaftung durch den Richter sind Belehrungsfehler bei der vorläufigen Festnahme durch Polizeibeamte. **Gemäß § 127 IV StPO gilt die Hinweispflicht nach § 114b StPO auch für Polizeibeamte bei der vorläufigen Festnahme.** Häufig wird es im Fall einer vorläufigen Festnahme, die regelmäßig nicht mit einer sofortigen Vernehmung und damit einer Belehrung nach § 136 StPO verbunden sein wird, zu gar keiner oder zumindest keiner vollständigen sofortigen Belehrung nach § 114b I, II 1 StPO kommen. Klausursachverhalte sahen bereits wiederholt so aus, dass der Beschuldigte auf der Fahrt zur Polizeiwache, wo er vernommen werde sollte, ungefragt und ohne vorherige Belehrung über sein Schweigerecht den Polizeibeamten gegenüber selbstbelastende Angaben machte. Da in diesen Fällen die Angaben des Beschuldigten nicht durch ein amtliches Auskunftsverlangen und damit nicht durch eine Vernehmung ausgelöst wurden, kam die Belehrungspflicht nach § 136 StPO nicht zum Tragen. Gleichwohl hätten die Beamten den Beschuldigten schon bei der vorläufigen Festnahme gem. §§ 127 IV, 114b StPO auf sein Schweigerecht hinweisen müssen.

Im Fall der Verhaftung/vorläufigen Festnahme eines ausländischen Staatsangehörigen sieht § 114b II 4 StPO darüber hinaus vor, dass der Beschuldigte über sein Recht, die Unterrichtung der konsularischen Vertretung seines Heimatlandes zu verlangen, zu belehren ist. Die Vorschrift hat den Schutz, den ursprünglich nur Angehörige von Mitgliedstaaten des Wiener Übereinkommens über konsularische Beziehungen genossen (Art. 36 Ib WÜK), auf alle Ausländer erweitert. Auch diese weitergehende Belehrungspflicht wird besonders bei vorläufigen Festnahmen häufig übersehen. In der Klausur gehen Sie darauf aber ebenfalls nur auf einen Widerspruch des Beschuldigten ein.

b) Verwertungsverbot

aa) Verstoß gegen §§ 136, 163a StPO

73 Die Folge eines Verstoßes gegen die oben genannten Pflichten gem. §§ 136, 163a IV StPO ist regelmäßig ein **Verwertungsverbot**[41] gegenüber dem Beschuldigten.

In der Klausurlösung erfordert die Annahme eines Verwertungsverbots wegen eines Verstoßes gegen die §§ 136, 163a StPO **immer** die Abwägung zwischen dem Interesse des Beschuldigten am Schutz seiner verfahrensrechtlichen Stellung und dem Interesse der Allgemeinheit an der Aufklärung von Straftaten und am Funktionieren der Strafrechtspflege.

Noch einmal der Hinweis: Jedenfalls dann, wenn der Beschuldigte oder sein Verteidiger einen Verstoß gegen die §§ 136, 163a StPO bereits im Ermittlungsverfahren gerügt haben, müssen

---

39 Art. 18 II des Gesetzes zur effektiveren und praxistauglicheren Ausgestaltung des Strafverfahrens vom 17.8.2017, BGBl. 2017 I 3290 ff.
40 In der Fassung vom 2.7.2013, BGBl. I 1938.
41 Allgem. Ansicht; BGHSt 38, 214 (220, 221) = NJW 1992, 1463.

Sie auch für die Hauptverhandlung von einem entsprechenden Verwertungswiderspruch ausgehen.

Der Verstoß gegen die Belehrungspflicht ist dagegen folgenlos, wenn

- **feststeht**, dass der Beschuldigte sein Schweigerecht auch ohne Belehrung **gekannt** hat,[42]
- der **verteidigte** Beschuldigte in der späteren Hauptverhandlung ausdrücklich der Verwertung zugestimmt oder ihr nicht widersprochen hat (»Widerspruchslösung«).

Klausurrelevant sind nur Fälle, in denen es konkrete Anhaltspunkte dafür gibt, dass der Beschuldigte sein Schweigerecht kannte. Das werden sie bei Polizeibeamten, Staatsanwälten und Richtern wie auch bei Rechtsanwälten bejahen dürfen. Zweifelhaft ist dagegen, ob das auch für einen Beschuldigten gilt, der bereits in einem früheren Verfahren in anderer Sache über sein Schweigerecht belehrt worden war. Der Gesetzgeber geht für den Regelfall vom Gegenteil – nämlich der Belehrungspflicht – aus, sodass Sie **bei Zweifeln zugunsten des Beschuldigten ein Verwertungsverbot** annehmen sollten.

Ließ sich nicht aufklären, ob eine Belehrung nach den §§ 136, 163a StPO erteilt worden war, galt bislang, dass zur Begründung eines Verwertungsverbots der Zweifelsgrundsatz herangezogen werden konnte. Wie im übrigen Prozessrecht galt deshalb: Im Zweifel ist davon auszugehen, dass das Verfahren rechtmäßig war! **Das BVerfG hat von diesem Grundsatz allerdings die Konstellation ausgenommen, dass die Unaufklärbarkeit auf einem Verstoß gegen eine gesetzliche Dokumentationspflicht beruht.**[43] Diese Entscheidung ließ sich zunächst nicht auf Belehrungen vor Beschuldigtenvernehmungen übertragen, weil es keine gesetzliche Dokumentationspflicht gab. Mit der Neufassung des § 168b StPO, der nunmehr für Untersuchungshandlungen aller Ermittlungsbehörden gilt, ist in dessen Abs. 3 jedoch eine derartige Pflicht zur Dokumentation verankert. **Im Anschluss an die zitierte Entscheidung des BVerfG werden Sie deshalb zukünftig beim Fehlen einer derartigen Belehrungsdokumentation den prozessualen Zweifelsgrundsatz nicht mehr anwenden, aus der unterlassenen Dokumentation auf eine unterlassene Belehrung schließen dürfen und deshalb zu einem Verwertungsverbot kommen müssen. Das gilt allerdings nur, wenn sich das Erteilen der Belehrung auch nicht mithilfe anderer Beweismittel nachweisen lässt.**

Zu einem **Verwertungsverbot** kann auch eine **fehlerhafte Belehrung** über das Recht zur Verteidigerkonsultation führen. Die gleiche Konsequenz für den Vernehmungsinhalt hat die Verweigerung der von dem Beschuldigten geforderten Rücksprache mit einem Verteidiger.

Verstöße gegen § 136 I 3, 4 StPO dürften nur dann zu Verwertungsverboten führen, wenn die im Gesetz vorgesehenen Erleichterungen des Zugangs zum Verteidiger vom Vernehmenden unterlassen wurden und dieses Unterlassen im Einzelfall so schwer wiegt, als sei die Belehrung über das Recht auf Verteidigerkonsultation ganz unterblieben. Verstöße gegen § 136 I 5, 6 StPO führen wegen der geringen Schwere dagegen nicht zu einem Verwertungsverbot.[44] Wenn der Beschuldigte vor der Vernehmung die Konsultation eines Verteidigers wünscht aber meint, sich das nicht leisten zu können, wird das Ergebnis einer in Kenntnis dieser Umstände von einem Polizeibeamten durchgeführten Vernehmung selbst dann verwertbar sein, wenn der Polizeibeamte es nach der Belehrung über das Recht zur Verteidigerkonsultation unterließ, gem. § 136 I 3 Hs. 2 StPO über die Möglichkeit der Pflichtverteidigerbestellung zu belehren.[45]

bb) Verstoß gegen §§ 168c I, V, 163a IV 3 StPO

Für eine ohne Benachrichtigung des Verteidigers durchgeführte richterliche Beschuldigtenvernehmung war ein Verwertungsverbot bereits anerkannt.[46] Auch für eine unter Verstoß gegen §§ 163a IV 3, 168c V StPO ohne Benachrichtigung des Verteidigers durchgeführte polizeiliche/staatsanwaltliche Beschuldigtenvernehmung liegt deshalb die Annahme eines Verwer-

---

42 BGHSt 38, 214 (224, 225) = NJW 1992, 1463.
43 Die Entscheidung des BVerfG StV 2012, 385, betrifft die Dokumentationspflicht in der Hauptverhandlung nach § 273 Ia StPO.
44 Meyer-Goßner/Schmitt/*Schmitt* StPO § 136 Rn. 21.
45 Auch unter Geltung des § 136 I StPO aF kam der BGH schon zu diesem Ergebnis (NStZ 2006, 236).
46 BGH NStZ 1989, 282.

tungsverbots nahe. In beiden Konstellationen müssten sie nach der Abwägungslehre vorgehen.

cc) Verstoß gegen § 136 IV 2 StPO

Bei § 136 IV StPO soll es sich um eine Ordnungsvorschrift zum Schutz des Beschuldigten handeln, deren Verletzung nicht zu einem Verwertungsverbot bezüglich der aus der Vernehmung gewonnenen Erkenntnisse führen soll. Auch soll aus dem Fehlen der audiovisuellen Aufzeichnung nicht der Schluss gezogen werden, Vernehmungsförmlichkeiten seien nicht eingehalten worden oder ihre Einhaltung sei nicht mehr feststellbar.[47] Verfahrensfehler müssen nach hergebrachten Grundsätzen festgestellt werden.

dd) Verstoß gegen §§ 127 IV, 114b StPO

Haben die Polizeibeamten bei der vorläufigen Festnahme den Hinweis auf das Schweigerecht nach den §§ 127 IV, 114b II 1 Nr. 2 StPO unterlassen, sollen ungefragte Äußerungen des Beschuldigten gleichwohl verwertbar sein. Der Verstoß soll keine unmittelbaren Folgen haben.[48] Begründen lässt sich die Ablehnung eines Verwertungsverbots im Rahmen der gebotenen Gesamtabwägung mit dem Argument, der Verfahrensfehler wiege nicht so schwer, weil **keine Vernehmungssituation** vorgelegen habe.

Demgegenüber hat der BGH bei Verstößen gegen den bereits oben zitierten Art. 36 I WÜK ein Verwertungsverbot als möglich angesehen. Ein Verwertungsverbot soll insbesondere dann in Betracht kommen, wenn durch die unterlassene Belehrung und die deshalb fehlende konsularische Unterstützung das Recht des Beschuldigten auf effektive Verteidigung beeinträchtigt wurde.[49] Das wird sich auf die Neuregelung in § 114b II 4 StPO übertragen lassen, jedoch auch nur dann, wenn es ohne entsprechende Belehrung zu einer Beschuldigtenvernehmung gekommen ist. In der Klausurlösung wäre von Ihnen eine saubere Abwägung nach den Regeln der Abwägungslehre gefordert. Gegen die Annahme eines Verwertungsverbots könnten Sie auch anführen, dass der Verstoß gegen § 114b II 4 StPO weniger schwer wiege, weil darin ein zusätzliches Recht für ausländische Staatsbürger normiert sei.

c) Drittwirkung

74 Sie können auch vor der Frage stehen, ob Angaben eines Mitbeschuldigten, die unter Verletzung des Belehrungsgebots zustande gekommen sind, gegen den Beschuldigten verwertet werden dürfen. Dessen Interessen werden durch die Verletzung des Belehrungsgebots gegenüber einem Mitbeschuldigten nicht berührt, sodass **die Angaben eines nicht belehrten Mitbeschuldigten zur Tat des Beschuldigten ohne Weiteres gegen diesen verwertet werden dürfen.** Denn die Regelung des § 136 StPO dient ausschließlich dem Schutz des jeweiligen Beschuldigten[50] und entfaltet **keine Drittwirkung.**

Entsprechend hat der BGH für den Fall entschieden, dass der Verteidiger eines Mitbeschuldigten unter **Verstoß gegen § 168c I und V StPO** nicht vom Termin einer richterlichen Vernehmung seines Mandanten informiert wurde. Auch in dieser Konstellation entsteht zugunsten des anderen Beschuldigten kein Verwertungsverbot,[51] weil sein Rechtskreis durch die Vorschrift nicht geschützt wird und der Verfahrensfehler deshalb nicht schwer wiegt.

d) Fortwirkung des Verwertungsverbots

75 Hinter dem Stichwort »Fortwirkung« des Verwertungsverbots verbirgt sich das Problem, ob sich im Falle einer erneuten Vernehmung des Beschuldigten ein für die Erkenntnisse aus der ersten Vernehmung geltendes Verwertungsverbot auch auf die Erkenntnisse aus der nachfolgenden Vernehmung erstreckt, wenn der Beschuldigte in der zweiten Vernehmung die von ihm in der ersten Vernehmung gemachten Angaben wiederholt hat.

---

47 BT-Drs. 796/16, 25.
48 Meyer-Goßner/Schmitt/*Schmitt* StPO § 114b Rn. 10.
49 BGH BeckRS 2011, 16904.
50 BGH NStZ 1994, 595 (596).
51 BGH NStZ 2009, 345–346.

aa) Qualifizierte Belehrung

Allgemein anerkannt ist, dass ein Verwertungsverbot nach einem Verstoß gegen die Beleh- **76**
rungspflicht der erneuten Vernehmung des Beschuldigten nicht entgegensteht. Mittlerweile
haben sich der BGH und mit ihm auch Oberlandesgerichte einer seit langem in der Literatur
erhobenen Forderung angeschlossen und verlangen als Voraussetzung für die Verwertbarkeit
der Angaben in einer erneuten Vernehmung eine vorher zu erteilende **qualifizierte Belehrung.**

> Unter **qualifizierter Belehrung** ist die Belehrung nach § 136 StPO mit dem **ergänzenden Hinweis,
> die Angaben aus der früheren Vernehmung dürften wegen des vorangegangenen Verstoßes
> gegen § 136 StPO nicht verwertet werden**, zu verstehen.

Eine derartige Belehrung soll dem Beschuldigten seine Entscheidungsfreiheit erhalten. Er soll
nicht dem Irrtum unterliegen, aufgrund seiner früheren Angaben, die er nicht mehr aus der
Welt schaffen könne, ohnehin schon überführt und deshalb an seine früheren Angaben gebunden zu sein.

So ist eine qualifizierte Belehrung erforderlich, wenn

- der Beschuldigte in der ersten Vernehmung gar nicht gem. § 136 StPO belehrt wurde,[52]
- nach vorangegangenen Spontanäußerungen des Beschuldigten sich ein Gespräch mit den
  Polizeibeamten zu einer Vernehmung verdichtete, ohne dass eine Belehrung nach § 136
  bzw. § 114b StPO erfolgte,[53]
- der Tatverdächtige zu Unrecht zunächst als Zeuge und nicht schon als Beschuldigter vernommen wurde.[54]

> **Merke:** Nach einem Verstoß gegen § 136 StPO muss der Beschuldigte zu Beginn einer weiteren
> Vernehmung nach § 136 StPO qualifiziert belehrt worden sein.

bb) Folge des Unterlassens einer qualifizierten Belehrung

> Ist eine qualifizierte Belehrung unterblieben, folgt daraus nicht automatisch die Unverwertbarkeit   **77**
> der Angaben des Beschuldigten in der erneuten Vernehmung.

Sie haben vielmehr zunächst den Klausursachverhalt daraufhin zu untersuchen, ob der Beschuldigte zu Beginn der erneuten Vernehmung entsprechend § 136 StPO belehrt wurde. Ist
das der Fall, haben Sie zu beachten, dass **der Verstoß gegen die Pflicht zur qualifizierten Belehrung nicht dasselbe Gewicht hat wie der Verstoß gegen die sich aus § 136 I 2 StPO ergebende Belehrungspflicht.**[55] Vielmehr hängt die Verwertbarkeit der Angaben in der erneuten Vernehmung von der gebotenen Einzelfallabwägung ab. Auch im Rahmen dieser
Abwägung sind von Ihnen gegenüber zu stellen:

- das Interesse an der Sachaufklärung (Schwere der Tat) und am Funktionieren der Strafrechtspflege einerseits,
- das Gewicht des Verfahrensverstoßes andererseits.

Insoweit haben Sie zu untersuchen, ob es Anhaltspunkte für die bewusste Umgehung der Belehrungspflicht durch die vernehmenden Beamten (Willkür) gibt. Gegebenenfalls würde das
die Annahme der Fortwirkung nahe legen. Auch soll es eine Rolle spielen, ob es Anhaltspunkte für die Vorstellung des Beschuldigten, sein Schweigen sei sinnlos, weil er von seinen
ursprünglichen Angaben nicht mehr abrücken könne, gibt.[56] Ferner sollten Sie in Ihre Überlegungen einfließen lassen, dass eine Fortwirkung des Verwertungsverbots fern liegt, wenn die
Angaben des Beschuldigten in der erneuten Vernehmung über eine bloße Wiederholung

---

52 OLG Hamm NStZ-RR 2009, 283 ff.
53 BGH NStZ 2009, 702.
54 BGHSt 53, 112 = NJW 2009, 1427.
55 BGHSt 53, 112 = NJW 2009, 1427 und OLG Hamm NStZ-RR 2009, 283 ff.
56 Kritisch OLG Hamm NStZ-RR 2009, 283 ff.

durch pauschale Bestätigung oder schlichte Bezugnahme auf die bereits gemachten Angaben hinausgehen.

In den bereits zitierten Entscheidungen sind weder der BGH noch das OLG Hamm zu einer Fortwirkung des Verwertungsverbots gelangt.

Denken Sie unbedingt an Folgendes: Haben Sie ausnahmsweise davon auszugehen, dass der Beschuldigte sein Schweigerecht trotz des Unterlassens der Belehrung nach § 136 StPO in der ersten Vernehmung bereits kannte, gibt es keinen Grund für die Annahme eines Verwertungsverbotes, sodass auch dessen Fortwirkung nicht in Frage stehen kann.

Zum Schluss ein wichtiger Aufbauhinweis: Müssen Sie sich in einer Klausur mit einer derartigen Problematik auseinandersetzen, empfiehlt es sich, diese in zwei Schritten zu untersuchen:

* Verwertungsverbot für die Erkenntnisse aus der ersten Vernehmung wegen der unterbliebenen Beschuldigtenbelehrung?
* Fortwirkung des Verwertungsverbots auf die Erkenntnisse aus der zweiten Vernehmung wegen der unterbliebenen qualifizierten Belehrung?

e) Fernwirkung

78 Kommen Sie zur Annahme eines Beweisverwertungsverbots, kann sich die Frage stellen, ob sich das Verwertungsverbot auch auf Beweismittel erstreckt, die erst durch die unverwertbare Beweiserhebung erlangt wurden. Eine derartige **Fernwirkung** wird in der Rechtsprechung regelmäßig abgelehnt. Bekanntlich hat der Bundesgerichtshof in anderen Konstellationen schon mehrfach ausgeführt:[57]

> Ein Verfahrensfehler, der ein Verwertungsverbot für ein Beweismittel zur Folge hat, darf nicht ohne Weiteres dazu führen, dass das gesamte Strafverfahren lahm gelegt und damit die Wahrheitserforschungspflicht des Gerichts, die zu den tragenden Grundsätzen des Strafverfahrensrechts gehört, ausgehöhlt wird.

Letztendlich wird es eine Einzelfallentscheidung bleiben müssen, die Annahme einer Fernwirkung wird jedoch bei einem Verstoß gegen § 136 StPO eine große Ausnahme bleiben.[58] **In Ihrem Gutachten sollten Sie die Fernwirkung ablehnen.**

In der Literatur wird eine Fernwirkung zwar teilweise gefordert. Abgeleitet wird dieses weitgehende Verwertungsverbot aus der amerikanischen »fruit-of-the-poisonous-tree-doctrine«. Diese kann jedoch nicht ohne Weiteres übertragen werden, weil Verwertungsverbote, anders als in den USA, wo sie der Disziplinierung der Polizei dienen, hier die Rechtsstaatlichkeit des Verfahrens sichern sollen.

2. Verbotene Vernehmungsmethoden

79 Dem Schutz der Aussage- und Entschließungsfreiheit des Beschuldigten dient auch § 136a StPO mit dem Verbot bestimmter Vernehmungsmethoden. **Adressaten dieser Verbote** sind nur die **staatlichen Strafverfolgungsbehörden** und zwar auch, wenn diese sich privater Helfer bedienen. Dagegen betrifft die Vorschrift Privatpersonen, die privat ermitteln, nicht.

a) Unzulässige Methoden

In der Klausur werden nicht alle im Gesetz genannten verbotenen Vernehmungsmethoden eine Rolle spielen. Wenn, dann werden Sie vor der Frage stehen, ob der Beschuldigte durch

* Ermüdung,
* unzulässige Täuschung oder
* das Versprechen eines gesetzlich nicht vorgesehenen Vorteils

zu seiner geständigen Einlassung gebracht worden ist.

---

57 Etwa BGHR § 100b Verwertungsverbot 1 Fernwirkung.
58 So hat das OLG Oldenburg (NStZ 1995, 412) die Annahme einer Fernwirkung unter Hinweis auf die jeweils im Einzelfall erforderliche Abwägung nicht beanstandet.

aa) Ermüdung

Das Problem einer möglichen Ermüdung des Beschuldigten spielte in den Klausuren der letzten Jahre häufiger eine Rolle. Eine echte Hürde war es nicht. Ermüdende Vernehmungen sind wie durch die Sachlage gebotene nächtliche Vernehmungen zulässig. Die Grenze ist lediglich dann überschritten, wenn durch die Übermüdung des Beschuldigten seine **Willenskraft erschöpft** war und die **Vernehmung unter Ausnutzung dieses Zustands durchgeführt**[59] wurde. Das wird nur in Extremfällen zu bejahen sein, die in den Klausuren durchweg nicht vorlagen. Einen derartigen Extremfall hat der BGH bejaht, nachdem Polizeibeamte eine Beschuldigte vernommen hatten, die vor der Vernehmung 38 Stunden nicht geschlafen und in der schlaffreien Zeit alleine und deshalb unter besonders belastenden Umständen nach verheimlichter Schwangerschaft ein Kind geboren hatte.[60]

bb) Täuschung

Der Beschuldigte kann sowohl in **rechtlicher Hinsicht** als auch in **tatsächlicher Hinsicht** getäuscht werden.

- Wurde dem Beschuldigten etwa erklärt, er müsse wahrheitsgemäß aussagen oder sein Schweigen könne gegen ihn verwendet werden, so wurde er in rechtlicher Hinsicht getäuscht. Falsche Rechtserklärungen des Vernehmenden sind immer unzulässige Täuschungen, gleich, ob der Vernehmende den Beschuldigten bewusst oder unbewusst irregeführt hat.
- Wurde dem Beschuldigten dagegen eine tatsächlich nicht vorhandene »erdrückende« Beweislage vorgespiegelt, wurde er in tatsächlicher Hinsicht getäuscht. Nach der Rechtsprechung des BGH stellen unbeabsichtigte Irreführungen dagegen keine unzulässigen Täuschungen iSd § 136a StPO dar. Das war in den Klausuren der letzten Jahre wiederholt zu erkennen.

Auch die sog. »kriminalistische List« ist in engen Grenzen zulässig. Der Vernehmungsbeamte darf Fangfragen stellen und doppeldeutige Erklärungen abgeben (was zweifelhaft erscheint). Die Abgrenzung kann im Einzelfall sehr schwierig sein. Das Problem dürfte aber keine große Klausurrelevanz haben.

cc) Versprechen eines Vorteils

Sie können auch auf einen Sachverhalt stoßen, in dem einem Beschuldigten **gesetzlich nicht vorgesehene Vorteile versprochen** wurden. Das Versprechen eines Vorteils erfordert eine **bindende Zusage, auf deren Einhaltung der Beschuldigte vertrauen kann.**

- Unzulässig in diesem Sinne wäre im Rahmen einer polizeilichen Vernehmung die Zusage einer Bewährungsstrafe. Auch die Zusage einer Haftverschonung/Haftbefehlsaufhebung bei einem auf Fluchtgefahr gestützten Haftbefehl gegen ein Geständnis kann das Versprechen eines unzulässigen Vorteils darstellen, wenn das Geständnis an den Grundlagen des Haftgrundes nichts ändern kann.[61]
- Weist der Vernehmende den Beschuldigten dagegen lediglich auf die Möglichkeit der Strafmilderung im Falle einer geständigen Einlassung hin, verspricht er ihm keinen gesetzlich nicht vorgesehenen Vorteil. Zulässig soll auch die Zusage einer Verfahrenseinstellung nach § 154 StPO oder einer Strafmilderung nach § 46b StGB im Falle einer geständigen Einlassung sein. Die Zulässigkeit etwaiger Zusagen wird natürlich immer auch davon abhängen, wer diese Zusagen macht. Das Absehen von der Verfolgung iSd § 154 I StPO wird nur der Staatsanwalt, die Verfahrenseinstellung gem. § 154 II StPO werden nur der Staatsanwalt und das erkennende Gericht gemeinsam zusagen können. Eine Strafmilderung gem. § 46b StGB kann allenfalls das erkennende Gericht, nicht etwa der Ermittlungsrichter, zusagen. Polizei und Staatsanwaltschaft dürfen den Beschuldigten lediglich auf die sich aus § 46b StGB ergebende Strafmilderungsmöglichkeit hinweisen.

80

80a

81

---

59 Meyer-Goßner/Schmitt/*Schmitt* StPO § 136a Rn. 8.
60 BGH NJW 2015, 360.
61 OLG Köln NStZ 2014, 172.

b) Verwertungsverbot

82 Die Folge eines Verstoßes gegen das Verbot unerlaubter Vernehmungsmethoden ist ein **gesetzliches Verwertungsverbot** gem. § 136a III 2 StPO. Das Verbot der Verwertung der unzulässig erlangten Aussage gilt selbst dann, wenn der Beschuldigte der Verwertung später zustimmt.

Das Verwertungsverbot ist **umfassend**. Es spielt keine Rolle, ob die Einlassung des Beschuldigten be- oder entlastend, richtig oder falsch ist. Die auf verbotenem Wege erlangte Aussage **darf weder unmittelbar noch mittelbar** – durch die Angaben des Vernehmungsbeamten – **verwertet** werden.

Noch einmal der Hinweis: Weil es sich um ein absolutes Verwertungsverbot handelt, ist zu dessen Begründung keine Abwägung im Sinne der Abwägungslehre erforderlich.

c) Fortwirkung

83 Die Frage, ob der Beschuldigte vor seiner erneuten Vernehmung über die Unverwertbarkeit seiner früheren Vernehmung **qualifiziert** zu **belehren** ist, wird mit der neueren Rechtsprechung zu § 136 I 2 StPO ohne Weiteres zu bejahen sein. Auch in dieser Konstellation ist eine Belehrung ausreichend qualifiziert, wenn dem Beschuldigten unmissverständlich die Unverwertbarkeit seiner ursprünglichen Angaben vor Augen geführt wurde. Fehlt es an einer derartigen qualifizierten Belehrung in der zweiten Vernehmung, werden Sie die mögliche Konsequenz zu diskutieren haben. Die Fortwirkung des Verwertungsverbots wird allerdings auch dann nur nach einer umfassenden Gesamtabwägung im bereits dargestellten Sinne zu begründen sein. Gegen die Fortwirkung kann dann insbesondere sprechen, dass die unverwertbare Aussage schon längere Zeit zurück liegt und/oder die Einwirkung auf die Willensfreiheit nicht allzu schwerwiegend war.[62]

d) Fernwirkung

84 Nach der Rechtsprechung soll es **keine Fernwirkung** des Verwertungsverbots geben. Beweismittel, die aufgrund einer durch unzulässige Vernehmungsmethoden zustande gekommenen Aussage erlangt wurden, dürfen verwendet werden.

Auch das ist sehr streitig. Wegen der Einzelheiten kann hier auf die Darstellung zur Fernwirkung eines Verwertungsverbots beim Verstoß gegen das Belehrungsgebot verwiesen werden.

e) Sonderfall: Hörfalle

Bei der klassischen Hörfalle »**veranlassen die Ermittlungsbehörden eine Privatperson, mit einem Tatverdächtigen ohne Aufdeckung der Ermittlungsabsicht ein auf die Erlangung von Angaben zum Untersuchungsgegenstand gerichtetes Gespräch zu führen**«, das ein Beamter oder ein beauftragter Dolmetscher mithört.

Die Hörfallenentscheidung des Großen Senats des BGH[63] aus dem Jahre 1996 sollten Sie unbedingt kennen.

Haben die Ermittlungsbehörden mit Hilfe einer Hörfalle Angaben des Beschuldigten zur Tat erhalten, sollten Sie in Ihrem Gutachten angelehnt an die Entscheidung des Großen Senats die folgenden Fragen erörtern:

- **Unmittelbare Geltung des § 136 StPO?**

85 Die Belehrungspflicht wäre nur ausgelöst, wenn das Gespräch der Privatperson mit dem Beschuldigten eine Vernehmung wäre. Das ist nicht der Fall, weil die Privatperson als Vernehmender der Auskunftsperson nicht in amtlicher Eigenschaft gegenübergetreten ist und nicht in dieser Eigenschaft von ihr Auskunft verlangt hat.

Eine teilweise geforderte Erweiterung des Vernehmungsbegriffs in dem Sinne, dass dazu alle Äußerungen des Beschuldigten gehören, welche ein Strafverfolgungsorgan direkt oder indirekt herbeigeführt hat, lässt sich nicht auf das Gesetz stützen. Ein derartiger Vernehmungsbegriff würde auch Äußerungen eines Beschuldigten erfassen, die ein verdeckter Ermittler veranlasst hat. Das wäre mit dem Sinn und Zweck der §§ 110a ff. StPO nicht vereinbar.

---

62 Meyer-Goßner/Schmitt/*Schmitt* StPO § 136a Rn. 30.
63 BGHSt 42, 139 = NJW 1996, 2940.

- **Entsprechende Anwendung des § 136 StPO?**
  Das Belehrungsgebot soll sicherstellen, dass der Beschuldigte vor der irrtümlichen An- 86
  nahme einer Aussagepflicht bewahrt wird, zu der er durch die Konfrontation mit dem amtlichen Auskunftsverlangen veranlasst werden könnte. Davon kann aber in einer derartigen
  Konstellation nicht die Rede sein. Der Beschuldigte weiß, dass er sich gegenüber einer Privatperson nicht zu äußern braucht. Für eine entsprechende Anwendung des § 136 StPO ist
  deshalb kein Raum.

- **Unzulässige Umgehung des § 136 StPO?**
  Auch von einer unzulässigen Umgehung des Belehrungsgebots kann nicht die Rede sein. 87
  Der Schutz des Beschuldigten vor der irrigen Annahme eines Aussagezwangs aufgrund des
  amtlichen Charakters einer Befragung wird nicht dadurch umgangen, dass die vorgeschrie-
  bene Belehrung in einer Situation unterbleibt, in der ein solcher Zwang – auch in der Vorstellung des Beschuldigten – nicht bestehen kann.

- **Verbotene Täuschung iSd § 136a StPO?**
  Die Hörfalle in diesem Sinne stellt auch keine verbotene Täuschung dar. Der Begriff der 88–89
  Täuschung muss einschränkend und an den übrigen verbotenen Mitteln orientiert ausgelegt werden. Mit den übrigen verbotenen Mitteln lässt sich eine Befragung des Beschuldigten, die das Ermittlungsinteresse nicht aufdeckt, nicht gleichstellen.

- **Verstoß gegen den »Nemo-tenetur-Grundsatz«?**
  Auch gegen den Grundsatz, dass niemand gezwungen werden darf, sich selbst zu belasten, 90
  wird ersichtlich nicht verstoßen. Der Beschuldigte äußert sich nicht aufgrund eines tatsächlichen oder vorgetäuschten Zwanges. Über die Freiwilligkeit seiner Äußerungen gegenüber
  einer Privatperson kann er nicht im Zweifel sein.

- **Rechtsstaatliche Grenzen?**
  Dennoch ergeben sich vor allem aus dem allgemeinen Persönlichkeitsrecht, dem Rechts- 91
  staatsprinzip und dem daraus hervorgehenden Grundsatz des fairen Verfahrens Bedenken,
  wenn die Ermittlungsbehörden den Beschuldigten durch eine Hörfalle zu Äußerungen
  veranlassen.
  Dagegen steht die mit dem notwendigen Schutz des Gemeinwesens und seiner Bürger begründete Pflicht des Staates zur effektiven Strafverfolgung, die ebenfalls Verfassungsrang
  hat. Daraus ergibt sich folgende Konsequenz:

> Der Inhalt der durch eine Hörfalle erlangten Angaben eines Beschuldigten darf durch Zeugenbe-
> weis jedenfalls dann verwertet werden, wenn es um die Aufklärung einer Straftat von erheblicher
> Bedeutung (orientiert an den Katalogen der §§ 98a, 100a, 110a StPO) geht und die Erforschung
> des Sachverhalts unter Einsatz anderer Ermittlungsmethoden erheblich weniger Erfolg verspre-
> chend oder wesentlich erschwert gewesen wäre.

Vergessen Sie nicht, in Ihrem Gutachten mitzuteilen, dass der Inhalt des Gesprächs durch
Zeugenbeweis eingeführt werden kann. Als Zeugen kommen sowohl die Privatperson, die das
Gespräch geführt hat, als auch der mithörende Beamte in Betracht.

III. Verwertbarkeit von Zeugenaussagen

Neben der Frage nach der Verwertbarkeit von Beschuldigtenangaben kann in der Klausur 92
auch die Frage nach der Verwertbarkeit von Zeugenaussagen eine große Rolle spielen. Im Wesentlichen sind vier Fallgruppen zu unterscheiden:

- Können Verstöße gegen die §§ 57, 55 StPO zu einem Verwertungsverbot führen?
- Dürfen die Angaben eines Zeugen, der nicht über ein ihm zustehendes **Auskunftsverweigerungsrecht** belehrt wurde, verwertet werden?
- Dürfen die Angaben eines über ein **Zeugnisweigerungsrecht** belehrten oder zu Unrecht
  nicht belehrten Zeugen verwertet werden, wenn dieser sich später auf sein Zeugnisverweigerungsrecht beruft?
- Können Zeugenaussagen aufgrund einer **Fernwirkung** eines **Verwertungsverbots** unverwertbar sein?

Die letzte Frage ist bereits durch die vorangegangene Darstellung zur Reichweite eines Verwertungsverbots beantwortet.

1. Die Belehrungspflicht gem. § 57 StPO

93 Wird ein Zeuge unter Verstoß gegen § 57 StPO nicht über seine Wahrheitspflicht und die Folgen einer falschen Aussage belehrt, führt dieses Unterlassen keinesfalls zu einem Verwertungsverbot im Verfahren gegen den Beschuldigten.

Merke: Bei § 57 StPO handelt es sich um eine ausschließlich im Interesse des Zeugen erlassene Ordnungsvorschrift.

2. Das Auskunftsverweigerungsrecht nach § 55 StPO

94 Das Recht zur Auskunftsverweigerung nach § 55 I StPO beruht auf dem rechtsstaatlichen Grundsatz, dass **niemand gezwungen werden darf, gegen sich selbst oder gegen nahe Angehörige,** auch wenn sie nicht Beschuldigte des Verfahrens sind, **auszusagen.** Die Vorschrift dient allein dem Schutz des Zeugen oder seiner Angehörigen vor Verfolgung wegen einer Straftat oder Ordnungswidrigkeit, die bereits **vor** seiner Vernehmung begangen wurde. Die Vorschrift soll den Zeugen dagegen nicht davor schützen, eine falsche Aussage zu machen.

In der Staatsanwaltsklausur wird sich Ihnen die Frage nicht stellen, ob ein Zeuge Auskünfte zu Recht verweigert hat. Angaben, die Sie nicht haben und auch nach einer theoretischen Erörterung nicht haben werden, helfen Ihnen nicht weiter. Ausführungen zur Reichweite des § 55 StPO verbieten sich deshalb, falls der Zeuge – wenn auch zu Unrecht – nicht ausgesagt hat. In Ihrem Gutachten werden Sie sich nur mit § 55 StPO auseinandersetzen müssen, wenn sich die Frage stellt, ob ein zur Sache aussagender Zeuge über das Auskunftsverweigerungsrecht hätte belehrt werden müssen.

a) Gefahr der Verfolgung

95 Dem Zeugen oder seinem Angehörigen muss durch eine wahrheitsgemäße Aussage die Gefahr der Verfolgung wegen einer **Straftat** oder **Ordnungswidrigkeit, die er bereits begangen hat,** drohen. Nicht ausreichend ist, dass sich der Zeuge erst durch die Aussage einer Straftat strafbar machen würde.

Die **Gefahr der Verfolgung** besteht, wenn sich aus der wahrheitsgemäßen Aussage des Zeugen für die Ermittlungsbehörden Tatsachen ergeben könnten, die den Anfangsverdacht einer Straftat oder Ordnungswidrigkeit begründen würden. Bloße, nicht durch konkrete Umstände belegte Vermutungen oder rein denktheoretische Möglichkeiten reichen weder für einen prozessual ausreichenden Anfangsverdacht noch für ein Auskunftsverweigerungsrecht nach § 55 StPO aus.[64] **Ein solcher Anfangsverdacht muss sich auf zureichende tatsächliche Anhaltspunkte und damit auf konkrete Tatsachen stützen,** die dafür sprechen, dass gerade der zu untersuchende Lebenssachverhalt eine Straftat enthält. Dagegen ist die **sichere Erwartung** eines Straf- und Bußgeldverfahrens **nicht erforderlich.**

Nur wenn die Gefahr einer Verfolgung zweifellos ausgeschlossen ist, entfällt das Auskunftsverweigerungsrecht.[65] An der Verfolgungsgefahr fehlt es sowohl bei offensichtlichem Vorliegen eines Rechtfertigungs- oder Entschuldigungsgrundes als auch bei fehlender Strafmündigkeit. Schließlich besteht vor allem dann keine Verfolgungsgefahr mehr, wenn wegen der im Raume stehenden Tat bereits eine rechtskräftige Verurteilung des Zeugen oder seines Angehörigen erfolgt ist.

b) Belehrungspflicht

96 Das Bestehen eines Auskunftsverweigerungsrechts löst die Belehrungspflicht nach § 55 II StPO aus. Eine generelle Hinweispflicht auf das Auskunftsverweigerungsrecht nach § 55 StPO besteht nicht.

---

64 BGH NStZ 1994, 499.
65 Zu Einzelheiten Meyer-Goßner/Schmitt/*Schmitt* StPO § 55 Rn. 8.

c) Folgen des Verstoßes

Das Unterlassen der Belehrung des Zeugen nach § 55 II StPO begründet **kein Verwertungsverbot** im Verfahren gegen den Beschuldigten.[66]

97

Das ist jedoch streitig. In der Klausur werden Sie deshalb gegebenenfalls einige Worte zu dem Problem verlieren müssen. Gegen den BGH und die hM wird zum Teil angeführt, jeder Verstoß gegen Regeln über zulässige Methoden der Wahrheitsfindung berühre auch den Rechtskreis des Beschuldigten. Zudem solle der Beschuldigte durch das Auskunftsverweigerungsrecht vor Falschaussagen des Zeugen geschützt werden.

Mit der Rechtsprechung sollten Sie aber im Rahmen der auch in dieser Konstellation gebotenen Abwägung argumentieren, dass dem **Zeugen**, und nur ihm, durch das **Auskunftsverweigerungsrecht** der **Konflikt** erspart werden soll, sich oder seine Angehörigen durch wahrheitsgemäße Angaben bloßzustellen. Der verletzte § 55 StPO ist als Verfahrensvorschrift nicht dazu bestimmt, die Grundlagen der verfahrensrechtlichen Stellung des Beschuldigten im Strafverfahren zu sichern.

Angaben, die der Zeuge, dem ein Auskunftsverweigerungsrecht nach § 55 StPO zusteht, einmal gemacht hat, sind im weiteren Verfahren verwertbar. Es ist gleichgültig, ob der Zeuge gem. § 55 II StPO belehrt worden ist oder nicht. Beruft sich ein Zeuge erst in einer späteren Vernehmung auf sein Auskunftsverweigerungsrecht, bleiben seine früheren Angaben verwertbar.

Einmal gemachte Angaben bleiben verwertbar. § 252 StPO findet keine entsprechende Anwendung.

Deshalb sind Vorhalte aus der früheren Vernehmung zulässig, auch kann die Verhörsperson als Zeuge über den Inhalt der früheren Angaben vernommen werden.

Zur Klarstellung sei darauf hingewiesen, dass das Unterlassen der Belehrung in einem späteren Verfahren gegen den Zeugen selbst sehr wohl zu einem Verwertungsverbot führen kann.

3. Das Zeugnisverweigerungsrecht nach § 52 StPO

Grund für das Zeugnisverweigerungsrecht des § 52 StPO ist die Rücksicht auf die Zwangslage des Zeugen, der zur Wahrheit verpflichtet ist, aber befürchten muss, dadurch dem beschuldigten Angehörigen zu schaden.[67]

98

In der Klausur können Sie in verschiedenen Konstellationen mit den Wirkungen des Zeugnisverweigerungsrechts konfrontiert werden:

- Liegt ein Verstoß gegen die Belehrungspflicht nach § 52 III StPO vor und welche Auswirkungen hat dieser Verstoß?
- Welche Auswirkungen hat es, wenn sich der Zeuge, der bereits einmal ausgesagt hat, bei bereits ursprünglich vorhandenem oder auch nachträglich entstandenem Zeugnisverweigerungsrecht in einer späteren Vernehmung auf dieses beruft?

a) Kreis der Zeugnisverweigerungsberechtigten

Zur Zeugnisverweigerung berechtigt sind Angehörige des Beschuldigten. Zu den Angehörigen iSd § 52 StPO gehören:

99

- **Verlobte, § 52 I Nr. 1 StPO**
  Das **Verlöbnis** ist ein, **nicht notwendig öffentliches**, gegenseitiges und von beiden Seiten **ernst gemeintes Eheversprechen**. Es ist unwirksam, wenn es, wie bei noch bestehendem anderweitigem Verlöbnis oder bestehender Ehe, gegen die guten Sitten verstößt.
  In Klausuren stellte sich wiederholt das Problem, dass eine geschädigte Frau gegen einen »Freund« Körperverletzungsanzeige erstattete und dann kurze Zeit später unter Hinweis auf ein Verlöbnis keine weitere Aussage mehr machen wollte. Nehmen Sie das behauptete Verlöbnis dann nicht völlig kritiklos hin. Die Annahme, dass ein Verlöbnis tatsächlich gar

100

66 GrS BGHSt 11, 213 (218) = BeckRS 9998, 119131.
67 BGHSt 2, 351 (354) = BeckRS 9998, 124881.

nicht besteht und die Behauptung nur unter dem Druck des Beschuldigten zustande gekommen ist, ist nahe liegend. Sie sollten zumindest kurz diskutieren, ob und in welchem Umfang die Behauptung der Zeugin zu überprüfen ist. Die daran anzulegenden Maßstäbe dürfen jedenfalls nicht zu streng sein, denn die Zeugin müsste das von ihr behauptete Verlöbnis gem. § 56 StPO nur glaubhaft machen. Eine Tatsache ist schon dann glaubhaft gemacht, wenn das Gericht sie für wahrscheinlich hält. Wenn in der Hauptverhandlung niemand widerspricht, darf das Gericht die Behauptung ohnehin als richtig hinnehmen. Nur wenn es wirklich handfeste Anhaltspunkte dafür gibt, dass das behauptete Verlöbnis nicht besteht, sollten Sie ein Zeugnisverweigerungsrecht ablehnen. Dann können Sie auf die Angaben der Verhörsperson über den Inhalt der ursprünglichen Aussage der Zeugin zurückgreifen.

Mit **Auflösung** des Verlöbnisses **entfällt** das Zeugnisverweigerungsrecht.

- **Ehegatten und Lebenspartner, § 52 I Nr. 2, 2a StPO**

101 Die Ehe muss gültig geschlossen worden sein. Das **Zeugnisverweigerungsrecht besteht** auch **nach Scheidung** oder **Auflösung** der Ehe **fort**.

Ob auch das Zusammenleben in »eheähnlicher Lebensgemeinschaft« zur Zeugnisverweigerung berechtigt, ist umstritten. Die hM lehnt das im Hinblick auf den Gesetzeswortlaut ab. Im Übrigen werden nur Lebenspartnerschaften im Sinne des Lebenspartnerschaftsgesetzes anerkannt.

- **Verwandte oder Verschwägerte, § 52 I Nr. 3 StPO**

102 Geht es um Verwandtschaft oder Schwägerschaft, sichern Sie sich durch einen Blick in den Ihnen vorliegenden Kommentar[68] ab.

- **Zeugen ohne ausreichende Verstandesreife oder -kraft, § 52 II StPO**

Denken Sie bei Minderjährigen daran, dass deren Aussage gegebenenfalls der Zustimmung ihres gesetzlichen Vertreters bedarf und dieser ebenfalls gem. § 52 III StPO belehrt worden sein muss. Ist der Vertretungsberechtigte oder ein mitvertretungsberechtigtes Elternteil beschuldigt, bedarf es der Bestellung eines Ergänzungspflegers.

Beachte: Für ein Zeugnisverweigerungsrecht muss das begründende Verhältnis nicht bereits zum Zeitpunkt der Tat bestanden haben. Maßgebend ist der Zeitpunkt der Vernehmung.

103 **Zeugnisverweigerungsberechtigt** ist daneben der in **§ 53 StPO genannte Personenkreis.** Die Vorschrift spielt im Examen seltener eine Rolle. Lediglich auf das Zeugnisverweigerungsrecht der Ärzte (§ 53 I Nr. 3 StPO) sei an dieser Stelle hingewiesen, weil es für dieses eine wichtige Einschränkung gibt: Ist der Arzt nämlich als bestellter Sachverständiger tätig geworden, hat er kein Zeugnisverweigerungsrecht und muss deshalb selbst dann aussagen, wenn der Beschuldigte ihn nicht von der Verschwiegenheitspflicht entbindet. Die **Angaben** des Arztes, die dieser **als Sachverständiger oder auch als Zeuge** gemacht hat, sind dann **auch bei ausdrücklichem Widerspruch** des Beschuldigten **verwertbar.**

Richtet sich das Verfahren gegen **mehrere Beschuldigte**, steht dem Zeugen ein Zeugnisverweigerungsrecht zu, wenn seine Aussage **auch seinen Angehörigen** betrifft. Das ist bereits der Fall, wenn **in irgendeinem Verfahrensabschnitt** ein gegen mehrere Beschuldigte gerichtetes zusammenhängendes einheitliches Verfahren anhängig war. Das Zeugnisverweigerungsrecht erlischt regelmäßig erst, wenn das Verfahren gegen den Angehörigen rechtskräftig abgeschlossen ist. Das gleiche gilt für Tatvorwürfe, hinsichtlich derer das Verfahren gem. § 154 I oder II StPO vorläufig eingestellt worden ist, wenn die in Bezug genommene Verurteilung rechtskräftig geworden ist.[69]

b) Belehrungspflicht

104 Gemäß § 52 III 1 StPO ist der zeugnisverweigerungsberechtigte Zeuge vor **jeder** Vernehmung – und damit auch vor einer wiederholten – über sein Zeugnisverweigerungsrecht zu belehren.

Wie bei einer Beschuldigtenvernehmung stellt sich auch bei einer Zeugenvernehmung die Frage, wie mit »freiwilligen« Angaben umzugehen ist.

---

68 Meyer-Goßner/Schmitt/*Schmitt* StPO § 52 Rn. 6, 7.
69 BGH NStZ 2009, 515.

Ist ein Angehöriger von sich aus bei der Polizei erschienen und hat eine Straftat eines Angehörigen angezeigt, so ist von Ihnen zu erörtern, ob und gegebenenfalls wann er, sollte das unterblieben sein, hätte belehrt werden müssen.

Die Rechtsprechung fasst den Begriff der **Zeugenvernehmung** sehr weit. Nicht nur förmliche und protokollierte Vernehmungen, sondern auch nicht protokollierte Anhörungen durch Polizeibeamte und informatorische Befragungen gehören dazu. **Nur Spontanäußerungen** (etwa vor einer Vernehmung), **Äußerungen bei Bitten um polizeiliche Hilfe und Strafanzeigen, mit denen keine Vernehmung verbunden ist, fallen heraus.** In einem Fall wie dem oben genannten Beispielsfall sollten Sie dennoch kritisch überdenken, ob mit der freiwilligen Anzeige tatsächlich keine Vernehmung verbunden war. Aufschluss darüber kann die Form der Dokumentation durch den Aufnehmenden der Anzeige geben. Hat dieser knappe Äußerungen eines Zeugen in Form eines Vermerkes niedergelegt, mag in der Tat einiges dafür sprechen, dass es sich um freiwillige Angaben gehandelt hat. Hat der Aufnehmende dagegen eine »Strafanzeige« mit den Personalien des Anzeigenden, des Beschuldigten und eines Geschädigten angefertigt, so dürfte es fast lebensfremd sein anzunehmen, das könne ohne Rückfragen zur Sachverhaltsschilderung geschehen sein. Die Annahme einer Vernehmungssituation liegt dann nahe.[70]

Eine Belehrung über ein Auskunftsverweigerungsrecht nach § 55 StPO kann im Übrigen die notwendige Belehrung über ein Zeugnisverweigerungsrecht nach § 52 StPO nicht ersetzen.

Für Berufsgeheimnisträger (§ 53 StPO) ist eine Belehrungspflicht vom Gesetzgeber nicht vorgesehen, weil davon auszugehen ist, dass Berufsgeheimnisträger ihre Berufpflichten und damit ihre Schweigepflicht kennen.

c) Verwertungsverbot

Der Verstoß gegen das Belehrungsgebot führt zu einem absoluten **Verwertungsverbot**.   105

Das Verwertungsverbot soll nur dann entfallen, wenn der Zeuge seine Rechte kannte und auch nach Belehrung ausgesagt hätte. Sollte das der Fall sein, werden Sie im Sachverhalt deutliche Hinweise darauf finden.

d) Folge der Zeugnisverweigerung und § 252 StPO

Einen Zeugen, der das Zeugnis von Anfang an verweigert, wird es in keinem Klausursachverhalt geben, weil es damit an einer Aussage fehlen würde. Examensrelevant wird ein Zeugnisverweigerungsrecht erst dann, wenn der Zeuge, bevor er sich darauf beruft, bereits eine den Beschuldigten belastende Aussage gemacht hat. Es stellt sich dann nämlich die Frage, ob und wie diese frühere Aussage zu verwerten ist.   106

Verweigert ein Zeuge, der zuvor noch Angaben zur Sache gemacht hat, in einer späteren Vernehmung unter Hinweis auf sein Zeugnisverweigerungsrecht nach § 52 StPO berechtigt das Zeugnis, so richtet sich die Verwertbarkeit seiner früheren Angaben nach **§ 252 StPO**.

aa) Ergänzendes Verwertungsverbot

Die in einer früheren **Vernehmung** gemachte Aussage darf bei berechtigter Zeugnisverweigerung nicht verlesen werden. Ein Widerspruch gegen die Verwertung ist nicht erforderlich.

- Noch einmal: **Anders als beim Tatverdächtigen stellt beim Zeugen auch die informatorische Befragung eine Vernehmung dar.** Wurde der Zeuge nicht belehrt, bleiben damit nur Angaben **verwertbar**, die dieser **außerhalb einer Vernehmung/informatorischen Befragung im Rahmen einer Spontanäußerung** gemacht hat.   107
- Zu den trotz Zeugnisverweigerung jederzeit verwertbaren Angaben des Zeugen gehören auch **schriftliche Mitteilungen und Erklärungen** in dem anhängigen Verfahren oder einem anderen Straf-, Zivil- oder Verwaltungsgerichtsverfahren. Verwertbar bleiben trotz

---

[70] Vgl. BGHSt 53, 112 = NJW 2009, 1427 zur vergleichbaren Situation bei vernehmungsähnlichen Gesprächen mit Beschuldigten.

Zeugnisverweigerung auch Erklärungen des Zeugen in Briefen an den Beschuldigten oder gegenüber anderen Zeugen.

- **Nicht verwertbar sind dagegen Urkunden** – oder etwa Tonbandaufzeichnungen[71] –, **die ein zeugnisverweigerungsberechtigter Zeuge im Rahmen einer Vernehmung** den Ermittlungsbehörden **übergeben hat**, wenn er anschließend von seinem Zeugnisverweigerungsrecht Gebrauch macht. Etwas anderes gilt nur, wenn er die Beweismittel im Rahmen einer Spontanäußerung übergeben hat.

Handelt es sich um schriftliche Äußerungen des Zeugen, können diese als Urkunden gem. § 249 StPO eingeführt werden. Spontane Äußerungen und ähnliches werden regelmäßig nur durch Vernehmung des wahrnehmenden Zeugen eingeführt werden können.

> Beruft sich der Zeuge in einer späteren Vernehmung zu Recht auf sein Zeugnisverweigerungsrecht, so darf die frühere Aussage auch dann nicht verlesen werden, wenn das Zeugnisverweigerungsrecht **erst danach** entstanden ist.

108 Auch das **Protokoll einer richterlichen Vernehmung** darf **nicht verlesen** werden. Das gilt selbst dann, wenn der Zeuge von dem Richter ordnungsgemäß über sein Zeugnisverweigerungsrecht belehrt wurde.

Aus der Unzulässigkeit der Umgehung des Schutzzwecks der §§ 52 ff. StPO – nicht des § 252 StPO – ergibt sich zudem Folgendes:

> Auch jede andere Art der Verwertung – insbesondere die Vernehmung von Verhörspersonen und die Verlesung von auf der Vernehmung beruhenden Schriftstücken (etwa Haftbefehlen) – ist unzulässig, weil sich anderenfalls der durch die §§ 52, 252 StPO gewährte Schutz aushebeln ließe.

Damit ist es verboten, den Inhalt der Vernehmung auf dem Umweg über die Vernehmung von Polizeibeamten und Staatsanwälten einzuführen. Unverwertbar sind auch Angaben eines Zeugen, die dieser als Zusatztatsachen gegenüber einem gerichtlich beauftragten Sachverständigen gemacht hat.[72]

bb) Ausnahmen

Vom Verwertungsverbot gibt es allerdings zwei **wichtige Ausnahmen**:

(1) Vernehmung durch Richter

109
> Der Inhalt der Aussage eines Zeugen in einer **richterlichen Vernehmung** darf nach der ständigen Rechtsprechung des BGH durch die Vernehmung der mitwirkenden Richter eingeführt werden,[73]
>
> - wenn das Zeugnisverweigerungsrecht bei der richterlichen Vernehmung bereits bestand
> - und der Zeuge ordnungsgemäß belehrt wurde.

Die Einführung des Aussageinhalts auf diesem Wege ist also an folgende Bedingungen geknüpft:

- Das Zeugnisverweigerungsrecht muss bereits zum Zeitpunkt der richterlichen Vernehmung bestanden haben. Ist das **Zeugnisverweigerungsrecht** dagegen erst **nach** der richterlichen Vernehmung entstanden, bleibt die Aussage des Zeugen **unverwertbar**.[74]
Zudem muss die Vernehmung des Zeugen in einem gegen den Angehörigen des Zeugen gerichteten Straf- oder Bußgeldverfahren erfolgt sein.
- Und selbstverständlich muss der Zeugnisverweigerungsberechtigte in der früheren Vernehmung **als Zeuge** vernommen und ordnungsgemäß nach § 52 StPO belehrt worden sein. War er in seiner früheren Vernehmung in der verfahrensrechtlichen Situation eines Mitbeschuldigten und ist er seinerzeit überflüssigerweise entsprechend § 52 StPO belehrt worden, bleiben seine früheren Angaben unverwertbar, wenn er anschließend als Zeuge (etwa

---

71 BGH NStZ 2013, 247.
72 BGH NStZ 2007, 353; dazu → Rn. 111.
73 Unter anderem BGHSt 45, 342 = NJW 2000, 1274.
74 In der Tendenz anders BGHSt 45, 342 = NJW 2000, 1274.

nach rechtskräftigem Abschluss des gegen ihn selbst gerichteten Verfahrens) von seinem Zeugnisverweigerungsrecht Gebrauch gemacht hat.

● Schließlich muss die Vernehmung auch im Übrigen ordnungsgemäß durchgeführt worden sein (vgl. etwa § 168c II–V StPO).

In einem Anfragebeschluss aus dem Jahr 2014[75] hatte der 2. Senat des BGH die Frage aufge- **110**
worfen, ob die Verwertbarkeit der vor Ausübung des Zeugnisverweigerungsrechts in einer
richterlichen Vernehmung gemachten Angaben erfordert, dass der Zeuge bereits zu Beginn
dieser früheren richterlichen Vernehmung – **qualifiziert** – darüber belehrt wurde, dass die
Aussage nach späterer Zeugnisverweigerung im weiteren Verfahren verwertet werden könne.
Nachdem sich bereits die übrigen Senate auf den Anfragebeschluss ablehnend geäußert hatten, hat auch der Große Senat für Strafsachen eine derartige Belehrungspflicht abgelehnt.[76]
Zur Begründung hat der Senat angeführt, der Einführung einer Pflicht zu einer derartigen
qualifizierten Belehrung bei Vernehmung eines zeugnisverweigerungsberechtigten Zeugen in
einer richterlichen Vernehmung bedürfe es nicht. Eine derartige Belehrungspflicht ergebe sich
nicht aus dem Gesetz, auch liege keine planwidrige Gesetzeslücke vor. § 252 StPO diene zudem lediglich dem Schutz des Zeugen und sei deshalb nicht geeignet, die mit der qualifizierten
Belehrung verbundene weitere Erschwerung der Wahrheitserforschung zu rechtfertigen. Diese wenigen Sätze würden in der Klausurlösung zur Ablehnung der Belehrungspflicht bereits
ausreichen.

Im Gutachten sollten Sie mit der Rechtsprechung des BGH die Zulässigkeit einer Vernehmung der richterlichen Verhörsperson mit einer **Güterabwägung** begründen: Angesichts eines nach Belehrung **bewusst erklärten Verzichts** auf die Ausübung des Zeugnisverweigerungsrechts **in der verfahrensrechtlich hervorgehobenen Situation einer richterlichen
Vernehmung** ist das öffentliche Interesse an einer effektiven Strafrechtspflege von größerer
Bedeutung als das Interesse des Zeugen, sich die Entscheidungsfreiheit über die Ausübung des
Zeugnisverweigerungsrechts bis zur späteren Hauptverhandlung erhalten zu können.

In der zuletzt zitierten Entscheidung hat der BGH im Übrigen darauf hingewiesen, dass ein
Verwertungsverbot – unabhängig von der Vernehmungsform – jedenfalls dann nicht entsteht,
wenn die Angehörigeneigenschaft **gezielt** zur Vereitelung der Wahrheitsermittlung im Strafverfahren herbeigeführt wird (etwa eine Verlobung).

(2) Zustimmung zur Verwertung
Auch in einem Klausursachverhalt ist es durchaus denkbar, dass der Zeugnisverweigerungsberechtigte erklärt, er wolle in Zukunft selbst nichts mehr aussagen, stimme aber der Verwertung seiner früheren Angaben ausdrücklich zu. Ist die Erklärung des Zeugen eindeutig und er
über die Folgen seiner Zeugnisverweigerung belehrt worden, führt eine derartige Zustimmung zur uneingeschränkten Verwertbarkeit der früheren Angaben. Der Zeuge, der in vollem
Umfang über die Ausübung seines Zeugnisverweigerungsrechts entscheiden kann, hat auch
die Befugnis, dies in dieser eingeschränkten Form zu tun.

> Mit ausdrücklicher Zustimmung des das Zeugnis verweigernden Zeugen sind seine früheren Anga-
> ben verwertbar.

cc) Geltung bei Berufsgeheimnisträgern
Durch § 252 StPO wird auch das Zeugnisverweigerungsrecht der Berufsgeheimnisträger **111**
nach § 53 StPO geschützt. Das gilt allerdings nur, wenn bereits bei der früheren Vernehmung ein Zeugnisverweigerungsrecht bestand.

**War dagegen ein Berufsgeheimnisträger zum Zeitpunkt seiner früheren Angaben von
dem Berechtigten von seiner Schweigepflicht entbunden, dann bleiben die Angaben des
Berufsgeheimnisträgers auch dann verwertbar, wenn die Entbindung von der Schweigepflicht nach der Vernehmung widerrufen wurde.** § 252 StPO gilt in dieser Konstellation
nicht, weil durch die §§ 53, 53a StPO nur die Berufsgeheimnisträger geschützt werden und

---

75 BGH NStZ 2015, 710.
76 BGH NStZ-RR 2017, 21.

nicht die Berechtigten, die diese von der Schweigepflicht entbinden können. Weil für den Arzt wegen der Schweigepflichtsentbindung entsprechend § 53 II StPO keine Pflichtenkollision bestand, können seine früheren Angaben durch die Vernehmung der Verhörsperson eingeführt werden.[77] Wegen der Nichtanwendbarkeit des § 252 StPO wird dann noch weitergehend auch die Verlesung eines Attestes nach § 256 I Nr. 2 StPO denkbar sein. Weil der Berufsgeheimnisträger selbst nach dem Widerruf der Schweigepflichtsentbindung als Zeuge nicht mehr zur Verfügung steht, werden Sie regelmäßig auf das Zeugnis der Vernehmungsperson zurückgreifen müssen.

Besondere Probleme können sich auch aus der **Zeugenbefragung durch – vor allem ärztliche – Sachverständige** ergeben, wenn der befragte Zeuge anschließend von einem Zeugnisverweigerungsrecht Gebrauch macht. Die Verwertbarkeit der Angaben hängt davon ab, zu welcher Art der Anknüpfungstatsachen sie gehören.

- **Befundtatsachen** darf der Sachverständige seinem Gutachten als Anknüpfungstatsachen zugrunde legen, wenn
  - das Zeugnisverweigerungsrecht zum Zeitpunkt der Angaben des Zeugen gegenüber dem Sachverständigen **bereits bestand** und
  - der Zeuge **von einem Richter** (!) nach § 52 III 1 StPO belehrt wurde, auch wenn die Angaben gegenüber dem Sachverständigen nicht in einer richterlichen Vernehmung gemacht wurden.[78]
- **Zusatztatsachen:** Mitteilungen über Zusatztatsachen stehen wegen der vernehmungsähnlichen Situation für den Zeugen einer Aussage gleich, sodass der Sachverständige weder als Zeuge dazu vernommen werden noch sein Gutachten auf diese Anknüpfungstatsachen stützen darf. Sind die Zusatztatsachen für die Gutachtenerstattung essentiell, ist das Gutachten sogar insgesamt unverwertbar.[79]

IV. Verwertbarkeit sonstiger Beweismittel und Erkenntnisse

112 Für viele der nachfolgend dargestellten Konstellationen gilt allgemein:

Auch wenn Wahrheitserforschungspflicht und Interesse der Allgemeinheit am Funktionieren der Strafrechtspflege nicht schon der Annahme eines Verwertungsverbots entgegenstehen, kommt immer, wenn es an einer richterlichen Anordnung oder Bestätigung einer Ermittlungsmaßnahme fehlt oder diese zwar eingeholt wurde, jedoch nicht den inhaltlichen Anforderungen der Obergerichte entsprach, ein weiterer Gesichtspunkt hinzu:

- Ein **Verwertungsverbot** soll dann **nicht entstehen, wenn der Richter bei Kenntnis des Ermittlungsstandes zu dem Zeitpunkt, an dem seine Entscheidung erforderlich war, eine Anordnung oder Bestätigung hätte erlassen müssen (hypothetische Ersatzanordnung).** Außerdem darf die Annahme von Gefahr im Verzug durch Polizei und Staatsanwaltschaft nicht willkürlich oder unter grober Verkennung der Rechtslage erfolgt sein.
- **Fehlt** es dagegen an einer der **materiellen Voraussetzungen** für die Beweisgewinnung, wird die **Annahme eines Verwertungsverbots nahe liegen.**

1. Durchsuchung

113 Typisches Klausurproblem ist die Zulässigkeit von Durchsuchungen und Beschlagnahmen und die sich daraus ergebenden Konsequenzen.

Die Zulässigkeit einer Durchsuchung beim Beschuldigten richtet sich nach den §§ 102, 105 StPO. Für Durchsuchungen bei anderen Personen gelten die §§ 103, 105 StPO.

---

77 BGH NStZ 2012, 281.
78 BGH StV 1995, 564.
79 BGHSt 18, 107 = BeckRS 9998, 114422; in der Entscheidung StV 1995, 564 hat der BGH allerdings auch Zusatztatsachen als nach richterlicher Belehrung verwertbar angesehen. Diese betrafen allerdings ausschließlich den Werdegang des Angeklagten.

> **Beispiel:** Im klassischen Klausursachverhalt durchsuchen Polizeibeamte unmittelbar nach der Festnahme des Beschuldigten ohne richterliche Anordnung dessen verschlossen aufgefundenes Fahrzeug und stellen Beweismittel sicher, die für den Tatnachweis von großer Bedeutung sind. Sie werden in Ihrem Gutachten die Frage zu beantworten haben, ob diese Beweismittel verwertbar sind.

a) Durchsuchung beim Beschuldigten

Durchsuchung im Sinne von Art. 13 GG ist das **Betreten von geschützten Räumen** verbunden mit dem **Augenschein** an Personen, Sachen und Spuren.   **114**

aa) Tatverdacht

Die Durchsuchung setzt einen **Tatverdacht** voraus, der aber noch nicht so weit konkretisiert   **115**
sein muss, dass die Beschuldigteneigenschaft schon begründet werden kann. Bloße Vermutungen, die nicht auf tatsächliche Anhaltspunkte gestützt werden können, reichen dagegen nicht aus. Im Hinblick auf die geringen Anforderungen an den Tatverdacht wird es daran in einer Klausur kaum jemals fehlen.

bb) Durchsuchungsgegenstand

Durchsucht werden dürfen **Wohnungen und Räume**, die der Verdächtige tatsächlich innehat.   **116**
Dazu gehören auch Arbeits- und Geschäftsräume sowie bloß vorübergehend genutzte Räume wie Hotelzimmer.

Das im Beispielsfall genannte Kraftfahrzeug gehört zu den dem Verdächtigen **gehörenden Sachen**, die ebenfalls nur unter den Voraussetzungen der §§ 102, 105 StPO durchsucht werden dürfen.

Im Gutachten werden Sie Ihre Ausführungen darauf beschränken können, der durchsuchte Gegenstand gehöre zu den in § 102 StPO genannten Gegenständen.

cc) Durchsuchungszweck

Es reicht aus, wenn die kriminalistische Erfahrung die Vermutung, die Durchsuchung werde   **117**
zum **Auffinden von Beweismitteln** führen, stützt. Das ergibt sich aus einem Vergleich mit § 103 StPO, der – anders als § 102 StPO für Durchsuchungen beim Verdächtigen – für Durchsuchungen bei Dritten fordert, dass **Tatsachen** vorliegen, die eine Aussicht auf einen Durchsuchungserfolg begründen.

In der Klausur sollten Sie sich meistens mit der schlichten Feststellung begnügen können, das Auffinden von Beweismitteln sei zu vermuten gewesen.

dd) Verhältnismäßigkeit

> Die Durchsuchung bedarf einer Rechtfertigung nach dem Grundsatz der Verhältnismäßigkeit.[80]   **118**

Der Verhältnismäßigkeitsgrundsatz ist von Ihnen unbedingt zu erörtern und erfordert,

- dass die Durchsuchung im Blick auf den bei der Anordnung verfolgten Zweck **Erfolg versprechend** ist,
- dass die Zwangsmaßnahme zur Ermittlung und Verfolgung der Straftat **erforderlich** ist,
- dass der jeweilige Eingriff in **angemessenem Verhältnis zur** Schwere der **Tat und** der Stärke des **Tatverdachts** steht.

Besonderes Augenmerk ist dabei auf die Erforderlichkeit der Zwangsmaßnahme zu richten, an der es fehlt, wenn **andere, weniger einschneidende Mittel zur Verfügung stehen.** Zu denken dürfte dabei vor allem an die Aufforderung zur freiwilligen Herausgabe sein. Geht es etwa um Beweismittel, in deren Besitz zu sein der Beschuldigte zu seiner Entlastung behauptet, kann er ohne Weiteres zur Herausgabe aufgefordert werden. Kommt er dieser Aufforderung nämlich nicht nach, können aus der etwaigen Nichtvorlage zu seinem Nachteil verwertbare Schlüsse gezogen werden. Dem steht nicht entgegen, dass der Tatverdächtige nicht verpflichtet ist, durch aktives Handeln an der Strafverfolgung mitzuwirken, wenn er sich in dem vorgenannten Sinne zumindest teilweise eingelassen hat. Geht es dagegen um belastende

---

80 BVerfG wistra 2005, 135.

Beweismittel, wird eine Durchsuchung vor dem Hintergrund der Aufklärungspflicht meist erforderlich sein. Ob es dann vielleicht am angemessenen Verhältnis zur Schwere der Tat fehlt, ist Tatfrage. Das BVerfG hat das in der zitierten Entscheidung, bei der es um hinterzogene Steuern in Höhe von 172 DM ging, offen gelassen.

ee) Anordnungskompetenz

119 Die Durchsuchung bedarf der Anordnung (§ 105 I StPO), es sei denn, der Verdächtige erklärt sich damit ausdrücklich einverstanden. Die stillschweigende Duldung reicht nicht aus.

Von Freiwilligkeit kann auch dann nicht die Rede sein, wenn der Beschuldigte in die Durchsuchung deshalb einwilligt, weil die Polizei unter Hinweis auf eine bereits ergangene Durchsuchungsanordnung Einlass begehrt.

Wegen des damit verbundenen Grundrechtseingriffs unterliegt die Durchsuchungsanordnung dem **Richtervorbehalt**.

Genauer werden Sie die Anordnungskompetenz regelmäßig dann untersuchen müssen, wenn die Anordnung von einem Staatsanwalt oder einem Polizeibeamten getroffen worden ist. Denn die **Staatsanwaltschaft und Polizeibeamte als deren Ermittlungsbeamte iSd § 152 GVG** dürfen Durchsuchungen **nur bei Gefahr im Verzug** anordnen. Ein Rangverhältnis in dem Sinne, dass Polizeibeamte, wenn sie eine richterliche Anordnung nicht ohne Verzögerung erlangen können, zunächst versuchen müssen, eine Entscheidung der Staatsanwaltschaft zu erreichen, gibt es nach ganz herrschender Meinung nicht.

Beachten Sie, dass eine nachträgliche richterliche Bestätigung derartiger Anordnungen – anders als bei der Beschlagnahme nach § 98 II StPO – nicht vorgesehen ist. Allerdings kann in entsprechender Anwendung des § 98 II StPO die richterliche Entscheidung über die Rechtmäßigkeit einer bereits abgeschlossenen Durchsuchung beantragt und so herbeigeführt werden.

Ob ein eine Durchsuchung anordnender Polizeibeamter als Ermittlungsbeamter iSd § 152 GVG handelte, wird sich durchweg aus dem Hinweis für den Bearbeiter, der dem Klausursachverhalt angefügt ist, ergeben.

> Gefahr im Verzug besteht, wenn die richterliche Anordnung nicht eingeholt werden kann, ohne dass der Zweck der Maßnahme gefährdet wird.[81]

Gefahr im Verzug ist ein **unbestimmter Rechtsbegriff**, sodass der Beamte keinen Beurteilungsspielraum hat und die Gefahr im Verzug mit einzelfallbezogenen Tatsachen begründet werden muss. Das Bundesverfassungsgericht[82] fordert, dass die **Ermittlungsbehörden zum Zwecke der Überprüfbarkeit die maßgeblichen Umstände und ihre behördliche Bewertung zeitnah dokumentieren**. Ob daraus in letzter Konsequenz der Schluss zu ziehen ist, dass bei fehlender Dokumentation das Vorliegen der Voraussetzungen für die Annahme von Gefahr im Verzug zu verneinen ist, hat das Bundesverfassungsgericht[83] noch offen gelassen.

Die richterliche Anordnung ist jedoch die Regel, sodass versucht worden sein muss, diese zu erlangen. Dies muss so rechtzeitig wie möglich geschehen sein. Keinesfalls dürfen die Strafverfolgungsbehörden mit dem Durchsuchungsantrag an den Ermittlungsrichter so lange zuwarten, bis die Gefahr eines Beweismittelverlusts tatsächlich entstanden ist, um dann ihre Eilkompetenz anzunehmen.

Besondere Probleme bereitet immer wieder die Konstellation, in der die Ermittlungsbehörden bereits beim zuständigen Ermittlungsrichter die Anordnung einer Wohnungsdurchsuchung beantragt hatten, letztendlich die Eilkompetenz aber doch in Anspruch nahmen, weil mit einer richterlichen Anordnung gar nicht oder aus ihrer Sicht nicht schnell genug zu rechnen war. Für viele Klausurlösungen äußerst relevant hat das BVerfG[84] dazu entschieden, dass Wortlaut und Systematik des Art. 13 II GG belegten, dass zwischen richterlicher und nicht-

---

81 BVerfGE 51, 97 (111) = NJW 1979, 1539; Meyer-Goßner/Schmitt/*Schmitt* StPO § 98 Rn. 6.
82 BVerfGE 103, 142 (160) = NJW 2001, 1121.
83 BVerfG NStZ 2003, 319.
84 BVerfG NJW 2015, 2787.

richterlicher Durchsuchungsanordnung ein Regel-Ausnahme-Verhältnis bestehe. **Werde der zuständige Ermittlungsrichter durch einen bei ihm gestellten Antrag auf Erlass einer Durchsuchungsanordnung und der dadurch eröffneten Möglichkeit präventiven Grundrechtsschutzes durch ihn mit der Sache befasst, ende die Eilkompetenz der Ermittlungsbehörden. Diese lebe unabhängig davon, aus welchen Gründen die richterliche Entscheidung über den Durchsuchungsantrag unterbleibe, etwa weil der Richter die Vorlage schriftlicher Antragsunterlagen oder einer Ermittlungsakte fordere, Nachermittlungen anordne oder schlicht bis zum Eintritt der Gefahr eines Beweismittelverlusts noch nicht entschieden habe, auch nicht wieder auf.** Auch wenn der Ermittlungsrichter zeitgleich mit anderen Dienstgeschäften befasst sei, die ihn an einer umgehenden Entscheidung über den Antrag auf eine Durchsuchungsanordnung hindern würden, ändere sich daran nichts. Denn der gleichzeitigen Befassung mit anderweitigen Dienstgeschäften sei gegebenenfalls durch Geschäftsordnungs- und Vertretungsregelungen Rechnung zu tragen, die eine rechtzeitige Entscheidung über den Durchsuchungsantrag regelmäßig gewährleisten müssten. Den Ermittlungsbehörden soll es jedoch im Einzelfall erlaubt sein, sich mit dem Eilrichter in Verbindung zu setzen, um den Zeitbedarf für eine Entscheidung abzuklären und zu diesem Zweck auch den Sachverhalt kursorisch zu umreißen, wenn die Sachverhaltsschilderung so knapp erfolgt, dass sie eine echte Prüfung durch den Richter noch nicht erlaubt.[85]

Nach der zitierten Entscheidung des Bundesverfassungsgerichts kann die Eilkompetenz der Ermittlungsbehörden nur neu begründet werden, wenn nach der Befassung des Richters tatsächliche Umstände eintreten oder bekannt werden, die der Möglichkeit einer rechtzeitigen richterlichen Entscheidung im Sinne einer überholenden Kausalität entgegenstehen und die Gefahr eines Beweismittelverlustes begründen. Diese dürfen sich allerdings nicht aus dem Prozess der Prüfung und Entscheidung über diesen Antrag ergeben.

In künftigen Klausuren wird auch die Frage zu beantworten sein, ob die zuvor genannten Grundsätze auf nur einfachgesetzliche Richtervorbehalte (wie beispielsweise § 163f III StPO) zu übertragen sind. Die stark auf den Schutz des Grundrechts der Unverletzlichkeit der Wohnung bezogene Begründung der zitierten Entscheidung spricht zwar auf den ersten Blick nicht zwingend dafür. Andererseits dürfte es schon die Einheit der Rechtsordnung gebieten, die Regeln für die Entscheidungskompetenzen in Eilfällen auf alle Richtervorbehalte mit Eilzuständigkeit der Ermittlungsbehörden zu übertragen. Lediglich wenn es um die anschließende Frage geht, ob ein Verstoß gegen diese Regeln zu einem Verwertungsverbot führen kann, wird sich auf Dauer im Rahmen der gebotenen Gesamtabwägung ein möglicherweise unterschiedliches Gewicht des Richtervorbehalts noch auswirken können.

Zurück zum Beispielsfall: Wurde der Beschuldigte etwa vor der Durchsuchungsanordnung von der Polizei festgenommen, werden Sie besonders sorgfältig darüber nachzudenken haben, warum bis zu einer richterlichen Durchsuchungsanordnung der Verlust von Beweismitteln zu besorgen gewesen wäre. Der festgenommene Beschuldigte hätte kaum dazu beitragen können. Die Annahme von Gefahr im Verzug wäre nur zu vertreten gewesen, wenn Anhaltspunkte dafür vorgelegen hätten, dass sich Mitbeschuldigte oder Dritte Zugang zum Fahrzeug zur Beseitigung der Beweismittel hätten verschaffen können.

Behalten Sie im Auge, dass die vorgenannten Regeln für Durchsuchungen nach §§ 102, 103, 105 StPO gelten. Durchsuchungen zum Zwecke der **Identitätsfeststellung** gem. § 163b I 2 StPO unterliegen ebenso wenig einem Richtervorbehalt wie Durchsuchungen nach dem **Gefahrenabwehrrecht** der Länder, soweit diese nicht Wohnraum betreffen. Im Spannungsfeld zwischen strafprozessualen Durchsuchungen mit Richtervorbehalt und Durchsuchungen zur Gefahrenabwehr ohne Richtervorbehalt bewegen sich sogenannte **legendierte Kontrollen** durch die Polizei. Typischerweise wird dabei, um laufende Ermittlungsmaßnahmen gegen Hintermänner einer Tat nicht zu gefährden, eine allgemeine Personen- und Verkehrskontrolle vorgetäuscht, um zum Zwecke der Gefahrenabwehr etwa das Inverkehrbringen von Betäubungsmitteln zu verhindern, aber auch um an Beweismittel für das Strafverfahren zu kommen. Nach der Sicherstellung stellt sich die Frage, ob die dabei ohne richterliche Durchsu-

---

85 OLG Köln StraFo 2017, 156.

chungsanordnung erlangten Beweismittel auch strafprozessual verwertet werden dürfen. Der Bundesgerichtshof hat das bejaht.[86] Es gebe keinen Vorrang der Strafprozessordnung vor dem Gefahrenabwehrrecht. Auch während bereits laufender Ermittlungen dürfe die Polizei deshalb nach dem Gefahrenabwehrrecht tätig werden. Damit werde der strafprozessuale Richtervorbehalt nicht unzulässig unterlaufen. Die Verwertbarkeit strafprozessual bedeutsamer Beweismittel bestimme sich nach § 161 II 1 StPO.

ff) Inhalt der Durchsuchungsanordnung

120 Ob eine Durchsuchungsanordnung den inhaltlichen Anforderungen genügt, die sich insbesondere aus der Rechtsprechung des Bundesverfassungsgerichts ergeben, können Sie natürlich nur überprüfen, wenn Ihnen der Inhalt eines derartigen Beschlusses im Klausursachverhalt mitgeteilt wird. Ist das ausnahmsweise der Fall und wird die Rechtmäßigkeit der Durchsuchung auch noch durch den Verteidiger angegriffen, müssen Sie sich damit auseinandersetzen.

An eine Durchsuchungsanordnung sind folgende inhaltliche Anforderungen[87] zu stellen:

- Die Durchsuchungsanordnung muss die Straftat bezeichnen, wegen der die Durchsuchung durchgeführt werden soll.[88]
- Zumindest bei Wohnungsdurchsuchungen sind Angaben zum Inhalt des Tatvorwurfs erforderlich, wenn diese nach dem Stand des Ermittlungsverfahrens ohne Weiteres möglich sind und den Zwecken des Strafverfahrens nicht zuwiderlaufen.[89]
- **Zweck und Ausmaß der Durchsuchung müssen genannt und zumindest annäherungsweise** (ggf. durch Beispiele) **begrenzt werden**[90] (Begrenzungsfunktion). Die Begrenzung der Durchsuchung auf Gegenstände, die »Bedeutung für das Ermittlungsverfahren« haben, wird regelmäßig zu unbestimmt sein.
  Im Fall des § 103 StPO muss der gesuchte Gegenstand konkret bezeichnet werden.
- Die Verdachtsgründe müssen zumindest grob in tatsächlicher und rechtlicher Hinsicht umrissen werden.

Denken Sie immer daran, dass durch zu hohe Anforderungen an den Inhalt der Durchsuchungsanordnung deren Zweck ad absurdum geführt werden kann, weil die Durchsuchung naturgemäß oft erst dem Ziel dient, den Inhalt des Tatvorwurfs und den Tatverdacht weiter konkretisieren zu können.

Durchsuchungsanordnungen der Staatsanwaltschaft und ihrer Ermittlungspersonen können auch mündlich erfolgen. Die Anordnung mit der Begründung für die Annahme der Eilkompetenz muss jedoch in den Akten dokumentiert werden.

Ob eine richterliche Durchsuchungsanordnung **mündlich** erfolgen kann oder stets schriftlich abgefasst werden muss, ist umstritten. Der BGH hat jedoch anerkannt, dass **in Eilfällen die fernmündliche Gestattung durch den Ermittlungsrichter den Anforderungen an einen richterlichen Durchsuchungsbeschluss iSd § 105 I StPO genügt.**[91] Denn auch diese Art der vorbeugenden Kontrolle ist ein effektiverer Rechtsschutz als die Wahrnehmung der Eilkompetenz mit nachträglicher richterlicher Bestätigung. Natürlich muss der Inhalt der richterlichen Anordnung anschließend in der Ermittlungsakte dokumentiert werden.

gg) Folgen eines Verfahrensverstoßes

121 Mit den Folgen eines Verfahrensverstoßes bei der Anordnung einer Durchsuchung werden Sie sich in der Klausur regelmäßig dann auseinanderzusetzen haben, wenn es um die Frage geht, ob ein durch eine rechtsfehlerhafte Durchsuchungsanordnung erlangter Gegenstand als Beweismittel verwertbar ist.

Während zum Teil vertreten wird, dass jeder Verstoß zu einem Verwertungsverbot führen müsse, steht nach der Rechtsprechung eine rechtsfehlerhafte Durchsuchung der Beschlag-

---

86 BGH NJW 2017, 3173.
87 Unbedingt lesen: BVerfG NStZ-RR 2005, 203 ff.
88 BVerfG NStZ 2002, 212.
89 BVerfGE 20, 162 (227) = NJW 1966, 1603.
90 BVerfGE 20, 162 (227) = NJW 1966, 1603.
91 BGH EBE 2005, 83.

nahme eines Gegenstandes und dessen Verwertung als Beweismittel nicht entgegen.[92] Das Bundesverfassungsgericht[93] hat davon allerdings **besonders schwere Verstöße** ausgenommen.

In der Klausur empfiehlt sich folgende Vorgehensweise:

- Haben Ermittlungspersonen **irrig Gefahr im Verzug** angenommen und fehlt es deshalb an einer richterlichen Durchsuchungsanordnung, sollten Sie die Frage aufwerfen, ob derartige Verfahrensverstöße generell zu einem Verwertungsverbot führen können und das unter Hinweis auf die Verpflichtung der Gerichte zur Erforschung der Wahrheit ablehnen. Nur bei besonders groben Verfahrensverstößen wäre ein Verwertungsverbot begründbar. Ein besonders grober Verfahrensverstoß kann das Unterlassen der Einholung einer richterlichen Durchsuchungsanordnung aber nicht sein, wenn **der Richter die Durchsuchung ohne Weiteres hätte anordnen müssen**, weil die Voraussetzungen dafür erfüllt waren (hypothetische Ersatzanordnung). Ein Verwertungsverbot kann dann nur noch in Betracht kommen, wenn die Durchsuchung **willkürlich unter bewusster Missachtung des Richtervorbehalts oder in grober Verkennung der Rechtslage**[94] erfolgte. Ein Verwertungsverbot bezüglich der Erkenntnisse aus Wohnungsdurchsuchungen wird zukünftig ernsthaft zu erwägen sein, wenn Polizei oder Staatsanwaltschaft gegen die oben genannte Entscheidung des BVerfG zum Übergang der Entscheidungskompetenz auf den Ermittlungsrichter verstoßen haben, weil sie etwa den Prozess der Prüfung und Entscheidung durch den Ermittlungsrichter nicht abwarten wollten.
- Ähnlich wäre zu argumentieren, wenn ein Durchsuchungsbeschluss **inhaltliche Mängel** hätte. Ein besonders grober Verfahrensmangel wäre in dieser Konstellation jedenfalls dann nicht gegeben, wenn trotz der inhaltlichen Mängel die Voraussetzungen für eine Durchsuchung vorgelegen hätten.
- Wird eine mündliche Durchsuchungsanordnung durch den Richter von diesem nicht oder nicht ausreichend dokumentiert, führt das **nicht** zu einem Verwertungsverbot.[95] Trotz der vom Bundesverfassungsgericht[96] immer wieder geforderten **Dokumentation** der Anordnung der Durchsuchung wegen Gefahr im Verzug durch den Staatsanwalt (oder durch die Polizei) **führt deren Fehlen** nach der Rechtsprechung des BGH **nicht zu einem Verwertungsverbot**.[97] Dagegen soll die Annahme von Gefahr im Verzug nach einer Entscheidung des OLG Hamm[98] aber objektiv willkürlich sein können, wenn die Beamten diese Annahme weder begründen noch dokumentieren. Folgen Sie in der Klausur dem Bundesgerichtshof!
- **Selbst wenn es an der Verhältnismäßigkeit der Durchsuchungsanordnung oder gar einem ausreichenden Tatverdacht fehlte, wird sich daraus ein Verwertungsverbot für die aufgrund der fehlerhaften Anordnung erlangten Erkenntnisse nicht zwingend ergeben.**[99]

hh) Zufallsfunde

Für während einer Durchsuchung gemachte **Zufallsfunde**, die auf andere Straftaten hindeuten, ordnet § 108 I StPO an, dass diese sicherzustellen sind. Enthält die Durchsuchungsanordnung eine Beschränkung auf konkret benannte Beweismittel, bedeutet das nicht etwa ein Verbot für die Sicherstellung von Zufallsfunden. Diese bleibt – gesetzlich – zulässig. **122**

Beachten Sie ggf. die Sonderregelung für Zufallsfunde bei Wohnungsdurchsuchungen von Presse- und Rundfunkmitarbeitern in Abs. 3.

b) Durchsuchung bei Dritten

Auch wenn die Durchsuchung bei Dritten in der Klausur regelmäßig keine Rolle spielt, soll auf einige Besonderheiten hingewiesen werden. **123**

---

92 BGH NJW 1989, 1744.
93 BVerfG NJW 1999, 273.
94 BGH NStZ 2007, 601.
95 BGH wistra 2005, 182 f.
96 BVerfG NJW 2006, 3267.
97 BGH NStZ-RR 2007, 242.
98 BGH NStZ 2007, 353 (354).
99 BVerfG NJW 2009, 3225.

aa) Durchsuchungsgegenstand

Zum Durchsuchungsgegenstand kann auf die obigen Ausführungen verwiesen werden. **Anderer iSd § 103 StPO** ist derjenige, der nicht tat- oder teilnahmeverdächtig ist oder wegen des Vorliegens von Schuld- und Strafausschließungsgründen nicht verfolgt werden könnte. **Anderer** kann auch eine juristische Person sein.

bb) Durchsuchungszweck

Die Durchsuchung darf nur stattfinden

- zur Ergreifung des Beschuldigten,
- zum Auffinden **bestimmter** Beweismittel oder Spuren.

Allenfalls die zweite Konstellation kann für das Ergebnis der Beweiswürdigung von Bedeutung sein.

> **Merke:** Die Durchsuchung ist nur zulässig, wenn aufgrund bestimmter – erwiesener – Tatsachen die Annahme gerechtfertigt ist, dass die Durchsuchung zum Auffinden der Spur oder des bestimmten Beweismittels führen wird.

cc) Verwertungsverbot

Liegen die materiellen Voraussetzungen des § 103 StPO nicht vor oder wurde der Richtervorbehalt nicht beachtet, führt das nicht zu einem Verwertungsverbot. Das sollten sie in der gebotenen Kürze in einer nach der Abwägungslehre gebotenen Abwägung begründen und darauf abstellen, dass die Vorschrift nicht der Sicherung der Stellung des Beschuldigten im Strafverfahren dient, sondern allein den Schutz des nicht tatverdächtigen Dritten bezweckt.

Die Durchsuchung darf sich nicht auf beschlagnahmefreie Gegenstände (§ 97 StPO) beziehen.

Auch bei Drittdurchsuchungen dürfen nach § 108 I 1 StPO Zufallsfunde sichergestellt werden. Etwas anderes gilt nur im Fall einer Durchsuchung nach § 103 I 2 StPO: Gemäß § 108 I 3 StPO ist die Sicherstellung von Zufallsfunden dann unzulässig.

dd) Anordnungskompetenz, Inhalt der Durchsuchungsanordnung

Insoweit wird auf die Ausführungen zur Durchsuchung beim Beschuldigten verwiesen.

ee) Folgen eines Verfahrensverstoßes

Auch bei der Anordnung einer Durchsuchung gegen Dritte führen Verfahrensverstöße in der Regel nicht zu einem Verwertungsverbot der aus der Durchsuchung erlangten Erkenntnisse. Die **besonderen** Anforderungen des § 103 StPO dienen ohnehin nur dem Schutz des nicht an der Tat beteiligten Dritten, sodass, sollten diese Voraussetzungen nicht erfüllt sein, der **Rechtskreis** des Beschuldigten **nicht berührt** sein kann.

2. Beschlagnahme

124 Die Zulässigkeit der Beschlagnahme von Beweismitteln richtet sich nach den §§ 94 ff., 98 StPO. Die Zulässigkeit einer Beschlagnahme zum Zwecke der Sicherung der Einziehung (§§ 111b, 111c StPO) spielt an dieser Stelle des Gutachtens, an der es um die Verwertbarkeit von Beweiserkenntnissen geht, keine Rolle.

a) Beschlagnahmegegenstand

Beschlagnahmt werden dürfen **Gegenstände, die eine potentielle Beweisbedeutung für die konkrete Untersuchung haben.** Insoweit reicht ein Anfangsverdacht.

b) Verhältnismäßigkeit

> Die Beschlagnahme muss in einem angemessenen Verhältnis zur Tat und zur Stärke des Tatverdachts stehen und für die Ermittlungen notwendig sein.[100]

---

100 BVerfGE 20, 162 (186) = NJW 1966, 1603.

An der Verhältnismäßigkeit einer Beschlagnahme wird es in einem Klausursachverhalt kaum je fehlen. Deshalb sollten Sie die Verhältnismäßigkeit im Gutachten regelmäßig mit einem schlichten, nicht näher begründeten Satz feststellen.

c) Beschlagnahmeverbote

Unbedingt beachten müssen Sie die sich aus § 97 StPO ergebenden Beschlagnahmeverbo- **125** **te**, mit denen die Umgehung der Zeugnisverweigerungsrechte nach den §§ 52 ff. StPO verhindert werden soll.

> **Merke:** Der Verstoß gegen ein Beschlagnahmeverbot begründet ein Verwertungsverbot.[101]

Beschlagnahmefreie Gegenstände können sein:

- **schriftliche Mitteilungen** sind schriftliche Gedankenäußerungen, die ein Absender einem Empfänger zur Kenntnisnahme zukommen lässt (zwischen Beschuldigtem und Angehörigem/Berufsgeheimnisträger),
- **Aufzeichnungen** sind von einem Berufsgeheimnisträger auf Papier oder anderem Material festgehaltene mündliche Mitteilungen des Beschuldigten,
- **andere Gegenstände,**[102]
- **Ton-, Bild- und Datenträger, Abbildungen** und andere Darstellungen.

Um tatsächlich **beschlagnahmefrei** zu sein, **müssen sich die Gegenstände im Gewahrsam zeugnisverweigerungsberechtigter Personen befinden, gegen die sich das Verfahren nicht selbst richtet.** Ist der Zeugnisverweigerungsberechtigte dagegen selbst Beschuldigter des Verfahrens, ist § 97 I StPO nicht anwendbar, sodass die Gegenstände beschlagnahmt werden dürfen. Weitere Einschränkungen der Beschlagnahmefreiheit ergeben sich aus § 97 II 3 StPO, der insbesondere Tatprodukte und Tatmittel von der Beschlagnahmefreiheit ausnimmt. Verlieren Sie diese Ausnahmen im Ernstfall nicht aus dem Auge!

Zum Kreis der Zeugnisverweigerungsberechtigten (§§ 52–53a StPO) gehören:

- Angehörige,
- Geistliche,
- Verteidiger,
- Rechtsanwälte, Notare, Steuerberater und andere,
- Angehörige der Heilberufe,
- Berater iSd § 53 I 1 Nr. 3a, 3b StPO,
- Abgeordnete,
- Hilfspersonen,
- Mitarbeiter von Presse und Rundfunk.

Der Zeugnisverweigerungsberechtigte kann die Gegenstände **freiwillig** herausgeben und damit auf das Beschlagnahme- und Verwertungsverbot verzichten. Geht der freiwilligen Herausgabe allerdings ein Herausgabeverlangen voraus, muss dies mit einer Belehrung darüber verbunden werden, dass eine zwangsweise Durchsetzung des Herausgabeverlangens nicht zulässig sei.

Neben Beschlagnahmeverboten aus § 97 StPO, die davon abhängen, dass sich die beschlagnahmten Gegenstände im Gewahrsam zeugnisverweigerungsberechtigter Personen befanden, kann sich ein Beschlagnahmeverbot auch aus **§ 148 StPO** ergeben, für das die Gewahrsamssituation zum Zeitpunkt der Beschlagnahme keine Rolle spielt.

> Unterlagen, die der Beschuldigte erkennbar zum Zwecke seiner Verteidigung erstellt hat, sind grundsätzlich beschlagnahmefrei.[103]

d) Anordnungskompetenz

Die Beschlagnahme unterliegt dem **Richtervorbehalt**. Allerdings kann sie bei Gefahr im Ver- **126** zug durch die Staatsanwaltschaft und deren Ermittlungspersonen angeordnet werden. Ist in

---

101 BGHSt 18, 227 = BeckRS 9998, 114602.
102 Vgl. Meyer-Goßner/Schmitt/*Schmitt* StPO § 97 Rn. 30.
103 BGHSt 44, 46 = NJW 1998, 1963.

Ihrem Klausursachverhalt die Beschlagnahme durch die Staatsanwaltschaft oder deren Ermittlungspersonen angeordnet und noch nicht richterlich bestätigt worden, hindert das die Verwertung nicht. Im Gutachten werden Sie, wenn der Gegenstand für den Tatnachweis Bedeutung hat, allenfalls kurz darlegen müssen, ob die Voraussetzungen für eine richterliche Bestätigung erfüllt sind.

In Ihrer Abschlussverfügung müssen Sie dann einen Antrag auf richterliche Bestätigung der Beschlagnahme stellen.

e) Sonderfall: Beschlagnahme von Tagebüchern

127 Auch ordnungsgemäß beschlagnahmte Tagebuchaufzeichnungen können unverwertbar sein, wenn durch deren Verlesung in den Kernbereich privater Lebensgestaltung eingegriffen wird, der unantastbar und jeder Einwirkung öffentlicher Gewalt entzogen ist.[104] Deshalb können insbesondere **Tagebuchaufzeichnungen, die die Intimsphäre eines Beschuldigten oder Zeugen betreffen, einem Beweisverbot unterliegen.** Maßgebend ist die inhaltliche Qualität der Aufzeichnungen.

- Aufzeichnungen, die nur äußeres Geschehen festhalten, dürfen verwertet werden.
- Auch Aufzeichnungen über begangene oder bevorstehende schwere Straftaten dürfen verwertet werden, weil sie nicht zum Kernbereich privater Lebensgestaltung gehören.
- Geht es um **intime Aufzeichnungen** aus dem **Kernbereich privater Lebensgestaltung,** werden Sie in der Klausur ein Beweisverwertungsverbot vertreten müssen. Der BGH[105] forderte grundsätzlich eine Abwägung zwischen dem Persönlichkeitsschutz und dem Interesse an einer »funktionsfähigen Rechtspflege, ohne die der Gerechtigkeit nicht zum Durchbruch verholfen werden kann«. Aus der neueren Rechtsprechung ergibt sich jedoch, dass Aufzeichnungen aus dem unmittelbaren Kernbereich privater Lebensgestaltung dem staatlichen Zugriff von vornherein und uneingeschränkt entzogen sind, sodass sogar die sonst nach der Abwägungslehre gebotene Abwägung unzulässig ist. Der Schutz ist dann absolut. Ob ein Umstand wie eine Tagebuchaufzeichnung im Strafverfahren in diesen absolut geschützten Bereich gehört, hängt »neben dem subjektiven Willen des Betroffenen zur Geheimhaltung davon ab, ob er nach seinem Inhalt höchstpersönlichen Charakters ist und in welcher Art und Intensität er aus sich heraus die Sphäre anderer oder die Belange der Gemeinschaft berührt«[106].

f) Sonderfall: Postbeschlagnahme

128 Die Voraussetzungen für eine Postbeschlagnahme beim Postunternehmen sind in § 99 StPO geregelt.

> Postbeschlagnahme ist die Weisung an ein Postunternehmen die bereits vorliegenden oder künftig zu erwartenden Postsendungen oder einzelne von ihnen auszusondern und auszuliefern oder (als Minus) Auskunft darüber zu erteilen.[107]

Eine Postbeschlagnahme in diesem Sinne ist zulässig, wenn

- sich das Verfahren bereits **gegen einen bestimmten Beschuldigten** richtet,
- die Sendung **an ihn gerichtet** ist
- oder sich aus konkreten Tatsachen ergibt, dass die Sendung
  - **von ihm herrührt oder**
  - **obwohl nicht an ihn adressiert für ihn bestimmt ist,**
- der **Verhältnismäßigkeitsgrundsatz** beachtet wird
  - konkretisierter Verdacht
  - hinsichtlich einer nicht nur geringfügigen Tat
- die **Verteidigerpost im Hinblick auf § 148 StPO ausgenommen** ist.

---

104 BVerfGE 34, 238 (245) = NJW 1973, 891.
105 BGHSt 34, 397 ff. = NJW 1988, 1037.
106 BVerfG Beschl. v. 26.6.2008 – 2 BvR 219/08.
107 Meyer-Goßner/Schmitt/*Schmitt* StPO § 99 Rn. 5, 14.

Hat die Sendung bereits den Empfänger erreicht, der nicht Beschuldigter ist, kann diese iSd § 97 StPO beschlagnahmefrei sein, wenn der Empfänger gem. §§ 52, 53 StPO zeugnisverweigerungsberechtigt ist. Es würde sich dann jedoch nicht um eine Postbeschlagnahme gem. § 99 StPO handeln, sondern es ginge um eine einfache Beschlagnahme nach § 94 StPO.

Das Verfahren für die Postbeschlagnahme ist in § 100 StPO und ergänzend in Nr. 77 ff. RiStBV geregelt.

- Die Postbeschlagnahme unterliegt dem **Richtervorbehalt**, § 100 I Hs. 1 StPO.
- Die **Staatsanwaltschaft** ist zur Beschlagnahme befugt,
  - bei **Gefahr im Verzug**,
  - wenn **innerhalb von drei Tagen gerichtliche Bestätigung** erfolgt.

Beachte: Lagen die materiellen Voraussetzungen für eine Postbeschlagnahme nicht vor, besteht ein Verwertungsverbot.

Verstöße gegen § 100 I StPO sollen sich dagegen nur auswirken, wenn die Staatsanwaltschaft **willkürlich** Gefahr im Verzug angenommen hat (vgl. die Darstellung zur Durchsuchung). Wird die **Anordnung** der Staatsanwaltschaft **nicht innerhalb der Dreitagesfrist richterlich bestätigt, verliert** sie ihre **Wirksamkeit.** Jedoch geschieht das nicht rückwirkend, sodass bereits beschlagnahmte Post beschlagnahmt bleibt.   **129**

Wie Sie an der vorstehenden Darstellung erkannt haben werden, birgt die Anordnung der Postbeschlagnahme nach §§ 99, 100 StPO kaum wirkliche Probleme. Seien Sie deshalb sehr aufmerksam, wenn in einem Klausursachverhalt Briefverkehr beschlagnahmt wurde. Es wird dann möglicherweise eher darum gehen, dass Sie sorgfältig danach unterscheiden, bei wem die Beschlagnahme stattfand und die nachfolgend dargestellten rechtlichen Konsequenzen erkennen.

Achtung: Geht es in Ihrem Klausursachverhalt darum, dass Briefverkehr beschlagnahmt wurde, müssen Sie sehr genau unterscheiden, bei wem das geschah.

Die Beschlagnahme erfolgte:

- **bei einem Postunternehmen**
  Nur dann handelte es sich um eine echte »Postbeschlagnahme«, deren Voraussetzungen in §§ 99, 100 StPO geregelt sind.
- **noch beim Beschuldigten**
  Die Beschlagnahmevoraussetzungen ergeben sich aus den bereits bekannten §§ 94, 98 StPO.
- **schon beim nicht beschuldigten Empfänger**
  In einem derartigen Fall ergeben sich die Beschlagnahmevoraussetzungen ebenfalls aus den bereits bekannten §§ 94, 98 StPO. Sie müssen jedoch unbedingt im Auge behalten, dass die **gefundenen Briefe** – abhängig von der Person des jeweiligen Empfängers – iSd § 97 StPO **beschlagnahmefrei** sein können. Übersehen Sie auch in diesem Zusammenhang nicht ein sich möglicherweise aus § 148 StPO ergebendes Beschlagnahmeverbot.

g) Sonderfall: Beschlagnahme von E-Mails

Haben Sie es in einer Klausur mit einer »E-Mail-Beschlagnahme« zu tun, müssen Sie sehr sorgfältig unterscheiden, in welcher Phase des E-Mail-Verkehrs der Zugriff erfolgte. Dabei sind vier verschiedene Phasen zu unterscheiden:[108]   **130**

- **1. Phase – Die Übertragung der E-Mail vom Absender an den Provider** stellt unstreitig einen Kommunikationsvorgang dar, der Zugriff unterliegt den strengen Voraussetzungen des § 100a StPO. **Das bedeutet anders herum, dass im Rahmen einer ordnungsgemäß angeordneten Telefonüberwachung nach den §§ 100a, 100e StPO der Übertragungsvorgang von E-Mails überwacht und ausgewertet werden darf.**

---

108 *Bär* NStZ 2009, 397 mit weiteren Einzelheiten.

- **2. Phase – Mit Speicherung der E-Mail beim Provider** erfolgt der Zugriff darauf nicht nach § 100a StPO.
  - Der **BGH** stellte in einer früheren Entscheidung[109] zur Begründung darauf ab, dass auch die möglicherweise nur kurzfristige Speicherung keinen Telekommunikationsvorgang darstelle. Mit der Speicherung sei der eigentliche Telekommunikationsvorgang unterbrochen. Andererseits dürfe der Zugriff auch nicht allein aufgrund der weiten §§ 94, 98 StPO erfolgen. Denn der Zugriff auf beim Provider gespeicherte E-Mails sei in jeder Hinsicht mit der Beschlagnahme anderer Mitteilungen bei Postunternehmen vergleichbar und unterliege daher den Voraussetzungen einer Postbeschlagnahme gem. § 99 StPO. Für das **BVerfG**[110] gehört auch die Phase der Speicherung beim Provider zum Telekommunikationsvorgang, weil Art. 10 I GG nicht von einem technischen Kommunikationsbegriff ausgehe, sondern auf die Schutzbedürftigkeit des Grundrechtsträgers aufgrund der Einschaltung eines Dritten in den Kommunikationsvorgang abstelle. Jedoch seien Eingriffe in das Fernmeldegeheimnis nicht nur aufgrund der §§ 99, 100a ff. StPO, sondern auch aufgrund der §§ 94 ff. StPO möglich. Ein entgegenstehender gesetzgeberischer Wille sei nicht erkennbar. Im Übrigen gehe es regelmäßig nicht um einen heimlichen Eingriff in das Fernmeldegeheimnis oder den Zugriff auf umfassend und verdachtslos vorgehaltene Datenbestände, sondern um eine aus einer Durchsuchung folgende, offene und durch den Ermittlungszweck begrenzte Maßnahme außerhalb eines laufenden Kommunikationsprozesses. Der Betroffene sei deshalb weniger schutzbedürftig, sodass es der Begrenzung der E-Mail-Beschlagnahmen auf Fälle, in denen der Verdacht einer schweren Katalogtat bestehe, nicht bedürfe.
  - Auf der Basis der Entscheidung des Bundesverfassungsgerichts hat auch der BGH[111] die §§ 94 ff. StPO als Ermächtigungsgrundlage für die Beschlagnahme einer E-Mail anerkannt.

  > **Achtung:** Das BVerfG hat in seiner Entscheidung ausdrücklich betont, dass die §§ 94 ff. StPO als Eingriffsgrundlage nur ausreichen würden, wenn es sich nicht um eine heimliche, sondern um eine offene Maßnahme handele. Letzteres ist allerdings nicht zwangsläufig: Die Ermittlungsbehörden können ein erhebliches Interesse daran haben, den E-Mail-Verkehr des Beschuldigten zunächst einmal verdeckt zu überwachen. Dann wird es erforderlich sein, die Überwachung doch an den Maßstäben des § 100a StPO zu messen.[112]

- **3. Phase – Während der Übertragung der E-Mail nach Abruf an den Empfänger** findet dagegen wieder ein Telekommunikationsvorgang statt, sodass ein Zugriff in dieser Phase wiederum nur unter den Voraussetzungen des § 100a StPO zulässig ist.
- **4. Phase – Mit Ankunft der Nachricht beim Empfänger** endet der Schutzbereich des Art. 10 GG. Das hat zur Folge, dass auf die beim Empfänger gespeicherten E-Mails ohne Weiteres aufgrund der weiten Voraussetzungen der §§ 94 ff. StPO zugegriffen werden darf.

Die Problematik war schon in verschiedenen Bundesländern Klausurthema.

3. Verdeckte Ermittlungsmaßnahmen der Polizei

Auch verdeckte Ermittlungsmaßnahmen können in einer Klausur auf ihre Zulässigkeit hin zu untersuchen sein.

a) Nicht offen ermittelnde Personen

131 In Ihrer Klausur kann es um die Zulässigkeit des Einsatzes von Informanten, verdeckt ermittelnden Polizeibeamten, verdeckten Ermittlern und Vertrauenspersonen und die Verwertbarkeit der durch sie erlangten Erkenntnisse über Beschuldigtenangaben gehen.

---

109 BGH NStZ 2009, 397 mAnm *Bär*.
110 Unbedingt lesen: BVerfG NJW 2009, 2431.
111 BGH StV 2011, 73 = NJW 2010, 1297.
112 Meyer-Goßner/Schmitt/*Schmitt* StPO § 100a Rn. 6c.

aa) Informant

Informant ist eine Privatperson, die im **Einzelfall** die Ermittlungsbehörden mit Informationen über Straftaten versorgt. Dem Informanten wird durch die Staatsanwaltschaft oder Polizei meist Vertraulichkeit oder Schutz seiner Identität zugesichert. Ermächtigungsgrundlage für seinen Einsatz ist **§ 161 I 1 StPO.** **132**

Informationen über begangene Straftaten, die die Polizei von einem Informanten erhält, sind ohne Weiteres verwertbar.

Will die Polizei wegen einer Vertraulichkeitszusage die Identität des Informanten schützen und sind deshalb in einem Klausursachverhalt dessen Personalien nicht genannt, ist das **nie ein Problem der Verwertbarkeit der Informationen, sondern betrifft lediglich deren Beweiswert.** Bei anonymen Informanten ist höchste Vorsicht geboten!

bb) Verdeckt ermittelnde Polizeibeamte

Verdeckt ermittelnde Polizeibeamte sind Polizeibeamte, die ohne Legende gelegentlich verdeckt und meist unter falschem Namen auftreten. Ermächtigungsgrundlage für ihren Einsatz ist ebenfalls **§ 161 I 1 StPO.** **133**

Auch die Erkenntnisse verdeckt ermittelnder Polizeibeamter sind ohne Weiteres verwertbar. Ihr Einsatz richtet sich nach den allgemeinen Vorschriften der StPO.

cc) Verdeckte Ermittler

Verdeckte Ermittler (vE) sind Polizeibeamte, die unter einer Legende (**§ 110a II StPO**) ermitteln und deren Tätigkeit nicht auf einzelne, konkrete Ermittlungshandlungen beschränkt ist. **134**

(1) Voraussetzungen für den Einsatz

Die Voraussetzungen für deren Einsatz sind in den §§ 110a ff. StPO geregelt.

- **Materiell** erfordert der Einsatz (§ 110a StPO):
  - den **Verdacht**
    - **entweder** einer **Katalogtat** (§ 110a I 1 Nr. 1–4 StPO)
    - **oder** eines **Verbrechens mit Wiederholungsgefahr** auch außerhalb des Katalogs (§ 110a I 2 StPO)
  - **von erheblicher Bedeutung**
  - sowie die **Aussichtslosigkeit** anderer Ermittlungsmaßnahmen.
- **Formell** erfordert der Einsatz (§ 110b StPO)
  - die **befristete und schriftliche Zustimmung der StA** (§ 110b I StPO),
    - **vor** der Maßnahme oder
    - **nachträglich** binnen drei Tagen bei Gefahr im Verzug,
  - das Beachten des **Richtervorbehalts** (§ 110b II StPO) bei
    - Ermittlungen gegen einen bestimmten Beschuldigten,
    - erforderlichem Betreten von nicht allgemein zugänglichen Wohnungen.
    - Bei Gefahr im Verzug reicht die – gegebenenfalls unverzüglich nachzuholende – Zustimmung der StA.

(2) Klausurrelevante Probleme

Ein **Verwertungsverbot** für die durch einen verdeckten Ermittler gewonnenen Erkenntnisse ist denkbar,

- bei **von vornherein fehlendem Verdacht einer Katalogtat,**
- wenn **erforderliche Zustimmungen nicht erteilt** wurden (Widerspruchslösung!),
- im Übrigen nur, wenn die Entscheidung über den **Einsatz willkürlich oder unvertretbar** war. Das kann der Fall sein
  - bei unerlaubtem Einsatz gegen den Strafverteidiger des Beschuldigten[113] oder
  - bei **unzulässigem Einwirken auf den Beschuldigten.**[114]

---

113 Meyer-Goßner/Schmitt/*Schmitt* StPO § 110a Rn. 21.
114 BGHSt 52, 11 ff. = NJW 2007, 3138; BGH StV 2009, 225 = NStZ 2009, 343.

> **Beispiel:** Der Beschuldigte hatte sich entschieden, zum Tatvorwurf zu schweigen und dies der Polizei mitgeteilt. Der auf ihn angesetzte verdeckte Ermittler schuf durch häufige Besuche in der JVA und intensive Unterstützung ein Vertrauensverhältnis und drängte ihn schließlich in einer vernehmungsähnlichen Situation zu einer geständigen Aussage.

- Sollten Sie auf eine derartige Sachverhaltskonstellation stoßen, sollten Sie folgende Fragestellungen erörtern:
  - **Verstoß gegen §§ 163a, 136 I StPO?**
    Weil der Vernehmende dem Beschuldigten nicht in amtlicher Funktion gegenübergetreten ist, lag keine Vernehmung vor. Ein Verstoß gegen die vorgenannten Vorschriften liegt deshalb nicht vor.
  - **Entsprechende Anwendung der §§ 163a, 136 StPO?**
    Eine entsprechende Anwendung dieser Vorschriften kommt nicht in Betracht, weil der Beschuldigte angesichts der Situation nicht vor der irrtümlichen Annahme einer Aussagepflicht geschützt werden muss.
  - **Unzulässige Umgehung der §§ 163a, 136 I StPO?**
    Aus demselben Grund liegt auch keine unzulässige Umgehung dieser Vorschriften vor.
  - **Unverwertbarkeit nach § 136a III 2 StPO direkt oder analog?**
    Die verdeckte Befragung durch einen Ermittler ist nicht mit der Beeinträchtigung der Willensentschließungsfreiheit nach Maßgabe des § 136a StPO vergleichbar.
  - **Bild der Vernehmung offen, amtlich und das Ermittlungsinteresse offenbarend?**
    Ein dem Strafverfahren als allgemeines Prinzip zugrunde liegender Grundsatz dieser Art existiert nicht.
  - **Verstoß gegen den »Nemo-tenetur-Grundsatz«?**
    Die Selbstbelastungsfreiheit gehört zu den Grundprinzipien eines rechtsstaatlichen Verfahrens.

Achtung: Erklärt der Beschuldigte gegenüber den Ermittlungsbehörden schweigen zu wollen, so verdichtet sich der durch die Selbstbelastungsfreiheit gebotene Schutz derart, dass die Strafverfolgungsbehörden seine Entscheidung für das Schweigen grundsätzlich zu respektieren haben.

Nutzen die Ermittlungsbehörden auch noch ein besonderes Vertrauensverhältnis des Beschuldigten zum vE aus – hier Mitwirkung des vE beim Verschaffen von Vollzugslockerungen und einer Lebensperspektive – **hat das regelmäßig ein Verwertungsverbot zur Folge.**

Achtung: Auch die Fortwirkung des Verwertungsverbots kann in Betracht kommen!

Das Verwertungsverbot kann sich auch auf den Inhalt einer nachfolgenden Vernehmung erstrecken (Fortwirkung), wenn – wie im vorliegenden Fall – dem Beschuldigten von dem Vernehmenden erklärt wird, seine Angaben gegenüber dem vE seien gerichtsverwertbar.

dd) V-Leute

135 **Vertrauensleute** (V-Leute oder VP) sind Personen, die, ohne einer Verfolgungsbehörde anzugehören, bereit sind, diese bei der Aufklärung von Straftaten auf längere Zeit vertraulich zu unterstützen, und deren Identität grundsätzlich geheim gehalten wird. Ermächtigungsgrundlage für den Einsatz ist wiederum **§ 161 I 1 StPO.**

Der Einsatz von V-Leuten ist zulässig.[115]

Für den **Einsatz von V-Leuten** gelten die **§§ 110a ff. StPO jedoch nicht,** auch nicht analog. Der Einsatz von V-Leuten unterliegt den allgemeinen gesetzlichen Regelungen.

In der Praxis wird unterschieden zwischen

- förmlich verpflichteten V-Leuten (§ 1 Verpflichtungsgesetz),
- nicht förmlich verpflichteten V-Leuten.

---

115 BVerfGE 57, 250 (284).

Diese Unterscheidung spielt für Ihre Klausurlösung keine Rolle.

ee) V-Leute/vE als agent provocateur

In der Klausur können Sie vor der Frage stehen, ob zugunsten des Beschuldigten ein Verwer- **136**
tungsverbot für die durch den Einsatz von vE oder VP erlangten Erkenntnisse besteht, wenn
der Beschuldigte durch diese zu Straftaten provoziert wurde. Das werden Sie als Schwer-
punktproblem sehr sorgfältig zu erörtern haben.

Es bietet sich dafür folgende Prüfungsreihenfolge an:[116]

(1) Konkretes Vorgehen als Tatprovokation

Nicht jede Einwirkung auf die Zielperson ist bereits eine Tatprovokation.[117]

Eine **Tatprovokation** liegt nur dann vor, wenn **auf Veranlassung oder mit Einwilligung einer staatlichen Dienststelle auf eine Zielperson eingewirkt wird,** um deren Verhalten so zu
steuern, dass sie einer Straftat überführt werden kann.

* Der Einsatz muss auf das Handeln staatlicher Organe zurückzuführen sein.
  - Das ist bei vE stets der Fall.
  - Das ist bei VP der Fall, wenn die Provokation mit dem Wissen eines für die Anleitung
    der Amtsperson verantwortlichen Amtsträgers geschieht oder dieser sie jedenfalls hätte
    verhindern können.
* Zudem muss die **Einwirkung erheblich sein.**
  - Daran fehlt es insbesondere, wenn lediglich die bereits offen erkennbare Bereitschaft der
    Zielperson zur Begehung von Straftaten durch Schaffen der Tatgelegenheit ausgenutzt
    wird.

(2) Rechtsstaatliche Grenzen

Nicht jede Tatprovokation ist unzulässig. Um kriminelle Strukturen aufzudecken, latentes Kriminali-
tätspotential zu zerschlagen und Dauerstraftaten zu verhindern, kann es notwendig sein, eine Zielperson zu einer Straftat zu veranlassen, der sie überführt werden kann.

* Eine **Tatprovokation** ist allerdings **nur zulässig, wenn der agent provocateur gegen eine
  Person eingesetzt wird, die bereits in einem den §§ 152 II, 160 StPO vergleichbaren
  Grad verdächtig** ist, an einer bereits begangenen Straftat beteiligt gewesen zu sein oder zu
  einer künftigen Straftat bereit zu sein.
* **Dann begrenzt die Qualität des Verdachts den Unrechtsgehalt der Tat,** zu der der Verdächtige in zulässiger Weise provoziert werden darf (»Quantensprungverbot«).
* **Art und Intensität einer zulässigen Einwirkung sind überschritten,** wenn sich der agent
  provocateur zur Herbeiführung des Tatentschlusses strafbarer oder unlauterer Mittel bedient oder die Provokation ein unvertretbares Übergewicht hat. Letzteres bestimmt sich in
  erster Linie nach der Stärke des ohnehin schon bestehenden Tatverdachts. Je stärker dieser
  ist, desto stärker darf auch die Einflussnahme durch den vE/die VP sein.

(3) Folgen der Einwirkung auf den Beschuldigten

* Erreicht **die Einwirkung nicht das Ausmaß einer Tatprovokation,** findet das lediglich
  auf der Strafzumessungsebene Berücksichtigung. Die Tatprovokation ist dann lediglich ein
  Strafmilderungsgrund unter mehreren möglichen.
* Stellt die **Einwirkung eine Tatprovokation dar,** ist zu unterscheiden:
  - Handelt es sich um eine **zulässige** Provokation, findet diese ebenfalls nur Berücksichti-
    gung auf der Strafzumessungsebene.
  - **War die Provokation unzulässig, werden unterschiedliche Lösungen vertreten:**
    - Nach der seit 1984 ständigen Rechtsprechung des BGH[118] stellt eine unzulässige Tat-
      provokation lediglich einen **schuldunabhängigen Strafmilderungsgrund von be-
      sonderem Gewicht dar,** der auch zum Unterschreiten der sonst schuldangemessenen

---

116 Zu den Einzelheiten ausführlich *Weber* BtMG § 4 Rn. 166 ff.
117 BGHSt 45, 321 = NJW 2000, 1123.
118 BGHSt 32, 345 = NJW 1984, 2300.

Strafe führen kann (**Strafzumessungslösung**). **Sie hätten demnach die Annahme eines Verwertungsverbots abzulehnen.**

– Das BVerfG[119] hat zuletzt betont, das allein aus dem Rechtsstaatprinzip ein Verwertungsverbot nicht herzuleiten sei, weil das Rechtsstaatprinzip auch das Interesse an einer der materiellen Gerechtigkeit dienenden Strafverfolgung schütze. Gleichwohl hätten die Strafgerichte bei ihrer Auslegung des einfachen Rechts die Rechtsprechung des EuGMR möglichst schonend in das vorhandene, dogmatisch ausdifferenzierte nationale Rechtssystem einzufügen. Deshalb hätten sie zukünftig zu erwägen, in vergleichbaren Fällen ausdrücklich ein **Verwertungsverbot bezüglich der unmittelbar durch die rechtsstaatswidrige Tatprovokation gewonnenen Beweise**, also insbesondere bezüglich der unmittelbar in die rechtsstaatswidrige Tatprovokation verstrickten Tatzeugen, auszusprechen.

– Mit einem Teil des Schrifttums und vor dem Hintergrund der Rechtsprechung des EGMR hat der 2. Senat des BGH nun in einem Fall unzulässiger Tatprovokation als deren **regelmäßige Folge ein Verfahrenshindernis** bejaht.[120] Mit der Strafzumessungslösung und auch mit der Annahme eines Beweisverwertungsverbots lasse sich die Forderung des EGMR, dass für ein iSd Art. 6 I EMRK faires Verfahren alle als Ergebnis der Tatprovokation gewonnenen Beweismittel ausgeschlossen werden müssten oder ein Verfahren mit vergleichbaren Konsequenzen gewählt werden müsste, nicht erreichen. Ob die anderen Senate dem angesichts ihrer bisherigen Rechtsprechung folgen werden, bleibt abzuwarten.

In einer Klausurlösung werden Sie zunächst einmal jede der dargestellten Lösungen vertreten dürfen, sollten sich aber möglichst an der Rechtsprechung des Bundesverfassungsgerichts orientieren.

Wenn die Beweislage auch ohne die durch den Einsatz von vE oder VP gewonnenen Erkenntnisse eindeutig ist, kann es entsprechend dem Vorstehenden angezeigt sein, die Folgen einer Tatprovokation im Aufbau unter dem Stichwort »Prozessvoraussetzungen/Verfahrenshindernisse« oder »Beweisverwertungsverbot« zu prüfen! **Es bietet sich ohnehin an, sich mit dem Aufbau an der Rüge des Beschuldigten oder seines Verteidigers zu orientieren**: Unter welchem Stichwort wird die Ermittlungsmethode beanstandet?

b) Telefonüberwachung

137 Auch die Anordnung einer Telefonüberwachung unterliegt gem. § 100e I StPO dem **Richtervorbehalt**. Bei Gefahr im Verzug reicht die Anordnung der Staatsanwaltschaft, § 100e I 2 StPO. Sollte im Sachverhalt die richterliche Anordnung abgebildet sein und der Beschuldigte oder sein Verteidiger diese inhaltlich beanstanden, werden Sie die Anordnung am Katalog der inhaltlichen Anforderungen gem. § 100e III, IV StPO messen müssen,

Materielle Voraussetzungen für die Anordnung einer Telefonüberwachung, deren Vorliegen in einem Anordnungsbeschluss darzulegen ist, sind gem. § 100a StPO:

* ein auf **bestimmte Tatsachen** begründeter Tatverdacht, der aber weder dringend noch hinreichend sein (§ 100a I Nr. 1 StPO),
* und sich auf eine **Katalogtat** (§ 100a I Nr. 1 StPO) richten muss,
* die auch **im Einzelfall schwer wiegt** (§ 100a I Nr. 2 StPO).
* Zudem muss der **Subsidiaritätsgrundsatz** beachtet werden (§ 100a I Nr. 3 StPO). Die Telefonüberwachung muss in dem Sinne unentbehrlich sein, dass anderenfalls die Erforschung des Sachverhalts oder die Ermittlung des Aufenthaltsortes des Beschuldigten wesentlich erschwert sein würde.

Daneben erlaubt § 100a I 2 StPO nunmehr auch die sogenannte **Quellen-TKÜ, bei der mit Hilfe einer Spionagesoftware Nachrichten schon im Rechner des Absenders abgefangen werden, bevor sie verschlüsselt werden können.** So soll dem Umstand Rechnung getragen werden, dass Tatverdächtige häufig über verschlüsselte Messenger-Dienste miteinander kommunizieren. Ergänzend zu den bereits genannten Voraussetzungen erfordert die Quellen-

---

119 BVerfG NJW 2015, 1083.
120 BGH NStZ 2016, 52.

TKÜ nur, dass deren Einsatz zur Ermöglichung der Überwachung und Aufzeichnung in unverschlüsselter Form notwendig ist. Die Abs. 5 und 6, die weitere Details der Durchführung einer Quellen-TKÜ regeln, werden in der Klausur keine Rolle spielen. Eine Quellen-TKÜ in einer Klausur wird auf dieselben Probleme hinauslaufen wie eine einfache Telefonüberwachung. Diese werden anschließend dargestellt.

Auch die Anordnung der Quellen-TKÜ unterliegt dem Richtervorbehalt nach § 100e I StPO.

> Waren die Voraussetzungen für eine Telefonüberwachung/Quellen-TKÜ bei deren Anordnung nicht erfüllt, kann das ein Verwertungsverbot begründen.[121]

Waren allein Erkenntnisse aus dem Kernbereich privater Lebensgestaltung zu erwarten, ist die Maßnahme gem. § 100d I StPO unzulässig. Etwa erlangte Kenntnisse sind nach § 100d II StPO unverwertbar. Dieses Verwertungsverbot erstreckt sich auch auf Spurenansätze und enthält damit ausnahmsweise eine Fernwirkung.

Klausurrelevant sind vor allen Dingen die Konstellationen, in denen sich aufgrund der durchgeführten Telefonüberwachung die rechtliche Beurteilung der Anlasstat geändert oder die Überwachungsmaßnahme zu Zufallserkenntnissen geführt hat.

aa) Änderung der rechtlichen Beurteilung

Bestand zum Zeitpunkt der Anordnung der Verdacht einer bestimmten Katalogtat, sind die Erkenntnisse aus der Telefonüberwachung/Quellen-TKÜ auch dann verwertbar, wenn **138**

* es nach wie vor **um dieselbe prozessuale Tat** geht,
* tatsächlich eine andere Begehungsform der Katalogtat verwirklicht worden ist
* oder sich die Tat aufgrund der weiteren Ermittlungen nur als Nichtkatalogtat herausgestellt hat.

> Maßgebend ist die Verdachtslage zum Zeitpunkt der Anordnung der Überwachungsmaßnahme.

bb) Zufallsfunde

> Hat die Telefonüberwachung/Quellen-TKÜ zu **Zufallsfunden** über **andere prozessuale Taten** geführt, so richtet sich die Verwertbarkeit nach **§ 477 II 2 StPO**. **139**

(1) Beschuldigter und Teilnehmer

* Zufallserkenntnisse gegen den Beschuldigten und Teilnehmer der Anlasstat **dürfen unmittelbar und uneingeschränkt auch dann verwertet werden, wenn es um eine prozessual andere als die in der Anordnung bezeichnete Katalogtat geht.**
* Betreffen die Zufallserkenntnisse **keine Katalogtat, dürfen diese nur mittelbar verwendet werden.** Es dürfen aufgrund der Erkenntnisse andere Ermittlungen geführt und die dabei gewonnenen neuen Beweismittel verwendet werden.[122]

(2) Dritte

* Auch Zufallserkenntnisse, die Taten Dritter betreffen, **dürfen unmittelbar und uneingeschränkt verwertet werden, wenn es sich auch dabei um eine Katalogtat handelt.**
* Geht es dagegen bei den Zufallserkenntnissen **nicht um eine Katalogtat, dürfen die Erkenntnisse ebenfalls nur mittelbar verwendet werden.** Es dürfen jedoch aufgrund der Erkenntnisse andere Ermittlungen geführt und die dabei gewonnenen neuen Beweismittel verwendet werden.

Diese Konstellation war bereits wiederholt Klausurthema.

Ist die Telefonüberwachung ordnungsgemäß angeordnet worden, sind sogar Gespräche im Hintergrund, sog. **Raumgespräche, verwertbar, wenn diese während einer gewollten Verbindung geführt** und überwacht werden.[123]

---

121 Zu den Ausnahmen die umfangreiche Kommentierung bei Meyer-Goßner/Schmitt/*Schmitt* StPO § 100a Rn. 29 ff.
122 BVerfG wistra 2006, 15 = NJW 2005, 2766.
123 BGH NStZ 2008, 473.

cc) Fernwirkung

Der Verstoß gegen § 100a StPO entfaltet nach der Rechtsprechung grundsätzlich keine Fernwirkung,[124] sofern nicht der Kernbereich privater Lebensgestaltung betroffen ist.

c) Online-Durchsuchung

Das Gesetz erlaubt nunmehr in § 100b StPO auch die Online-Durchsuchung, bei der unbemerkt aus der Ferne der Computer eines Beschuldigten nach Hinweisen auf Straftaten untersucht wird.

Die Online-Durchsuchung ist zur Erforschung des Sachverhalts und zur Ermittlung des Aufenthaltsorts des Beschuldigten zulässig, wenn

- **bestimmte Tatsachen** einen Tatverdacht begründen, der aber weder dringend noch hinreichend sein muss,
- sich jedoch auf eine **Katalogtat** iSd § 100b II StPO richtet,
- die Tat auch im **Einzelfall schwer** wiegt (§ 100b I Nr. 2 StPO),
- der **Subsidiaritätsgrundsatz** beachtet wird,
- der **Kernbereich privater Lebensgestaltung nicht berührt** wird, § 100d I, II, III StPO.

Die Anordnung der **Online-Durchsuchung bedarf einer richterlichen Anordnung nach § 100e StPO.** Zuständig ist gem. § 100e II 1 StPO **allein eine Spezialkammer nach § 74a IV GVG.**

Wie auch die nachfolgend kurz dargestellte akustische Wohnraumüberwachung wird die Online-Durchsuchung in Klausuren voraussichtlich keine Rolle spielen.

d) Akustische Überwachung

aa) Wohnraumüberwachung

140   Nachdem das BVerfG[125] die gesetzliche Regelung für die Wohnraumüberwachung wegen der Verletzung des unantastbaren Kerns privater Lebensgestaltung als verfassungswidrig beanstandet hatte, hat der Gesetzgeber reagiert und die Voraussetzungen für die Wohnraumüberwachung kaum praktisch handhabbar[126] neu geregelt.

Die materiellen Voraussetzungen für einen **Lauschangriff auf eine Wohnung** sind nach der Neufassung des Gesetzes in den §§ 100c, 100d StPO geregelt. Die Maßnahme ist nur zulässig, wenn

- **bestimmte Tatsachen** einen Tatverdacht begründen, der aber weder dringend noch hinreichend sein muss,
- sich jedoch auf eine **Katalogtat** im Sinne der §§ 100c I Nr. 1, 100b II StPO richtet,
- die Tat auch im **Einzelfall schwer** wiegt (§ 100c I Nr. 2 StPO),
- tatsächliche Anhaltspunkte dafür vorliegen, dass Äußerungen des Beschuldigten erfasst werden, die für die Erforschung des Sachverhalts oder die Ermittlung des Aufenthaltsorts eines Mitbeschuldigten von Bedeutung sind,
- der **Subsidiaritätsgrundsatz** beachtet wird,
  - Der Lauschangriff muss in dem Sinne unentbehrlich sein, dass anderenfalls die Erforschung des Sachverhalts oder die Ermittlung des Aufenthaltsortes des Beschuldigten wesentlich erschwert sein würde.
- die Maßnahme sich (regelmäßig) **nur gegen** den **Beschuldigten** richtet (Ausnahme (§ 100c II 2 StPO),
- der **Kernbereich privater Lebensgestaltung nicht berührt** wird, § 100d I, II, IV StPO.

> **Beachte:** Waren die Voraussetzungen für einen Lauschangriff bei dessen Anordnung nicht erfüllt (keine Katalogtat, Verstoß gegen den Subsidiaritätsgrundsatz) oder stammen belastende Äußerungen aus dem Kernbereich privater Lebensführung, begründet das ein Verwertungsverbot.

---

124   BGHSt 32, 68 (70) = NJW 1984, 2772.
125   BVerfGE 109, 279 = NJW 2004, 999.
126   Meyer-Goßner/Schmitt/*Schmitt* StPO § 100c Rn. 1.

- Zum **Schutz des Zeugnisverweigerungsrechts der Berufsgeheimnisträger** (§ 53 StPO) **ist die Überwachung der mit diesem Personenkreis geführten Gespräche unzulässig** (§ 100c V StPO).
- Die Verwertung von Erkenntnissen aus Gesprächen mit **zeugnisverweigerungsberechtigten Angehörigen** (und in Fällen des § 53a StPO) kann dagegen **zulässig** sein, wenn bei einer umfassenden Abwägung **der Einbruch in das zugrunde liegende Vertrauensverhältnis nicht außer Verhältnis zum Erforschungs- oder Ermittlungsinteresse ist**, § 100d V 2 StPO.
  Beachten Sie in einer derartigen Konstellation aber stets, dass ein Gespräch mit zeugnisverweigerungsberechtigten Angehörigen häufig in den Kernbereich privater Lebensführung gehören wird. Dann ist das Abhören und Aufzeichnen bereits nach § 100d IV StPO verboten (Beweiserhebungsverbot). Für die Abwägung auf der Verwertungsebene ist folglich kein Raum.
- Ist der Zeugnisverweigerungsberechtigte einer Beteiligung, Begünstigung usw. verdächtig, gibt es die genannten Beweisverbote nicht, § 100d V 3 StPO.

Die Anordnung des **Lauschangriffs auf eine Wohnung bedarf einer richterlichen Anordnung nach § 100e StPO.** Zuständig ist gem. § 100e II 1 StPO **allein eine Spezialkammer nach § 74a IV GVG.**

bb) Überwachung außerhalb von Wohnungen

An weniger enge Voraussetzungen sind Lauschangriffe auf andere Objekte geknüpft, in den Klausuren spielt diese Art des Lauschangriffs deshalb auch eine größere Rolle. **141**

In Betracht kommt etwa die akustische Überwachung des Innenraums eines Kraftfahrzeugs, auch die Überwachung des Haftraums in einer JVA spielte in der Rechtsprechung bereits eine Rolle. Der Haftraum in einer Haftanstalt steht schon deshalb einer Wohnung nicht gleich, weil wegen der besonderen Gefahrenlage jederzeitige Durchsuchungen möglich sein müssen. Auch **der Besuchsraum einer Haftanstalt fällt deshalb nicht unter den Begriff der Wohnung und kann nach § 100f StPO überwacht werden.** Schaffen die Ermittler bei dem Beschuldigten jedoch gezielt den Eindruck, er könne in dem Besuchsraum offen sprechen, kann das wegen eines Verstoßes gegen den Grundsatz des fairen Verfahrens zu einem Verwertungsverbot führen.[127]

Voraussetzungen und Anordnungskompetenz sind in § 100f II–IV StPO geregelt:

- auf **bestimmte Tatsachen** begründeter Tatverdacht, der aber weder dringend noch hinreichend sein muss
- und sich auf eine **Katalogtat** iSd **§ 100a StPO** richtet,
- die im Einzelfall schwer wiegt.
- Zudem muss der **Subsidiaritätsgrundsatz** beachtet werden.
  - Der Lauschangriff muss in dem Sinne unentbehrlich sein, dass anderenfalls die Erforschung des Sachverhalts oder die Ermittlung des Aufenthaltsortes des Beschuldigten wesentlich erschwert sein würde.
- Die Maßnahme darf sich regelmäßig **nur gegen** den **Beschuldigten** richten (Ausnahme Abs. 3).
- Die Anordnung unterliegt dem **Richtervorbehalt, bei Gefahr im Verzug** darf sie auch durch die **Staatsanwaltschaft** erfolgen, §§ 100f IV, 100e I StPO.

> Durften die verdeckten technischen Mittel nicht eingesetzt werden, lässt sich ohne Weiteres ein umfassendes Verwertungsverbot begründen.

Auch eine akustische Überwachung außerhalb von Wohnungen darf sich jedoch nicht gegen den Kernbereich privater Lebensgestaltung (Art. 2 I iVm Art. 1 I GG) richten. Der BGH hat bei der akustischen Überwachung in einem Pkw geführter Selbstgespräche diesen Kernbereich verletzt gesehen.[128] Wie die Freiheit der Gedanken selbst soll auch die Äußerung dieser Gedanken in einem nicht auf Kommunikation gerichteten Prozess vor Zugriffen durch

---

127 BGHSt 53, 294 = NStZ 2009, 519.
128 BGH NJW 2012, 945.

die Strafverfolgungsbehörden geschützt sein. Dieser Kernbereich ist jedenfalls dann von der Ermittlungsmaßnahme tangiert, wenn der Beschuldigte sich bei seiner Äußerung als allein mit sich selbst empfindet und empfinden darf, auf die Flüchtigkeit des gesprochenen Worts vertraut, die Äußerung keinen kommunikativen Bezug hat und mit den inneren Gedanken identisch ist. Sind diese Voraussetzungen erfüllt, dann spielt es keine Rolle, ob die Äußerung im besonders geschützten Bereich der Wohnung oder außerhalb – etwa in einem Fahrzeug – gemacht wird.

Folge des Eingriffs in den Kernbereich privater Lebensgestaltung ist ein von Verfassungs wegen bestehendes Verwertungsverbot für die Erkenntnisse aus der akustischen Überwachung, das absolut ist und sogar Drittwirkung entfaltet, mithin auch zugunsten Mitbeschuldigter wirkt.

4. Weitere Ermittlungsmaßnahmen

142 § 161 I 1 StPO ist nicht nur die **Ermächtigungsgrundlage** für den Einsatz von Informanten, verdeckt ermittelnden Polizeibeamten und V-Leuten, sondern zugleich Ermächtigungsgrundlage **für alle Ermittlungsmaßnahmen,** die mit einem minder schweren Grundrechtseingriff verbunden sind und nicht von einer speziellen Eingriffsermächtigung erfasst werden.

In diesem Zusammenhang sei auch auf § 160a StPO hingewiesen. Diese Vorschrift **schützt das Zeugnisverweigerungsrecht von Berufsgeheimnisträgern vor anderen Ermittlungsmaßnahmen** als Zeugenvernehmungen (beispielsweise Maßnahmen nach § 100f StPO).

- **Geistliche, Verteidiger und Abgeordnete** genießen nach Abs. 1 einen **vollständigen Schutz** vor das Zeugnisverweigerungsrecht unterlaufenden Ermittlungsmaßnahmen. Die Vorschrift enthält neben einem **Verwertungsverbot** auch bereits das **Verbot der Beweiserhebung.**
- Das Zeugnisverweigerungsrecht der **übrigen Berufsgeheimnisträger** genießt geringeren Schutz. Eine Beweiserhebung ist nach Abs. 2 regelmäßig dann **unzulässig, wenn die zu gewinnenden Erkenntnisse keine Straftaten von erheblicher Bedeutung betreffen würden,** weil das schutzwürdige Interesse das Strafverfolgungsinteresse dann nicht überwiegt. Daraus folgt für diesen Fall das ausdrücklich angeordnete Verwertungsverbot (Abs. 2 S. 3).

a) Einholung von Behördenauskünften

143 § 161 I StPO ermächtigt Staatsanwaltschaft und Polizei zudem, sich der Hilfe anderer **Behörden** zu bedienen, **die** ihnen gegenüber **zur Auskunft verpflichtet** sind, **soweit nicht gesetzliche Sonderregelungen greifen.**

Behördliche Auskunftspflichten bestehen also nicht uneingeschränkt:

- In diesem Sinne kann die behördliche Auskunftspflicht beschränkt sein durch:
  - das **Postgeheimnis,**
  - das **Fernmeldegeheimnis,**
  - das **Steuergeheimnis,** § 30 AO,
  - das **Sozialgeheimnis,** § 35 SGB I.
- Eine weitere Beschränkung ergibt sich aus **§ 161 II StPO.**[129]
  Diese Einschränkung gilt für Daten, die **durch nicht strafprozessuale hoheitliche Maßnahmen erlangt wurden,** und deren Erhebung nach der StPO nur bei Verdacht bestimmter Straftaten zulässig wäre. Das könnten in Klausuren zB Maßnahmen nach den Polizeigesetzen der Länder sein.
  Zu unterscheiden ist zwischen Erkenntnissen,
  - die **unmittelbar Beweiszwecken** dienen und deren Verwertung nur zulässig ist, wenn die Maßnahme auch nach der StPO hätte angeordnet werden dürfen,
  - die – nur mittelbar – als **Ermittlungsansätze** dienen und den Beschränkungen des § 161 II 1 StPO nicht unterliegen.

---

129 Dazu im Einzelnen Meyer-Goßner/Schmitt/*Schmitt* StPO § 161 Rn. 18b f.

b) Einholung anderer Auskünfte

§ 161 I StPO ermächtigt die Strafverfolgungsbehörden zudem, auch von anderen Stellen und **144** Personen Auskunft zu verlangen. Dazu gehören etwa Banken oder Insolvenzverwalter.

aa) Bankgeheimnis

Das in Klausursachverhalten häufig vom Beschuldigten geltend gemachte **Bankgeheimnis** **145** **gibt es im Verhältnis zu den Strafverfolgungsbehörden nicht.**

- **Öffentlich-rechtlich organisierte Banken** sind gem. § 161 I StPO sogar zur Auskunft verpflichtet.[130]
- **Privatrechtlich organisierte Banken** müssen zwar keine Auskunft erteilen, beweiserhebliche Unterlagen können jedoch ohne Weiteres bei ihnen beschlagnahmt werden (§ 103 StPO). Zur Abwendung einer derartigen Beschlagnahme, die auch mit einer Durchsuchung verbunden sein kann, sind die Banken ihren Kunden gegenüber jedoch berechtigt, diese Auskünfte zu erteilen.[131]

Die Aussage eines als Zeuge vernommenen Bankangestellten kann nicht etwa deshalb unverwertbar sein, weil dieser nicht über das »Bankgeheimnis« belehrt wurde.

Merke: Das »Bankgeheimnis« begründet kein Zeugnisverweigerungsrecht nach § 53 StPO!

bb) Andere Beschränkungen

In der sog. Gemeinschuldnerentscheidung[132] hat das Bundesverfassungsgericht festgelegt, das **146** Angaben des (Gemein-)Schuldners, der im Interesse der Konkursgläubiger zur unbeschränkten Auskunft verpflichtet ist, in einem Strafverfahren gegen diesen nicht verwendet werden dürfen. Nur durch ein **Verwertungsverbot** sei sicherzustellen, dass das Schweigerecht im Strafverfahren nicht durch eine staatlich – sogar mit Beugehaft – erzwingbare Offenbarungspflicht unterlaufen werde. Diese Entscheidung hat in § 97 I InsO ihren Niederschlag gefunden, der ohne Zustimmung des Schuldners ein **Verwendungsverbot** vorsieht.

Im Gutachten haben Sie möglicherweise die Frage zu beantworten, ob auch bei unbeschränkten Auskunftspflichten in anderen Fällen ein Verwertungsverbot in Betracht kommt, wenn nicht der Gesetzgeber ohnehin zum Schutz vor Selbstbezichtigungen ausdrücklich ein Schweigeoder Selbstbezichtigungsrecht zubilligt.

Räumt etwa ein Versicherungsnehmer gegenüber seiner Kraftfahrzeugversicherung in Erfüllung seiner Obliegenheit zur vollständigen Sachaufklärung (§ 7 AKB) eine Straftat ein, so haben Sie zu prüfen, ob diese Angaben im Strafverfahren gegen den Versicherungsnehmer verwertbar sind. Das dürfte der Fall sein. **Der Versicherungsnehmer ist nicht im selben Umfang schützenswert wie der Gemeinschuldner.** Der Versicherungsnehmer hat sich nicht gegenüber dem Staat zu erklären, die Auskunftspflicht nach § 7 AKB kann nicht mittels staatlichen Zwangseingriffs durchgesetzt werden. Zwar drohen dem Versicherungsnehmer bei einer Obliegenheitsverletzung finanzielle Einbußen. Regressansprüche der Kraftfahrzeugversicherung sind jedoch nach § 7 AKB begrenzt. Deshalb **überwiegt das öffentliche Interesse an einer wirksamen Strafrechtspflege das schützenswerte Interesse des Beschuldigten an der Berücksichtigung seiner Zwangslage deutlich.**

5. Blutprobenentnahme

Über viele Jahre war die Blutprobenentnahme nach § 81a StPO mit dem sich aus § 81a II **147** StPO ergebenden Richtervorbehalt ein bei den Prüfungsämtern beliebtes Klausurthema. Mit der Änderung der Vorschrift im Jahre 2017 dürfte diese ihre Examensrelevanz verloren haben.

a) Anordnungskompetenz

Die Anordnung der Entnahme einer Blutprobe und anderer körperlicher Untersuchungen **148** (§ 81a I 2 StPO) unterliegt gem. § 81a II StPO zwar nach wie vor dem Richtervorbehalt, weil

---

130 Meyer-Goßner/Schmitt/*Schmitt* StPO § 161 Rn. 4 mwN.
131 Meyer-Goßner/Schmitt/*Schmitt* StPO § 161 Rn. 4 mwN.
132 BVerfGE 56, 37.

sie mit einem Eingriff in die körperliche Integrität verbunden ist. In dem mit Abstand häufigsten Fall einer Blutprobenentnahme, in dem der Beschuldigte im Verdacht steht, eine Trunkenheitsfahrt begangen zu haben, ist eine richterliche Anordnung gem. § 81a II 2 StPO dagegen nicht mehr erforderlich. Voraussetzung ist lediglich, dass zum Zeitpunkt der Anordnung bestimmte Tatsachen den Verdacht begründen, der Beschuldigte habe eine Straftat nach §§ 315a I Nr. 1, II, III, 315c I Nr. 1, II, III oder 316 StGB begangen. Dann steht die Anordnungskompetenz den Ermittlungspersonen der Staatsanwaltschaft (§ 152 GVG) und damit der Polizei zu.

b) Beschlagnahme von Blutproben

> **Beispiel:** In der Klausur kann es ferner darum gehen, dass einem Beschuldigten, der in angetrunkenem Zustand einen Verkehrsunfall verursachte und dabei selbst erhebliche Verletzungen erlitt, zur Vorbereitung einer Operation eine Blutprobe entnommen wurde. Zum Nachweis einer Trunkenheitsfahrt erfolgte anschließend die Beschlagnahme dieser Blutprobe durch einen Polizeibeamten.

149 In der Rechtsprechung[133] wird ein Beweisverwertungsverbot weitgehend verneint, obwohl es sich bei der Blutprobe um einen beschlagnahmefreien Gegenstand nach § 97 I Nr. 3 StPO handelt, der sich in der Hand des zeugnisverweigerungsberechtigten Arztes (§ 53 I Nr. 3 StPO) oder des ihm nach § 97 II StPO gleichgestellten Krankenhauses befindet. Es komme allein darauf an, ob zum Zeitpunkt der Entnahme der Blutprobe diese gem. § 81a StPO hätte angeordnet werden dürfen. Dann sei auch die zu Behandlungszwecken entnommene Blutprobe ein dem § 81a StPO unterfallendes Beweismittel. Nach dem Grundsatz der Verhältnismäßigkeit wäre es gar nicht zulässig gewesen, dem Beschuldigten die Entnahme einer weiteren Blutprobe zuzumuten.

6. Zufallsfunde

150 Bei der Durchführung prozessualer Maßnahmen zur Beweismittelgewinnung können auch Beweismittel erlangt werden, die für eine andere strafrechtliche Untersuchung von Bedeutung sind (**Zufallsfunde**). **Die Ihnen bereits im Rahmen der Ausführungen zur Telefonüberwachung vorgestellte Lösung gilt allgemein.**

Die Verwertung derartiger Zufallsfunde ist nur dann problematisch, wenn diese ihren Ursprung in prozessualen Maßnahmen haben, die nur bei Verdacht bestimmter Straftaten zulässig sind. Ursprünglich war deren Verwertbarkeit meist in den Vorschriften geregelt, die die Zulässigkeitsvoraussetzungen bestimmten. Nunmehr hat der Gesetzgeber in **§ 477 II StPO** eine umfassende Regelung geschaffen.

Diese Zufallserkenntnisse können

- andere Straftaten (im Sinne des prozessualen Tatbegriffs, § 265 StPO) des Beschuldigten des Ausgangsverfahrens,
- Straftaten eines Dritten

betreffen.

Für **beide Konstellationen gilt:**

- **Zufallserkenntnisse**, die eine **andere** als die in der zulässigen Anordnung bezeichnete **Katalogtat** betreffen, sind in vollem Umfang **verwertbar**,
- **Zufallserkenntnisse**, die **Straftaten** betreffen, die **nicht zum Katalog** der zulässigen Anlassanordnung gehören, dürfen **nur mittelbar** in der Art verwendet werden, dass auf deren Basis andere Beweismittel gewonnen werden.

Der Ihnen bereits vorgestellte § 161 II StPO gilt dagegen nur für Zufallserkenntnisse aus nicht strafprozessualen Maßnahmen.

Für Zufallsfunde bei Durchsuchungen gilt nach wie vor § 108 StPO.

---

133 Unter anderem OLG Frankfurt a.M. NStZ 1999, 246.

C. Unmittelbarkeitsgrundsatz und Durchbrechung

Häufig stellt sich in Klausuren das Problem, dass Zeugen oder Mitbeschuldigte, die eine   **151**
– meist den Beschuldigten belastende – Aussage gemacht haben, in der Hauptverhandlung
nicht mehr zur Verfügung stehen werden, etwa weil sie verstorben sind oder sich an unbekannten Orten oder dauerhaft im Ausland aufhalten. Viele Kandidaten ignorieren diese Umstände einfach und würdigen die Aussagen, ohne sich Gedanken über deren Einführung zu
machen.

Der Inhalt einer Vernehmung darf in derartigen Fällen durch die Vernehmung der **Verhörsperson als Zeuge vom Hörensagen** eingeführt werden. § 250 StPO steht dem nicht entgegen.

> § 250 StPO formuliert zwar den sog. Unmittelbarkeitsgrundsatz. Dieser fordert jedoch nur den Vor-
> rang des Personalbeweises vor dem Urkundenbeweis.
> Der Unmittelbarkeitsgrundsatz gebietet dagegen nicht, in der Beweisaufnahme das **sachnächste**
> Beweismittel zu nutzen.

Ob die Vernehmung des Zeugen vom Hörensagen ausreichen wird, hat der Staatsanwalt orientiert an der dem Gericht obliegenden **Aufklärungspflicht** zu prüfen.

Im Falle des Todes oder der Abwesenheit eines Zeugen werden Sie auch zu erörtern haben, ob
dessen Angaben durch **Verlesung eines Vernehmungsprotokolls** oder ähnlicher Schriftstü-
cke auf dem Wege des **Urkundenbeweises** eingeführt werden dürfen.

Zu unterscheiden ist zwischen

* **anderen** (polizeilichen, staatsanwaltschaftlichen) Vernehmungsniederschriften und schriftlichen Erklärungen (§ 251 I StPO), deren Verlesbarkeit an die Erfüllung **strenger** Voraussetzungen geknüpft ist,
* **richterlichen** Vernehmungsprotokollen (§ 251 II StPO), deren Verlesbarkeit an die Erfüllung **weniger strenger** Voraussetzungen geknüpft ist.

I. Andere Vernehmungsniederschriften, schriftliche Erklärungen

§ 251 I StPO enthält allgemeine Regelungen für alle Arten von Vernehmungsniederschriften.   **152**

Abs. 1 Nr. 1: Nichtrichterliche Vernehmungsprotokolle und Erklärungen **von Zeugen,
Sachverständigen** und **Mitbeschuldigten** (!) dürfen verlesen werden, wenn
der Beschuldigte als Angeklagter in der Hauptverhandlung einen Verteidiger
hat und Staatsanwaltschaft, Verteidiger sowie der Angeklagte mit der Verlesung
einverstanden sind. Die Protokollverlesung darf auch erfolgen, wenn das nähere Beweismittel zur Verfügung steht. Weil es um die Zustimmung des Beschuldigten in der späteren Hauptverhandlung geht, liegt diese in den Klausursachverhalten noch nicht vor. Sie werden deshalb Ihrer Beweiswürdigung den
Inhalt der Vernehmungsniederschrift/schriftlichen Erklärung zugrunde legen,
für die Hauptverhandlung in der Anklageschrift aber den Zeugen persönlich
benennen. In der Konstellation der Nr. 1 spielt § 251 I StPO also für die Klausurlösung keine Rolle.

> **Achtung:** Briefe des Beschuldigten selbst können ohne die sich aus § 251 I StPO er-
> gebenden Beschränkungen schon nach § 249 StPO verlesen werden. Richterliche
> Geständnisse des Beschuldigten dürfen nach § 254 StPO verlesen werden. Gestän-
> dige Einlassungen gegenüber der Polizei können dagegen nur durch Vernehmung
> der Verhörsperson eingeführt werden.

Abs. 1 Nr. 2: Auch die neugeschaffene Verlesbarkeit von Urkunden zur Bestätigung eines
Geständnisses setzt die Zustimmung des Angeklagten, der anders als im Fall
der Nr. 1 keinen Verteidiger haben muss, in der Hauptverhandlung voraus und
spielt deshalb für die Klausurlösung keine Rolle.

Abs. 1 Nr. 3: Ist eine Vernehmung eines Zeugen, Sachverständigen oder Mitbeschuldigten **unmöglich**, kann die Verlesung auch erfolgen, ohne dass die Voraussetzungen der Nr. 1 erfüllt sind. Der Beschuldigte muss insbesondere nicht verteidigt sein. In der Klausur wird die Vernehmung meist infolge **Todes der Auskunftsperson** unmöglich sein.

Steht eine Auskunftsperson, die sich bereits in einer vorangegangenen Vernehmung oder in einer von ihr stammenden schriftlichen Erklärung geäußert hat, für eine erneute Vernehmung in der Hauptverhandlung nicht mehr zur Verfügung, weil sie etwa erkrankt ist oder sich im Ausland aufhält, müssen Sie erörtern, ob deren Angaben durch Verlesung in die spätere Hauptverhandlung eingeführt werden könnten. Selten werden die Angaben in einem richterlichen Vernehmungsprotokoll dokumentiert sein, sodass diese nach der Regelung in § 251 II Nr. 1 StPO verlesen werden könnten.

Die Anwendungsbereiche von Abs. 1 Nr. 3 und Abs. 2 Nr. 1 überschneiden sich zum Teil. Wegen der höheren Zuverlässigkeit, die der Gesetzgeber richterlichen Vernehmungsprotokollen beimisst, sind die Anforderungen an die Verlesbarkeit nach Abs. 2 Nr. 1 jedoch etwas weniger streng.[134] Während eine **nicht absehbare** Zeit im Sinne des Abs. 1 Nr. 3 ein Vernehmungshindernis für einen längeren Zeitraum, dessen Ende nicht feststeht, erfordert, erlaubt Abs. 2 Nr. 1 die Verlesung auch dann, wenn das Vernehmungshindernis, dessen Ende bereits absehbar ist, **längere Zeit** dauert. Natürlich ist die Verlesung eines richterlichen Vernehmungsprotokolls auch dann zulässig, wenn das Ende des längeren Zeitraums **ungewiss** ist.

Die für die Verlesung nach beiden Absätzen **erforderliche tatsächliche Unerreichbarkeit darf nicht mit einer rechtlichen Unerreichbarkeit gleichgesetzt werden**, die sich ergibt, wenn ein Zeuge von seinem Auskunftsverweigerungsrecht nach § 55 StPO Gebrauch gemacht hat.[135]

Abs. 1 Nr. 4: Die Höhe eines durch die Tat verursachten **Vermögensschadens** darf ohne Weiteres durch Verlesung eines Vernehmungsprotokolls oder einer schriftlichen Erklärung festgestellt werden. Das gilt jedoch nicht für die Feststellung immaterieller Schäden. Auch Protokolle, die daneben andere Fragen betreffen, dürfen teilweise verlesen werden.

II. Richterliche Vernehmungsprotokolle

153–164 In Abs. 2 werden die Voraussetzungen für zusätzliche Verlesungsmöglichkeiten von richterlichen Vernehmungsprotokollen (Zeugen, Sachverständige, Mitbeschuldigte) geregelt. Weil es regelmäßig an einem Verlesungseinverständnis im Sinne des Abs. 2 Nr. 3 fehlen wird, werden Sie insbesondere die Voraussetzungen der Nr. 1 und 2 zu prüfen haben.

Abs. 2 Nr. 1: **Die Verlesung bei Verhinderung darf bereits dann erfolgen, wenn diese zwar längere Zeit andauern wird, deren Ende aber** *absehbar* **ist.**

Abs. 2 Nr. 2: Die Verlesung nach Nr. 2 ist bereits zulässig, wenn
- das Erscheinen wegen großer Entfernung nicht zumutbar ist
  und
- die Aussage von untergeordneter Bedeutung ist.

Für die Klausur ist das ohne große Bedeutung.

Während das richterliche Protokoll ordnungsgemäß zustande gekommen sein muss, muss das Protokoll im Sinne des Abs. 1 keinen Formerfordernissen genügen. Deshalb kann das **fehlerhafte richterliche Protokoll – mit regelmäßig gemindertem Beweiswert – unter den Voraussetzungen des Abs. 1 verlesen werden**.

---

134 Meyer Goßner/Schmitt/*Meyer-Goßner* StPO § 251 Rn. 20.
135 BGH StV 2008, 339 = NStZ 2008, 50.

- Verweigert der Beschuldigte seine Unterschrift unter einem richterlichen Protokoll, wird dieses dadurch nicht fehlerhaft. Die nach § 168a III 3 StPO geforderte Unterschrift ist keine Wirksamkeitsvoraussetzung für ein richterliches Protokoll. Das Fehlen der Unterschrift beeinträchtigt allenfalls dessen Beweiswert.[136]
- In der Praxis geschieht es hin und wieder, dass sich der vernehmende Richter von dem Beschuldigten lediglich die Richtigkeit seiner Angaben in einer vorangegangenen polizeilichen Vernehmung bestätigen lässt. Diesen Fehler können Sie auch in Klausursachverhalten finden. Eine verlesbare richterliche Vernehmung liegt dann nicht vor. Dennoch ist das Verfahren nicht grundsätzlich unzulässig. Denn wenn der Richter dem Beschuldigten das polizeiliche Vernehmungsprotokoll zuvor verlesen hat und sich der Umstand dieser Verlesung ebenfalls aus dem Protokoll ergibt, liegt durchaus ein verwertbares richterliches Protokoll vor.

Wenn Sie diese Fragen nicht schon im A-Gutachten erörtern, müssen Sie sich damit zumindest im B-Gutachten auseinandersetzen, wenn es um die zu benennenden Beweismittel geht.

---

136 BVerfG NStZ 2006, 46.

5. Teil. Der prozessuale Teil

A. Das prozessuale Gutachten

Im prozessualen Gutachten sollen Sie dem Leser Ihre praktischen Entscheidungen erläutern. **165**
Es geht für Sie also darum, nachvollziehbar darzulegen, warum Ihre Abschlussverfügung und
Anklage so und nicht anders aussehen. Das bedeutet für Sie, eine Liste in Betracht kommender prozessualer Fragen abzuarbeiten und auf ihre Relevanz abzuklopfen. Manche dieser prozessualen Fragen werden in jeder Klausur zu erörtern sein. So werden Sie immer auf die sachliche und örtliche Zuständigkeit des Gerichts und mögliche Opportunitätsentscheidungen
einzugehen haben. Andere prozessuale Fragen werden in bestimmten Konstellationen nicht
einmal anzureißen sein. Kommen wegen der Verwirklichung von Bagatelldelikten nur Geld-
strafen in Betracht, werden Sie kein Wort zur notwendigen Verteidigung verlieren müssen. In
dieser Konstellation werden auch Ausführungen zu den Voraussetzungen eines Haftbefehls
anfängerhaft wirken.

Die denkbaren Konstellationen sind so vielfältig, dass sie hier nur angerissen werden können.
Sie selbst sind dafür verantwortlich, das Gefühl dafür zu erwerben, wann von Ihnen Ausführungen zu bestimmten prozessualen Problemen erwartet werden. Nur Übung wird Sie zur
Meisterschaft bringen! Dabei sind Ihre Erfolgsaussichten im prozessualen Gutachten besonders hoch, denn die Anzahl der Probleme ist überschaubar.

Typische prozessuale Fragen sind:

* Sachliche Zuständigkeit,
* örtliche Zuständigkeit,
* Anklage oder Strafbefehl,
* Teileinstellung, § 170 II StPO,
* §§ 154/154a StPO,
* Haftbefehl,
* notwendige Verteidigung,
* Nebenklage,
* § 111a StPO und andere.

Der Umfang der Darstellung wird natürlich stark davon abhängen, ob zur Klausuraufgabe
auch die Anfertigung einer Abschlussverfügung gehört, was nicht in jedem Bundesland der
Fall ist. Zudem ist in letzter Zeit auch in Bundesländern, in denen das Anfertigen einer Abschlussverfügung traditionell dazu gehört, diese wiederholt nicht mehr gefordert worden. Lesen Sie also den Bearbeitervermerk sehr genau! Gehört die Abschlussverfügung zur Aufgabe,
werden Sie sich bei fortgeschrittener Zeit darauf beschränken können, viele der angesprochenen Fragen in der Verfügung zu beantworten. Andererseits werden Sie jede der für den Fall
relevanten Fragen im Gutachten erörtern müssen, wenn Ihnen die Abschlussverfügung erlassen ist.

I. Das sachlich zuständige Gericht

Überraschend sind die Fehler, die in vielen Klausuren schon an dieser Stelle gemacht werden. **166**
Viele Klausurverfasser schaffen es spätestens jetzt, den Korrektor endgültig gegen sich aufzu-
bringen, indem sie mit nichts sagenden Formulierungen zu falschen Ergebnissen kommen.
Dabei ist im Zusammenhang mit der sachlichen Zuständigkeit nur die Antwort auf eine einzige
Frage wichtig: Welche Strafe hat der Beschuldigte zu erwarten? Doch auch dieses Hindernis
lässt sich ohne Probleme meistern. Weitere Probleme gibt es mit den nötigen Grundkenntnissen
nicht. Doch Schritt für Schritt:

Natürlich können Sie bei der Zuständigkeitsprüfung nur bestehen, wenn Sie den Gerichtsaufbau in der Strafgerichtsbarkeit kennen. Diese Kenntnisse sind allerdings so elementar und selbstverständlich vorauszusetzen, dass ich im Einzelnen darauf nicht eingehen will. Haben Sie nur die geringsten Zweifel an Ihren Kenntnissen, sollten Sie sofort ein StPO-Lehrbuch zur Hand nehmen und Ihr Wissen auffrischen!

1. Zuständigkeiten

167 Im Erwachsenenstrafverfahren kann die Hauptverhandlung vor

* dem **Strafrichter,**
* dem **Schöffengericht,**
* der **Großen Strafkammer**

stattfinden. Die daneben ausnahmsweise denkbare erstinstanzliche Zuständigkeit des Oberlandesgerichts spielt in den Klausuren keine Rolle.

168 Bedenken Sie, dass Sie schon mit der unkorrekten Bezeichnung des zuständigen Gerichts Weichen stellen. Korrektoren werden Fehler kaum verzeihen. Der Strafrichter heißt also weder »*Einzelrichter*« noch »*Richter am AG*« oder gar »*Amtsrichter*«. Die Strafkammer muss unbedingt als »große« bezeichnet werden, weil jeder Korrektor zumindest ahnt, dass die unvollständige Bezeichnung nicht auf einem Versehen, sondern auf Unkenntnis von der Aufgabenverteilung zwischen großen und kleinen Strafkammern beruht. Zwar wird verschiedentlich vertreten, dass es außerhalb der Hauptverhandlung nur »Strafkammern« gebe. Das dürfte indes nicht zutreffend sein. Aus § 76 GVG ergibt sich, dass große Strafkammern mit drei Richtern und zwei Schöffen besetzt sind, Letztere bei Entscheidungen außerhalb der Hauptverhandlung jedoch nicht mitwirken. Bei der Bezeichnung als große Strafkammer bleibt es damit auch außerhalb der Hauptverhandlung.

Nicht weniger schlimm ist es, wenn statt der Zuständigkeit der Großen Strafkammer lediglich die Zuständigkeit des Landgerichts bejaht wird. Das habe ich leider schon allzu häufig in Klausuren gelesen. Der Schluss auf die Unwissenheit des Klausurverfassers ist dann zwingend.

169 **Der Strafrichter hat wie das Schöffengericht eine Strafgewalt von bis zu vier Jahren Freiheitsstrafe.** Im Gegensatz zum Schöffengericht ist der **Strafrichter** aber nur bei einer **Straferwartung von bis zu zwei Jahren** (Ausnahme Privatklagen) und wenn dem Angeschuldigten **kein Verbrechen** vorgeworfen wird, zuständig. Nur am Rande sei angemerkt, dass auch der Versuch eines Verbrechens und die Teilnahme daran Verbrechen darstellen. Führt eine Strafrahmenverschiebung dazu, dass die angedrohte Mindeststrafe unter ein Jahr rutscht, bleibt das Delikt ebenfalls ein Verbrechen. **Ab einer Straferwartung von mehr als vier Jahren ist die Zuständigkeit der Großen Strafkammer begründet.** Häufig kommt in Klausuren auch die Zuständigkeit des Schwurgerichts in Betracht, die sich aus § 74 II GVG ergibt (sämtliche Verbrechenstatbestände mit Todesfolge). Die weiteren Sonderzuständigkeiten nach den §§ 74a–74c StPO spielen in den Klausuren keine Rolle.

Es ergibt sich also folgende Zuständigkeitsverteilung:

* **Amtsgericht**
  - **Strafrichter:**
    Vergehen mit Straferwartung bis 2 Jahre; Privatklagedelikte
  - **Schöffengericht:**
    Vergehen mit Straferwartung über 2 Jahre bis 4 Jahre; Verbrechen bis 4 Jahre
* **Landgericht**
  - **Große Strafkammer:**
    Vergehen und Verbrechen mit Straferwartung über 4 Jahre
  - **Schwurgericht:**
    Katalogtat nach § 74 II GVG

Sind Sie sich über diese Zuständigkeitsverteilung im Klaren, geht es an die Begründung der Zuständigkeit im konkreten Fall. Kommen Sie dabei gleich auf den Punkt. Lange abstrakte

Ausführungen zu der Zuständigkeitsverteilung interessieren nicht und kosten Sie Zeit, die Sie an anderer Stelle möglicherweise noch dringend benötigen werden. Andererseits dürfen Sie sich auch nicht auf schlichte Feststellungen beschränken, denn Sie wollen den Leser ja überzeugen.

2. Regelstrafrahmen als Ausgangspunkt

Ausgangspunkt Ihrer Überlegungen zur Straferwartung muss – wie bei der Strafzumessung in einem Urteil – immer der Strafrahmen des schwersten Delikts sein. Selten mal wird nur ein einziger Straftatbestand anzuklagen sein.   **170**

- Das schwerste Delikt wird bei **Tatmehrheit** in aller Regel auch zur höchsten Einzelstrafe und damit zur Einsatzstrafe führen, die wiederum ganz entscheidenden Einfluss auf die Höhe einer Gesamtstrafe hat.
- Bei **Tateinheit** ist die Strafe ebenfalls dem Strafrahmen des **schwersten Delikts** zu entnehmen, das ist **das mit der höchsten angedrohten Höchststrafe**. Denken Sie unbedingt an die Sperrwirkung, die § 52 II 2 StGB bei unterschiedlichen Mindeststrafandrohungen nach unten entfaltet.

3. Strafrahmenverschiebungen

Beachten Sie, dass Strafrahmenverschiebungen wegen vertypter oder unbenannter Strafmilderungsgründe (natürlich auch Strafschärfungsgründe) unbedingt berücksichtigt werden müssen. Denn die Auswirkungen sind gravierend: **171**

- Sind Sie in Ihrem A-Gutachten zu dem Ergebnis gekommen, dass die Voraussetzungen des § 250 II StGB erfüllt sind, kommen Sie automatisch zu einer zu erwartenden Freiheitsstrafe von fünf Jahren und mehr. Sie können dann nur noch bei einer großen Strafkammer anklagen.
- Haben Sie dagegen einen minder schweren Fall nach § 250 III StGB bejaht, liegt die angedrohte Mindeststrafe nur noch bei einem Jahr, womit auch eine Anklage zum Schöffengericht möglich ist. Dieser Strafrahmen könnte sich beim Vorliegen vertypter Strafmilderungsgründe sogar noch deutlich ermäßigen. Eines wird Ihnen dadurch jedoch nicht gelingen, nämlich die Zuständigkeit des Strafrichters zu begründen. Denn an der Deliktsnatur ändert sich nichts. § 250 StGB bleibt ein Verbrechenstatbestand.

Das Erörtern in Betracht kommender Strafmilderungsgründe wird Ihnen an dieser Stelle allerdings keine große Mühe mehr machen, denn die wichtigsten Strafschärfungsgründe und die vertypten Strafmilderungsgründe haben Sie ja bereits in Ihrem materiellen Gutachten abgearbeitet. Zur Erinnerung: Zu den vertypten Strafmilderungsgründen gehören unter anderem §§ 13, 17 S. 2, 22, 23, 27, 28 I StGB. Haben Sie § 21 StGB bereits im materiellen Gutachten geprüft, ist das ebenfalls erledigt. Gilt für Sie die Anweisung, § 21 StGB und unbenannte Strafmilderungsgründe erst im prozessualen Gutachten zu erörtern,[137] muss das in diesem Zusammenhang geschehen.   **172**

> Die Verwirklichung von Regelbeispielen und der vorgenannten Strafmilderungsgründe führt zu einer **Strafrahmenverschiebung**, die für die Höhe der zu erwartenden Strafe zwingend zu berücksichtigen ist.

Sowohl die Voraussetzungen des § 21 StGB als auch die eines minder schweren Falles werden Sie – gleichgültig an welcher Stelle Ihrer Klausurlösung das geschieht – jedoch nur erörtern, wenn der Klausursachverhalt hinreichend konkreter Hinweise darauf enthält, dass das von Ihnen erwartet wird (Angaben zur Blutalkoholkonzentration oder gravierende Strafmilderungsgründe).

---

137 So ausdrücklich die Hinweise für die Anfertigung von Staatsanwaltsklausuren des Landesjustizprüfungsamts Niedersachsen.

a) § 21 StGB: Erhebliche Verminderung der Schuldfähigkeit

173 Im Vordergrund steht die erhebliche Verminderung der Steuerungsfähigkeit infolge Trunkenheit.

Auf § 21 StGB werden Sie in Ihrem Gutachten jedoch nur eingehen, wenn eine Tatzeit-BAK von mindestens 2,0 ‰ feststeht oder sich aufgrund einer gegebenenfalls erforderlichen Rückrechnung ergeben könnte. Im Bereich unter 2,0 ‰ darf in aller Regel bei einem erwachsenen gesunden Menschen von voller Schuldfähigkeit ausgegangen werden.

> Können Sie dem Klausursachverhalt eine deutliche Alkoholisierung des Beschuldigten entnehmen, müssen Sie zuerst dessen Tatzeit-BAK errechnen (dazu unten), um beurteilen zu können, ob Sie in die Erörterung des § 21 StGB einsteigen müssen.

Wie in § 20 StGB ist auch im Rahmen des § 21 StGB sehr genau zwischen der **Unrechtseinsichtsfähigkeit** und der **Steuerungsfähigkeit** zu **unterscheiden**.

> Die Unrechtseinsichtsfähigkeit ist die Fähigkeit, das Unrecht der Tat einzusehen.
> Die Steuerungsfähigkeit ist die Fähigkeit, entsprechend einer vorhandenen Unrechtseinsicht zu handeln.

Unrechtseinsichtsfähigkeit und Steuerungsfähigkeit können nicht gleichzeitig fehlen, weil die Steuerungsfähigkeit nur in Frage stehen kann, wenn der Beschuldigte zur Einsicht in das Unrecht seiner Tat gelangt ist.

Die Gründe für das Fehlen der Unrechtseinsichts- oder der Steuerungsfähigkeit müssen in den in § 20 StGB, auf den § 21 StGB Bezug nimmt, aufgeführten sog. **biologischen Merkmalen** liegen. Dazu gehören:

- die krankhafte seelische Störung
  - exogene Psychosen, Störungen mit hirnorganischer Ursache
  - endogene Psychosen wie Schizophrenie und manische Depression
  - **Intoxikationspsychosen wie Trunkenheit**
- die tief greifende Bewusstseinsstörung
  - Erschöpfung, Übermüdung
  - Affekt
- der Schwachsinn
  - angeborene Intelligenzschwäche
- die schwere andere seelische Abartigkeit
  - Psychopathien
  - Neurosen
  - Triebstörungen

> Die Steuerungsfähigkeit des Beschuldigten ist erheblich vermindert, wenn dieser **bei vorhandener Unrechtseinsicht** den Tatanreizen erheblich weniger Widerstand entgegensetzen kann als der nüchterne Durchschnittsmensch.

> Wichtig ist, dass Sie sich merken: Die Verminderung der Einsichts**fähigkeit** allein ist bedeutungslos. Diese hat rechtlich erst dann Folgen, wenn sie im konkreten Fall auch tatsächlich zum Fehlen der Unrechtseinsicht geführt hat.

174 Fehlt es dagegen an der Unrechtseinsicht wegen eines Defekts iSd § 20 StGB, hängt das Vorliegen des § 21 StGB davon ab, ob das Fehlen der Unrechtseinsicht vermeidbar war. Konnte der Beschuldigte das Fehlen der Unrechtseinsicht nicht vermeiden, handelt er gem. § 20 StGB schuldlos. Nur wenn das Fehlen der Unrechtseinsicht vermeidbar war, ist § 21 StGB gegeben.

> Vermeidbar ist das Fehlen der Unrechtseinsicht, wenn der Beschuldigte bei gehöriger Anspannung aller ihm verbliebenen Geisteskräfte das Unrecht seiner Tat hätte erkennen müssen.

In einer Klausur werden Sie aber gar nicht so weit kommen. Auch wenn Sie ausnahmsweise eine Tatzeit-BAK von 3,0‰ und mehr feststellen, werden Sie ohne Weiteres aus der Heimlichkeit bei der Tatbegehung oder der anschließenden Flucht des Beschuldigten auf dessen vorhandene Unrechtseinsicht schließen können.

Bei vorhandener Unrechtseinsicht und erheblich verminderter Steuerungsfähigkeit ist 175
§ 21 StGB dagegen immer erfüllt. Letzteres zu prüfen ist also Ihre Aufgabe in den Klausuren. Dazu müssen Sie die Systematik des § 21 StGB jedoch nicht vollständig erörtern. Dennoch müssen Sie diese kennen, um begriffliche Verwirrung zu vermeiden und dem Korrektor klipp und klar mitteilen zu können, worum es Ihnen geht.

Zur Veranschaulichung das folgende Schaubild:

aa) Feststellung der Tatzeit-BAK

Sie haben die erhebliche Verminderung der Steuerungsfähigkeit im Gutachten grundsätzlich 176
erst ab einer Tatzeit-BAK von 2,0‰ und mehr und bei Tötungsdelikten – wegen der deutlich höheren Hemmschwelle – ab einer Tatzeit-BAK von 2,2‰ und mehr zu erörtern.

Wie bereits oben angerissen, kann sich die Tatzeit-BAK aus einer Rückrechnung auf der Basis des Ergebnisses einer Blutuntersuchung oder aufgrund von Trinkmengenangaben ergeben.

- **Die Rückrechnung auf der Basis des Ergebnisses einer Blutuntersuchung** ist sehr einfach. Weil eine Blutprobe immer erst nach der Tat entnommen wird, ist unter Berücksichtigung des Zweifelssatzes mit dem denkbar höchsten Abbauwert auf die denkbar höchste Tatzeit-BAK zurückzurechnen. Diese wirkt sich zugunsten des Täters aus, weil es um die Voraussetzung für eine Strafrahmenmilderung nach § 21 StGB geht.

> **Merke:** Bei einer Rückrechnung auf der Basis des Ergebnisses einer Blutuntersuchung ist zugunsten des Beschuldigten von einem stündlichen Abbauwert von 0,2‰ sowie einem **einmaligen** Sicherheitszuschlag von 0,2‰ auszugehen.

- **Die Rückrechnung aufgrund von Trinkmengenangaben** wird Ihnen etwas mehr abverlangen, stellt aber keineswegs eine unüberwindliche Hürde dar. Diese Art der Rückrechnung wird erforderlich, wenn ein Ergebnis einer Blutuntersuchung nicht vorliegt und Ihnen im Sachverhalt hinreichend genaue Trinkmengenangaben an die Hand gegeben werden. Zudem müssen Sie das Gewicht des Beschuldigten kennen, das für die BAK ebenfalls von entscheidender Bedeutung ist. Fehlen diese Daten im Sachverhalt, können Sie die Rückrechnung nicht leisten und wird sie von Ihnen auch nicht verlangt. Es ist jedoch gut vorstellbar, dass Sie einmal im Rahmen einer Revisionsklausur vor die Aufgabe gestellt werden, eine in dem anzufechtenden Urteil dokumentierte BAK-Berechnung auf ihre Richtigkeit zu untersuchen.

Die BAK-Berechnung aufgrund von Trinkmengenangaben erfolgt mit Hilfe der *Widmark-Formel:*[138]

> Die BAK in Promille ergibt sich aus dem genossenen Alkohol in Gramm abzüglich eines zehn- (bis dreißig-) prozentigen Resorptionsdefizits geteilt durch das reduzierte (Männer mal 0,7; Frauen mal 0,6) Körpergewicht in Kilogramm.

Bei der Berechnung der Alkoholmenge müssen Sie darauf achten, dass der Alkoholgehalt von Getränken immer in Volumenprozenten angegeben wird. Die sich daraus ergebenden Volumenanteile müssen wegen des spezifischen Gewichts des Alkohols noch mit 0,81 multipliziert werden, um die Gewichtsanteile zu ermitteln. Im Rahmen der BAK-Berechnung für § 21 StGB ist zugunsten des Beschuldigten das denkbar niedrigste Resorptionsdefizit von 10% in die Widmark-Formel einzustellen.

Zu berücksichtigen ist ferner der Zeitfaktor. Hat der Beschuldigte den Alkohol über mehrere Stunden – vor der Tat – zu sich genommen, ist der bis zur Tat abgebaute Blutalkohol abzuziehen. Um zugunsten des Beschuldigten wiederum auf eine für diesen möglichst günstige und damit möglichst hohe BAK zu kommen, ist in dieser Konstellation mit dem denkbar niedrigsten Abbauwert von 0,1‰ pro Stunde zurückzurechnen. Ein Sicherheitszuschlag kommt nicht in Betracht.[139]

> Bei einer BAK-Berechnung auf der Basis von Trinkmengenangaben ist zugunsten des Beschuldigten bei einem Resorptionsdefizit von 10% von einem stündlichen Abbauwert von 0,1‰ auszugehen.

bb) Wirkung psychodiagnostischer Kriterien

177 Nach der Ermittlung der Tatzeit-BAK bleibt im Gutachten die Frage zu beantworten, ob allein aufgrund der Tatzeit-BAK bereits von einer erheblichen Verminderung der Steuerungsfähigkeit ausgegangen werden kann oder ob entgegenstehende Umstände zu berücksichtigen sind.

Während in der früheren Rechtsprechung des BGH unter Berücksichtigung des Zweifelssatzes die BAK mangels anderer aussagekräftiger Anknüpfungspunkte regelmäßig ausreichte, hat die Leistungsfähigkeit des Täters (**psychodiagnostische Kriterien**) zur Tatzeit erheblich an Aussagekraft gewonnen. Vereinzelt wird in den Klausuren eine Auseinandersetzung damit verlangt.

> Unter den psychodiagnostischen Kriterien sind Leistungsmerkmale während oder unmittelbar vor oder nach der Tat zu verstehen, die Rückschlüsse auf das Leistungsvermögen und damit die Steuerungsfähigkeit des Täters zulassen.

178 Gemeint sind **in sich logische und schlüssige Handlungssequenzen und motorische Kombinationsleistungen, die in der jeweiligen Form nicht möglich sind, wenn die Steuerungsfähigkeit erheblich beeinträchtigt wäre.** Dazu gehören äußere Anzeichen wie das Fehlen von Koordinationsproblemen und lallender Sprache, aber auch das Bewältigen komplexerer Handlungen oder das schnelle und angepasste Reagieren auf eine sich verändernde Tatsituation.[140]

Weil derartige Abwägungen regelmäßig die Hinzuziehung eines psychiatrischen Sachverständigen in der Hauptverhandlung erfordern, werden Sie mit der Anklageerhebung die Einholung eines Sachverständigengutachtens beantragen müssen.

---

138 *Fischer* StGB § 20 Rn. 14–15a.
139 *Theune* NStZ-RR 2006, 193 (194).
140 **Unbedingt nachlesen:** BGH NStZ 1998, 296 und StV 1998, 537 = NJW 1998, 3427.

> Ab einer Tatzeit-BAK von 2,0 ‰ ist die erhebliche Verminderung der Steuerungsfähigkeit zu erörtern.
> Die Tatzeit-BAK stellt für sich zunächst nur einen groben Richtwert dar.

| **Liegen daneben aussagekräftige psycho-diagnostische Leistungsmerkmale vor,** ist zu prüfen, ob diese trotz hoher Alkoholisierung der Annahme erheblich verminderter Steuerungsfähigkeit entgegenstehen. | **Nur wenn es an aussagekräftigen psycho-diagnostischen Leistungsmerkmalen fehlt,** wird unter Berücksichtigung des Zweifelssatzes allein aufgrund der Tatzeit-BAK eine erhebliche Verminderung der Steuerungsfähigkeit zu bejahen sein. |

Sind Sie sich in der Klausur unsicher oder fehlt es Ihnen an der für eine Abwägung erforderlichen Zeit, sollten Sie sich auf die früher anerkannte Zweifelsregelung zurückziehen und ab 2,0‰ bzw. 2,2‰ die erhebliche Beeinträchtigung der Steuerungsfähigkeit bejahen. Nachdem Sie den Lösungsweg dargestellt haben, kann von Ihnen eigentlich nicht mehr erwartet werden. Das wird in der Praxis auch heute noch vielfach so gemacht. **179**

Haben Sie die Voraussetzungen des § 21 StGB bejaht, sollten Sie sich auch gleich mit den sich daraus ergebenden Folgen auseinandersetzen und den sich aus den §§ 21, 49 I StGB gemilderten Strafrahmen konkret bestimmen. Davon sollten Sie nur absehen, wenn die Strafrahmenmilderung offensichtlich keine Auswirkungen auf die sachliche Zuständigkeit des für die Hauptverhandlung zuständigen Gerichts hat. Spätestens im prozessualen Teil müssten Sie das ohnehin leisten.

Gemäß § 49 I Nr. 2 StGB vermindert sich die angedrohte Höchststrafe auf dreiviertel der Strafandrohung des Regelstrafrahmens. Bei einer angedrohten Höchststrafe von 15 Jahren verringert sich die Höchststrafe damit auf 11 Jahre 3 Monate und nicht auf 11 Jahre 9 Monate, wie ich es schon so oft gelesen habe.

Zur Verdeutlichung des Ergebnisses des vorstehenden Abschnitts das folgende Aufbau- und

Formulierungsbeispiel:
Tatbestand ...

Rechtswidrigkeit ...

Schuld
Fraglich ist, ob der Beschuldigte zur Tatzeit iSd § 20 StGB infolge seiner Alkoholintoxikation wegen einer krankhaften seelischen Störung schuldunfähig war. Eine ihm zwei Stunden nach der Tat entnommene Blutprobe enthielt 2,0‰. Zu seinen Gunsten ist mit dem denkbar höchsten Abbauwert von 0,2‰ sowie einem einmaligen Sicherheitszuschlag von 0,2‰ zurückzurechnen, sodass für den Tatzeitpunkt von einer BAK von 2,6‰ auszugehen ist. Die Aufhebung der Einsichts- oder Steuerungsfähigkeit kommt jedoch erst ab einer BAK von 3,0‰ in Betracht.

Unter Zuständigkeit oder Strafe
Jedoch könnte die Steuerungsfähigkeit des Beschuldigten erheblich vermindert gewesen sein. Die erhebliche Verminderung der Steuerungsfähigkeit kommt bei Kapitaldelikten wegen der hohen Hemmschwelle erst ab einer BAK von 2,2‰ in Betracht. Dieser Wert ist mit der zuvor errechneten Tatzeit-BAK von 2,6‰ überschritten. Jedoch ist die BAK allein nur dann maßgebend, wenn über die tatsächliche Leistungsfähigkeit des Beschuldigten zur Tatzeit keine Erkenntnisse vorliegen. Anders ist es im vorliegenden Fall. Der Beschuldigte war in der Lage, den richtigen Zeitpunkt für seine Tat zu erkennen. Die Idee der verzögerten Brandlegung mittels einer brennenden Zigarette und deren Ausführung sprechen ebenfalls ... Insgesamt liegen damit eine ganze Reihe aussagekräftiger Leistungsmerkmale vor, sodass davon auszugehen ist, dass die Steuerungsfähigkeit des Beschuldigten trotz der hohen BAK nicht erheblich vermindert war.

b) Minder schwere Fälle

180 Die Verbrechens- und schwerere Vergehenstatbestände sehen minder schwere Fälle vor, die mit deutlich geringeren Strafen bedroht sind, als der jeweilige Regelstrafrahmen vorsieht.

Ein minder schwerer Fall liegt vor,

> wenn das Tatbild einschließlich aller subjektiven Momente und der Täterpersönlichkeit vom Durchschnitt der erfahrungsgemäß gewöhnlich vorkommenden Fälle in einem so erheblichen Maße abweicht, dass der Regelstrafrahmen nicht mehr angemessen ist.

181 Die Feststellung eines minder schweren Falles erfordert also eine **umfassende Gesamtwürdigung aller tat- und täterbezogenen Umstände. Das kommt in den Klausurlösungen häufig nicht ausreichend zum Ausdruck!**

Gleichgültig ist, ob diese tat- und täterbezogenen Umstände der Tat innewohnen, sie begleiten, ihr vorausgehen oder ihr folgen. Für Sie bedeutet das, dass Sie sich vor allem mit den tatbezogenen Umständen (zB Verletzungen, Beutehöhe, Schäden) auseinandersetzen müssen. Täterbezogene Umstände, zu denen Geständnisse/geständige Einlassungen und Vorstrafen gehören, müssen ebenfalls in die Gesamtabwägung einfließen. Keinesfalls reicht es zur Begründung eines minder schweren Falles aus, dass Sie allein auf eine »nur geringe Beute« oder den Umstand abstellen, dass »das Opfer keine Verletzungen erlitten hat«. Denn das ist keine Gesamtwürdigung.

Nur wenn am Ende der Gesamtwürdigung die strafmildernden Umstände die strafschärfenden Umstände deutlich überwiegen, dürfen Sie von einem minder schweren Fall ausgehen. Ist das nicht der Fall, sind Sie jedoch noch nicht am Ende Ihrer Überlegungen.

182 Abgeleitet aus dem Wortlaut des § 50 StGB haben Sie dann nämlich einen gleichzeitig vorliegenden **vertypten Strafmilderungsgrund,** das sind die Strafrahmenmilderungsgründe des Allgemeinen Teils (§§ 13, 21, 23, 27 usw.), in die Gesamtwürdigung einzustellen. Denn ein minder schwerer Fall führt in der Regel zu einem für den Beschuldigten günstigeren Strafrahmen als die Strafrahmenmilderung nach § 49 StGB. Ein zusätzlicher vertypter Strafmilderungsgrund wird die Waage regelmäßig deutlich zugunsten des minder schweren Falles ausschlagen lassen, sodass Sie in der Klausur bei gleichzeitigem Vorliegen beachtlicher Strafmilderungsgründe regelmäßig den minder schweren Fall werden bejahen können.

> **Aufbauhinweis:** Für den Aufbau Ihres Gutachtens bedeutet das, dass Sie § 21 StGB immer vor den unbenannten Strafmilderungsgründen zu prüfen haben, um eine Inzidentprüfung zu vermeiden.

Die übrigen vertypten Strafmilderungsgründe – wie beispielsweise §§ 13, 23, 27 StGB – haben Sie dagegen bereits im A-Gutachten erörtert.

Zur Veranschaulichung die folgende Skizze:

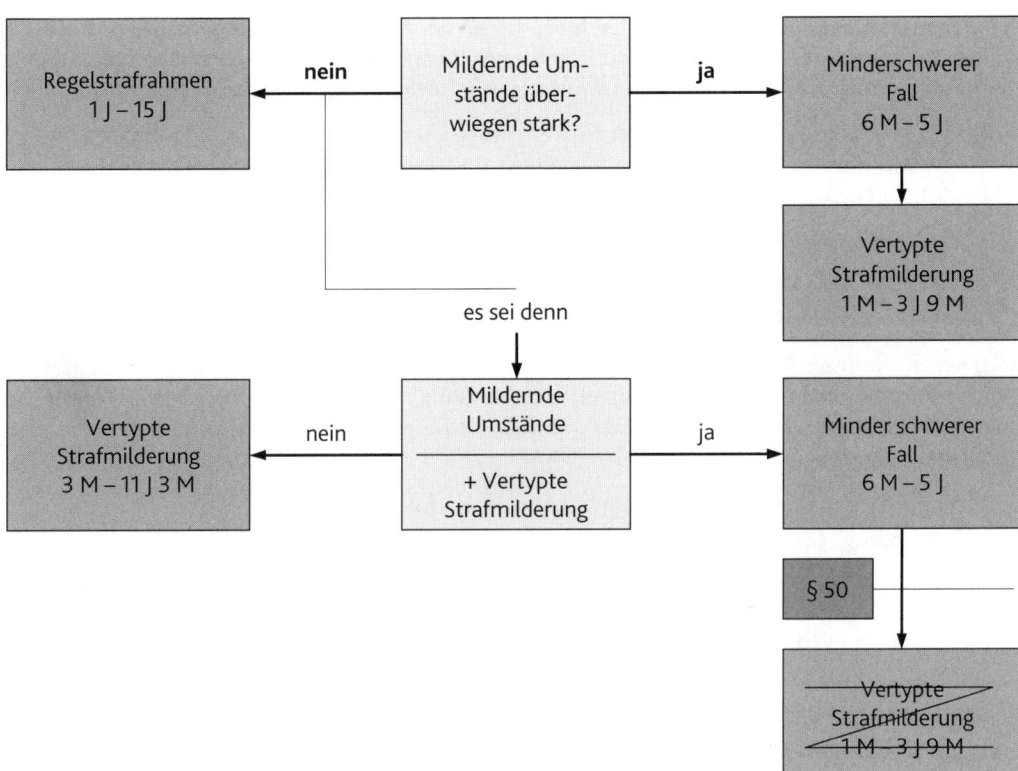

Das alles sollten Sie in der Klausur in der gebotenen Kürze und Prägnanz darstellen. Sie wer- **183** den den Korrektor mit Ihrem Wissen überraschen und begeistern. Für die Frage, ob Sie sich überhaupt mit einem im Gesetz vorgesehenen minder schweren Fall beschäftigen müssen, sollten Sie sich an den für Urteile geltenden Anforderungen orientieren: Die Erörterung ist erforderlich, wenn der Sachverhalt dazu drängt, weil zumindest gewichtige Strafmilderungs- gründe erkennbar sind. Eine Erörterung ist überflüssig, wenn die Annahme eines minder schweren Falles fern liegt oder sogar abwegig ist.

Nennen Sie den Strafrahmen, von dem Sie für die Straferwartung ausgehen, immer! Das dient auch der Selbstkontrolle.

Formulierungsbeispiel:
Fraglich ist, ob ein minder schwerer Fall des § 249 II StGB in Betracht kommt. Das wäre der Fall, wenn in einer umfassenden Abwägung aller für und gegen den Beschuldigten sprechenden Um- stände, die strafmildernden Umstände so überwiegen würden, dass der Regelstrafrahmen nicht mehr angemessen wäre. Für den Beschuldigten … Gegen ihn spricht dagegen … Die strafmil- dernden Umstände überwiegen also nicht stark. Jedoch hat der Beschuldigte im Zustand erheblich verminderter Steuerungsfähigkeit gem. § 21 StGB gehandelt. Dieser vertypte Strafmilderungs- grund ist, wie aus § 50 StGB abgeleitet wird, mit erheblichem Gewicht zugunsten des Beschuldig- ten in die Gesamtabwägung einzustellen, sodass die strafmildernden Umstände letztlich doch in einem Maße überwiegen, dass der Regelstrafrahmen unangemessen ist. Der Strafrahmen ver- schiebt sich damit auf Freiheitsstrafe von sechs Monaten bis zu fünf Jahren.

4. Konkrete Straferwartung

Unter Berücksichtigung der wichtigsten und ins Auge springenden Strafzumessungsgesichts- **184** punkte müssen Sie nun auf die zu erwartende Strafe hin argumentieren. Weil Ihre Erfahrung in Sachen Strafzumessung in der Regel gegen Null tendiert, werden Sie Schwierigkeiten ha- ben, sich auf eine konkrete Straferwartung festzulegen. Das müssen Sie aber auch gar nicht mehr. Der Prüfer will von Ihnen vor allem wissen, ob die zu erwartende Strafe nicht mehr als zwei Jahre (dann Strafrichteranklage), über zwei und nicht mehr als vier Jahre (dann Schöffengerichtsanklage) oder mehr als vier Jahre (dann Strafkammeranklage) beträgt. Fühlen Sie sich sicher genug, bieten Sie dem Prüfer noch ein wenig mehr an und legen Sie sich auf eine grob umrissene Strafe fest. Besonders souverän wird es wirken, wenn Sie in Ihre Argumentation einfließen lassen, dass Sie

> im Hinblick auf die erheblichen Strafmilderungsgründe eine Strafe lediglich im unteren Bereich des Strafrahmens

erwarten oder aus denselben Gründen (natürlich nur, wenn der Strafrahmen und die Tatumstände es zulassen)

> allenfalls eine Geldstrafe

in Betracht kommt. Mancher Prüfer wird stutzen, wenn Sie im Ergebnis eine Freiheitsstrafe unter sechs Monaten für wahrscheinlich halten, denn im Hinblick auf § 47 StGB kommen sog. »kurze« Freiheitsstrafen nur ausnahmsweise in Betracht, wenn diese zur Einwirkung auf den Täter unerlässlich sind.

In Ihrem prozessualen Gutachten könnte es auch wie folgt heißen:

> Die Anklage ist an das Landgericht – Große Strafkammer – zu richten, dessen Zuständigkeit sich aus § 74 I GVG ergibt. Das schwerste der von dem Beschuldigten verwirklichten Delikte, § 250 II StGB, droht Freiheitsstrafe von mindestens fünf Jahren an. Vertypte Strafmilderungsgründe liegen nicht vor, ein minder schwerer Fall kommt nicht in Betracht. Damit wird schon die Einsatzstrafe für die zu bildende Gesamtfreiheitsstrafe fünf Jahre übersteigen.

Ergibt sich bei mehreren Beschuldigten die Zuständigkeit jeweils eines anderen Gerichts, sind diese Beschuldigten alle gemeinsam bei dem Gericht der höchsten Ordnung anzuklagen, wenn die Voraussetzungen für eine gemeinsame Anklage nach § 3 StPO erfüllt sind.

II. Örtliche Zuständigkeit

185 Die Erörterung der örtlichen Zuständigkeit des Gerichts stellt in der Klausur kein Problem dar. Zuständig wird immer das für den Tatort zuständige Amtsgericht (im Zweifel am Tatort) oder Landgericht sein. Wegen § 141 GVG befindet sich das nächste Landgericht immer am Sitz der Staatsanwaltschaft.

Um die richtige geographische Bezeichnung des Ortes, das wird von den Kandidaten immer wieder verkannt, kann es in der Klausur nicht gehen. Denn kein Mensch kann von Ihnen verlangen, die Sitze der Amts- und Landgerichte zu kennen. Nein, der Korrektor erwartet von Ihnen kurze Ausführungen zum richtigen Gerichtsstand im Sinne der §§ 7–9 StPO (**Tatort, Wohn- oder Aufenthaltsort, Ergreifungsort**). Die übrigen Gerichtsstände sind für die Klausur ohnehin ohne Bedeutung. Weil es damit in aller Regel keine ernsthaften Probleme gibt, dürfen Sie das im Urteilsstil unter Hinweis auf die einschlägige Vorschrift abarbeiten. Achten Sie darauf, dass der von Ihnen angenommene Gerichtsstand auch zu der Staatsanwaltschaft passt, die die Ermittlungen führt. Mehr wird von Ihnen nicht verlangt.

> **Formulierungsbeispiel:**
> Der Beschuldigte hat die Tat in ... begangen. Damit ist gem. § 7 StPO die Zuständigkeit des für diesen Tatort zuständigen Landgerichts ... begründet.

Die den Klausursachverhalten zugrunde liegenden Taten können auch in verschiedenen Orten begangen worden sein. So hatte ein Beschuldigter in einem Klausurfall einen Raub in Lübeck und eine Brandstiftung in Hamburg begangen, wo er nach der Tat festgenommen wurde. Es ermittelte die Staatsanwaltschaft Hamburg, die gem. **§ 13 StPO** die Anklage zum Landgericht Hamburg zu erheben hatte.

III. Anklage oder besondere Verfahrensarten

Die Erörterung besonderer Verfahrensarten wird meistens schon aufgrund einer Anweisung im Bearbeitervermerk überflüssig sein!

Wegen der Ausnahmen und insbesondere wegen der großen Bedeutung für die mündliche Prüfung die nachfolgenden Hinweise:

1. Strafbefehlsverfahren

Nur wenn Sie zuvor die Zuständigkeit des Strafrichters bejaht haben, kann eine Erörterung **186** des Strafbefehlsverfahrens erforderlich sein. Der Vorsitzende des Schöffengerichts, ein Schöffengericht in der Besetzung mit zwei Schöffen gibt es nämlich nur in der Hauptverhandlung, kann im originären Strafbefehlsverfahren nicht zuständig sein. Denn die höchste Rechtsfolge, die in einem Strafbefehl verhängt werden darf, ist Freiheitsstrafe von einem Jahr. Die Zuständigkeit des Schöffengerichts und damit auch dessen Vorsitzenden beginnt aber erst ab einer Straferwartung von mehr als zwei Jahren. Verbrechen dürfen ohnehin nicht durch Strafbefehl geahndet werden. Die anders lautenden §§ 407, 408 StPO, die bei der Novellierung des § 25 GVG durch das Rechtspflegeentlastungsgesetz nicht geändert worden sind, sind mit dem aktuellen Wortlaut des § 25 GVG nicht vereinbar und führen deshalb in die falsche Richtung. Für das Schöffengericht bleibt nur das Verfahren nach § 408a StPO.

Mein Tipp für die Klausur: **Finger weg von Strafbefehlsverfahren!** Möglicherweise enthält **187** schon der Bearbeitervermerk den Hinweis, dass das Strafbefehlsverfahren nicht in Betracht kommt. Davon abgesehen sollten Sie bei dem bleiben, was Sie geübt haben und können. Und das ist nun mal die klassische Anklage und nicht der Strafbefehlsantrag, in dem Sie sich zudem auf einen konkreten Rechtsfolgenantrag festlegen müssten. Sicher wird der Prüfer von Ihnen einige Worte zum Strafbefehlsverfahren lesen wollen, wenn Sie in Ihrem Gutachten nur Tatbestände aus dem Bereich der Bagatellkriminalität bejaht haben. Doch wird es Ihnen mit einigen wenigen Standardargumenten keine Schwierigkeiten bereiten aufzuzeigen, dass der richtige Weg die Anklageerhebung ist:

- Selten wird ein Klausursachverhalt mehr als vage Angaben zu den Lebensumständen und Einkommensverhältnissen des Beschuldigten enthalten. In dieser Konstellation hilft Ihnen Nr. 175 III 1 RiStBV: Ein Antrag auf Erlass eines Strafbefehls ist dann schon deshalb untunlich, weil **nicht alle für die Rechtsfolgenbestimmung wesentlichen Umstände aufgeklärt** sind.
- Auch in vielen anderen Fällen hilft Ihnen Nr. 175 III 1 RiStBV weiter. Sie können nämlich schlicht behaupten, dass **aus Gründen der Spezialprävention die Durchführung einer Hauptverhandlung geboten erscheint.** Das ist zwar letztlich eine Leerformel, reicht aber für die Klausur aus. Dagegen sollten Sie von generalpräventiven Erwägungen besser die Finger lassen.

Keinesfalls dürfen Sie das Strafbefehlsverfahren damit ablehnen, der Beschuldigte habe die Tat bestritten, weshalb ohnehin ein Einspruch gegen den Strafbefehl zu erwarten sei. Denn damit würden Sie gegen Nr. 175 III 2 RiStBV verstoßen, der das gerade nicht ausreichen lässt.

Wichtig ist, dass Sie nicht zu viel Zeit auf das Strafbefehlsverfahren verschwenden. Beschränken Sie sich auf wenige Sätze!

> **Formulierungsbeispiel:**
> … Aus diesen Gründen ist die Anklage an den Strafrichter zu richten. Trotz der geringen Straferwartung kommt ein Strafbefehlsantrag (§§ 407 ff. StPO) nicht in Betracht.
> … Weder die Einkommensverhältnisse noch die sonstigen Lebensumstände des Beschuldigten sind bislang hinreichend aufgeklärt, sodass keine ausreichenden Grundlagen für die Bestimmung der Rechtsfolge vorliegen (Nr. 175 III 1 RiStBV).
>
> (oder:)
>
> … Das Verhalten des Beschuldigten gebietet es, ihm das Unrecht seines Tuns im Rahmen einer Hauptverhandlung deutlich vor Augen zu führen (Nr. 175 III Var. 2 RiStBV).

2. Beschleunigtes Verfahren

188 Mein nächster Tipp: **Finger weg auch vom beschleunigten Verfahren!** Auch das ist eine Verfahrensart, mit der Sie sich im Zweifel nicht sicher genug auskennen. Im Übrigen kann ich mir für die Examensklausur keinen Fall vorstellen, in dem die Voraussetzungen des § 417 StPO erfüllt wären. In vielen Fällen wird es an der *hinreichend klaren Beweislage* fehlen, die § 417 StPO verlangt, denn die meisten Klausuren sind auf eine Beweiswürdigung hin ausgelegt. Dass es in einer Examensklausur gar um einen *einfachen Sachverhalt* gehen könnte, halte ich schon aus der Natur der Sache heraus für ausgeschlossen. Sie sollten sich bei der Ablehnung des beschleunigten Verfahrens schon deshalb nicht schwer tun, weil viele Staatsanwaltschaften auch in der Praxis nur sehr zurückhaltend davon Gebrauch machen. Es ist also sehr wahrscheinlich, dass Sie mit der Ablehnung auf der Linie der Lösungsskizze liegen werden.

Denken Sie zudem immer daran, dass auch das beschleunigte Verfahren nur vor dem Strafrichter durchgeführt werden kann. Nr. 175 IV RiStBV wird in der Klausur keine Rolle spielen, weil Anlass für die Haft regelmäßig schwerere Straftaten sein werden.

> **Formulierungsbeispiel:**
> Obwohl die Zuständigkeit des Strafrichters begründet ist und dem Beschuldigten nur Bagatelldelikte vorzuwerfen sind, kommt ein beschleunigtes Verfahren gem. § 417 StPO nicht in Betracht. Wegen der erforderlichen Beweisaufnahme, der Vielzahl der Tatvorwürfe und der rechtlichen Probleme ist weder die Beweislage klar noch der Sachverhalt einfach.

Notfalls können Sie auch auf die sich aus Nr. 146 I 2 RiStBV ergebenden Einschränkungen zurückgreifen.

Wenn der Sachverhalt nicht ausnahmsweise gerade nach einer Auseinandersetzung mit dem beschleunigten Verfahren schreit, ist dessen Erörterung meines Erachtens überflüssig. Geradezu verfehlt wäre es, bei angenommener Zuständigkeit des Schöffengerichts noch ergänzend darauf hinzuweisen, ein beschleunigtes Verfahren komme deshalb nicht in Betracht. Gleiches gilt in dieser Konstellation für einen entsprechenden Hinweis auf ein Strafbefehlsverfahren.

IV. Absehen von der Verfolgung (§ 154 StPO) und Beschränkung (§ 154a StPO)

189 Hier können Sie zeigen, ob Sie souverän mit einem der wichtigsten Hilfsmittel der Staatsanwaltschaften umgehen können. Denn diese Vorschriften eröffnen dem Staatsanwalt die Möglichkeit, den Anklage- und damit den Prozessstoff auf ein überschaubares Maß zu beschränken. Ihnen bieten diese Vorschriften die Gelegenheit, Ihre Anklage zu verschlanken bzw. zu entwirren und dadurch zugleich möglicherweise entscheidende Minuten gutzumachen. Das setzt jedoch durchdachtes Vorgehen voraus. Klausurtaktisch haben Sie damit nämlich die Möglichkeit, Tatbestände, die »unwichtig« sind und Ihnen bei der Formulierung des Anklagesatzes oder dessen Strukturierung Probleme bereiten könnten, loszuwerden. Das wird Ihnen aber nur dann wirklich gelingen, wenn Sie zuvor bereits den Aufbau des Anklagesatzes skizziert haben.

190 Doch **Vorsicht**, es gibt bestimmte Delikte, die die Staatsanwaltschaften trotz geringer Strafandrohung fast immer anklagen werden. Die Einstellung/Beschränkung wäre dann nicht praxisgerecht. Dazu gehören alle Straftaten im Zusammenhang mit dem Straßenverkehr, insbesondere, wenn daran die Entziehung der Fahrerlaubnis nach den §§ 69, 69a StGB oder ein Fahrverbot gem. § 44 StGB hängt. Auch Straftaten gegen und von Polizisten im Dienst wird der Staatsanwalt regelmäßig anklagen.

Die Anwendung der §§ 154, 154a StPO kann ausnahmsweise auch durch den Bearbeitervermerk verboten sein!

1. Prozessualer Tatbegriff

191 Haben Sie sich entschlossen, eines von mehreren verwirklichten Delikten nicht anzuklagen, richtet sich die weitere Vorgehensweise nach dem **prozessualen Tatbegriff des § 264 StPO**. Denn die §§ 154, 154a StPO knüpfen an diesen prozessualen Tatbegriff an. Nur bei verschiedenen Taten im prozessualen Sinne kann es zur Anwendung des § 154 StPO kommen. Bei nur einer prozessualen Tat bleibt es selbst bei Tatmehrheit bei der Beschränkung nach § 154a StPO.

Die Tat im prozessualen Sinn ist ein einheitlicher geschichtlicher Vorgang, der sich von anderen ähnlichen oder gleich gelagerten unterscheidet. Zur Tat gehört ohne Rücksicht auf Tateinheit oder Tatmehrheit das gesamte Verhalten des Täters, soweit es nach natürlicher Auffassung einen einheitlichen Lebensvorgang darstellt.

Tatmehrheit wird regelmäßig zur Annahme selbstständiger prozessualer Taten führen, es sei denn, der Unrechts- und Schuldgehalt kann jeweils isoliert nicht richtig gewürdigt werden![141] Eine Vielzahl von Beispielen zum Tatbegriff können Sie den einschlägigen Kommentaren entnehmen.

Wenn Sie sich nicht bereits im Zusammenhang mit einer Teileinstellung gem. § 170 II StPO mit dem Tatbegriff auseinandergesetzt haben, muss das an dieser Stelle geschehen.

Achtung: Keinesfalls dürfen Sie den prozessualen Tatbegriff – wie es häufig in Klausuren geschieht – losgelöst von einer konkreten prozessualen Frage am Anfang Ihres prozessualen Gutachtens erörtern. Jeder Leser wird sich die Frage nach der Relevanz stellen. Der prozessuale Tatbegriff ist ausschließlich dort zu prüfen, wo er von Bedeutung ist.

2. Beschränkung der Verfolgung nach § 154a I StPO

192 Wollen Sie ein Delikt, das zur selben prozessualen Tat gehört oder das gar in **Tateinheit** mit einem anderen von Ihnen anzuklagenden Delikt steht, nicht anklagen, dann ist die **Beschränkung der Verfolgung gem. § 154a StPO** das richtige prozessuale Mittel. Die ebenfalls zulässige Beschränkung auf einzelne abtrennbare Teile einer Tat (etwa Teile einer Dauerstraftat) spielt in der Praxis nur eine unbedeutende und in der Klausur gar keine Rolle.

Die Begründung der Beschränkung ist einfach:

Formulierungsbeispiel:
Im Hinblick auf die wegen des schweren Raubes zu erwartende Strafe fällt die wegen der tateinheitlich begangenen Körperverletzung zu erwartende Strafe nicht beträchtlich ins Gewicht. Die Verfolgung **soll** deshalb **auf** den schweren Raub **beschränkt** werden (§ 154a I Nr. 1 StPO).

193 Meine Erfahrung zeigt, dass in diesem Zusammenhang immer wieder zu den abenteuerlichsten Formulierungen gegriffen wird. Prägen Sie sich deshalb unbedingt ein, dass eine **Beschränkung** immer **auf** das anzuklagende Delikt erfolgt. In der oben genannten Konstellation darf es also nicht heißen: »*§ 303 StGB wird beschränkt.*« Solche oder ähnliche Formulierungen habe ich schon sehr oft gelesen. Deren Auswirkungen auf die Gewogenheit des Korrektors sind offensichtlich!

Verlieren Sie auf gar keinen Fall aus dem Auge, dass die Beschränkung – in der Abschlussverfügung – aktenkundig zu machen (§ 154a I 3 StPO) und zudem in der Anklageschrift zu vermerken ist (Nr. 101a III RiStBV).

Nach Nr. 101a I RiStBV soll der Staatsanwalt von der Möglichkeit der Beschränkung Gebrauch machen, wenn dies der Vereinfachung des Verfahrens dient.

3. Absehen von Verfolgung nach § 154 I StPO

194 Sind Sie zu dem Ergebnis gelangt, dass es sich bei der Tat, die Sie nicht anklagen wollen, um eine selbstständige prozessuale Tat handelt, so sollte es nach der Erörterung des Tatbegriffs heißen:

Formulierungsbeispiel:
Im Hinblick auf die wegen des schweren Raubes zu erwartende Strafe fällt die wegen der Sachbeschädigung zu erwartende Strafe nicht beträchtlich ins Gewicht. Von der Verfolgung der Sachbeschädigung soll deshalb **abgesehen** werden (§ 154 I Nr. 1 StPO).

---

141 BGH BeckRS 2009, 10281.

Achten Sie auch bei der Anwendung des § 154 I StPO auf den richtigen Terminus. Von einer vorläufigen Einstellung spricht das Gesetz nämlich nur in § 154 II StPO. Diese erfolgt durch das Gericht. **Die Staatsanwaltschaft** *sieht* **dagegen von der Verfolgung einer Tat** *ab*.

Noch ein häufiger Formulierungsfehler, der sowohl § 154 als auch § 154a StPO betrifft, muss in diesem Zusammenhang erwähnt werden. Keinesfalls darf es in Ihren Gutachten heißen, von der Verfolgung »**ist**« abzusehen oder das Verfahren »**ist**« zu beschränken. Denn beide Vorschriften räumen dem Staatsanwalt ein weites Ermessen (Opportunitätsprinzip) ein. Die Verwendung des Begriffes »**ist**« impliziert, dass Sie genau dieses Ermessen nicht ausgeübt haben und/oder von einer zwingenden Entscheidung ausgegangen sind.

> Nach Nr. 101 I 1 RiStBV soll der Staatsanwalt von der Möglichkeit des Absehens von der Verfolgung nach § 154 I StPO **in weitem Umfang Gebrauch machen**.

Ein Hinweis zum Schluss dieses Abschnitts: Sollte Ihnen infolge falschen Zeitmanagements die Zeit bereits weggelaufen sein, können Sie an dieser Stelle viel Zeit gutmachen. Der Korrektor wird es Ihnen aller Voraussicht nach nicht schwer ankreiden, wenn Sie die §§ 154, 154a StPO im Gutachten übergehen und lediglich eine entsprechende Entschließung in der Abschlussverfügung formulieren und mit knappen Worten begründen. Von dieser Möglichkeit der Verkürzung sollten Sie allerdings Abstand nehmen, wenn sich eine Auseinandersetzung mit dem prozessualen Tatbegriff aufdrängt.

195 **Was häufig übersehen wird: Auch die Anwendung des § 154 StPO führt dazu, dass der Anzeigende/Verletzte gem. § 171 StPO zu bescheiden ist.** Allerdings ist ihm wegen § 172 II 3 StPO keine Rechtsbelehrung zu erteilen. Wegen des Inhalts eines derartigen Bescheides verweist Nr. 101 II RiStBV auf Nr. 89 RiStBV.

V. Privatklagedelikte und öffentliches Interesse

196 Hat der Beschuldigte Privatklagedelikte iSd § 374 StPO (lesen!) verwirklicht, so haben Sie sich im prozessualen Gutachten zwingend mit der Frage auseinanderzusetzen, ob das *öffentliche Interesse*, das die Staatsanwaltschaft erst zur Verfolgung der Tat berechtigt, zu bejahen ist.

Keinesfalls dürfen Sie aber den zweiten Schritt vor dem ersten machen. Denn allein die Verwirklichung eines entsprechenden Tatbestandes eröffnet nicht automatisch den Privatklageweg.
- Steht das Privatklagedelikt nämlich in Tateinheit mit einem Offizialdelikt, **muss** die Tat insgesamt im Offizialverfahren verfolgt werden. Ebenso **muss** insgesamt ein Offizialverfahren geführt werden, wenn Privatklagedelikt und Offizialdelikt zwar tatmehrheitlich verwirklicht worden sind aber Teile derselben prozessualen Tat darstellen. Auch in diesem Zusammenhang spielt der **prozessuale Tatbegriff** also eine entscheidende Rolle und muss gegebenenfalls erstmals erörtert werden.
  Natürlich wird es in einer Klausur anfängerhaft wirken, wenn Sie sich bei einer in Tateinheit mit § 249 StGB begangenen Körperverletzung nach § 223 StGB (der Beschuldigte hat das Opfer geschlagen, um die Wegnahme zu ermöglichen) mit der Frage beschäftigen, ob ein Privatklageverfahren in Betracht kommt. In derartigen Fällen verbietet sich jedes Wort zu Privatklage und öffentlichem Interesse. Anders sieht es jedoch aus, wenn es um Tatmehrheit (der Täter hat das Opfer unmittelbar nach der Wegnahme geschlagen, weil ihm dessen Gesicht nicht gefiel) geht und sich der prozessuale Tatbegriff auswirken kann.
- Haben Sie den Tatverdacht weder bezüglich des Offizial- noch bezüglich des Privatklagedelikts bejahen können, ist das Verfahren gem. § 170 II StPO einzustellen. Dem Verletzten ist im Einstellungsbescheid eine Rechtsbehelfsbelehrung zu erteilen, weil die **Verfolgung des Offizialdelikts** den Vorrang hat.
- Betraf das Verfahren sowohl ein Offizialdelikt als auch ein Privatklagedelikt und hat sich nur bezüglich des Letzteren ein hinreichender Verdacht ergeben, so ist bei Vorliegen des öffentlichen Interesses dieses anzuklagen. Fehlt das öffentliche Interesse, ist das Verfahren ebenfalls gem. § 170 II StPO einzustellen. Der Verletzte/Privatkläger hat dann die Wahl

zwischen Klageerzwingungsverfahren und Privatklage.[142] Er ist im Einstellungsbescheid auch über die Möglichkeit der Vorschaltbeschwerde zu belehren, weil das Verfahren nicht »ausschließlich« ein Privatklagedelikt zum Gegenstand hat.

Formulierungsbeispiel:
Der Beschuldigte ist einer vorsätzlichen Körperverletzung gem. § 223 StGB hinreichend verdächtig. Dabei handelt es sich zwar um ein Privatklagedelikt gem. § 374 StPO, dennoch ist das Delikt im Offizialverfahren zu verfolgen. Denn es ist im Rahmen derselben prozessualen Tat (§ 264 StPO) verwirklicht worden wie der dem Beschuldigten vorgeworfene Raub. Es handelt sich um einen einheitlichen Lebensvorgang, dessen Aufspaltung unnatürlich wäre.

Erst wenn Sie diese Vorfragen zumindest gedanklich geklärt haben, dürfen Sie sich mit dem **öffentlichen Interesse** (§ 376 StPO iVm Nr. 86 II RiStBV) beschäftigen. **197**

Die Verfolgung einer Straftat liegt im öffentlichen Interesse, wenn der Rechtsfrieden über den Lebenskreis des Verletzten hinaus gestört und die Strafverfolgung ein gegenwärtiges Anliegen der Allgemeinheit ist.

Eine Orientierungshilfe bieten die sich aus den Nr. 86 II, 229, 232, 233 RiStBV (lesen!) ergebenden Maßstäbe für Beleidigungen und Körperverletzungen. Die häufig in Klausuren zu beurteilenden Familien- und Nachbarstreitigkeiten werden kaum je das öffentliche Interesse an der Strafverfolgung begründen. Regelmäßig wird mit entsprechender Begründung jede Lösung vertretbar sein.

Formulierungsbeispiel:
Das öffentliche Interesse an der Verfolgung der dem Beschuldigten vorgeworfenen Körperverletzung gem. § 223 StGB soll bejaht werden. Der Geschädigte hat durch den Faustschlag einen Nasenbeinbruch und damit eine erhebliche Verletzung erlitten (Nr. 233 RiStBV). Zudem diente die Tat auch der Einschüchterung der übrigen Hausbewohner, sodass der Rechtsfrieden über den Lebenskreis des Geschädigten hinaus gestört wurde. Die Strafverfolgung ist deshalb auch ein gegenwärtiges Anliegen der Allgemeinheit (Nr. 86 II RiStBV).
An der Verfolgung der dem Beschuldigten vorgeworfenen Beleidigung gem. § 185 StGB besteht kein öffentliches Interesse. Der Rechtsfrieden ist schon nicht über den Lebenskreis des Verletzten hinaus gestört worden (Nr. 86 II RiStBV). Die Tat ereignete sich in der Wohnung des Beschuldigten anlässlich eines Streits um die Rückzahlung eines geringfügigen Darlehens. Zudem war die Ehrkränkung nicht wesentlich (Nr. 229 RiStBV).

VI. Einstellung und Teileinstellung nach § 170 II StPO

Wieder haben Sie von dem bereits oben dargestellten prozessualen Tatbegriff auszugehen. **198**

- Eine teilweise Verfahrenseinstellung kommt nur bezüglich selbstständiger prozessualer Taten in Betracht, ist aber auch **zwingend**, wenn Sie den Tatverdacht insoweit abgelehnt haben.
- Haben Sie dagegen den Tatverdacht bezüglich eines Tatbestands, der innerhalb derselben prozessualen Tat in Tateinheit oder Tatmehrheit zu anderen gestanden hätte, abgelehnt, so ist kein Raum für eine Teileinstellung. Die Gründe für die Ablehnung des Tatverdachts würde ein Staatsanwalt in der Abschlussverfügung in Form eines Vermerks niederlegen.

Achtung: Ist die Anzeige von einer Behörde erstattet worden, so muss diese vor der Einstellungsentscheidung gemäß Nr. 90 RiStBV unter Mitteilung der Gründe für die beabsichtigte Einstellung gehört werden. Das muss jedoch zwangsläufig vor Anklageerhebung geschehen sein, passt also nicht in die Abschlussverfügung. Sie können diese Anhörung daher aufgrund des Bearbeitervermerks als ergebnislos durchgeführte Maßnahme betrachten und – falls die Zeit es zulässt – auch diskutieren.

---

142 Meyer-Goßner/Schmitt/*Meyer-Goßner* StPO § 374 Rn. 3.

199 Haben Sie sich zur Teileinstellung nach § 170 II StPO entschieden (weil es aus tatsächlichen und rechtlichen Gründen am hinreichenden Tatverdacht fehlt, ein Verfahrenshindernis vorliegt oder Sie bei Privatklagedelikten das öffentliche Interesse verneint haben) oder wollen Sie gem. § 154 I StPO von der Verfolgung absehen, müssen Sie dem Leser mitteilen, **wer in welcher Form darüber zu bescheiden ist** und das natürlich kurz begründen. Erneut wird sich Ihnen in der Klausur – den Zeitdruck setze ich voraus – die Frage stellen, ob eine gutachterliche Stellungnahme zu diesen Fragen zwingend ist oder ob eine Anordnung mit schlagwortartiger Begründung in der Abschlussverfügung nicht ausreicht. Zwingend im Gutachten zu erörtern sind das Ob der Teileinstellung und der dieser Entscheidung zugrunde liegende Tatbegriff. Im Übrigen halte ich die zitierte Vorgehensweise jedoch für vertretbar. Der Zeitdruck erfordert von Ihnen ohnehin Kompromisse und es gibt im Gutachten wichtigere Themen zu erörtern. Ist Ihnen die Abschlussverfügung erlassen, werden Sie diese Fragen natürlich im B-Gutachten zu erörtern haben.

> **Hinweis:** Nach § 170 II StPO erforderliche Teileinstellungen werden häufig übersehen. Haben Sie im A-Gutachten den hinreichenden Tatverdacht auch nur bezüglich eines einzigen Tatbestands abgelehnt, müssen Sie sich darüber Gedanken machen, ob eine Teileinstellung erforderlich ist!

200 Zu bescheiden sind der Anzeigende, der anzeigende Verletzte und der Beschuldigte.

Verletzter ist jeder, der durch die behauptete Tat unmittelbar in einem Rechtsgut verletzt wäre. Hier ist also ein Blick auf das Rechtsgut, das durch die angezeigte Tat verletzt worden sein könnte, erforderlich. Der Begriff des Verletzten ist jedoch im Interesse der Sicherung des Legalitätsprinzips weit auszulegen. Der Ihnen im Examen vorliegende Kommentar enthält eine Vielzahl von Beispielen. Denken Sie auch daran, dass der Verletzte/Anzeigende ausdrücklich oder durch eine schlüssige Handlung auf die Bescheidung verzichtet haben kann.

Müssen Sie keine Abschlussverfügung oder zwar diese jedoch keinen Teileinstellungsbescheid ausformulieren, sollten Sie wegen des erforderlichen Inhalts des Teileinstellungsbescheids auf Nr. 89 RiStBV verweisen.

Dem Antragsteller, der zugleich Verletzter ist, steht gem. § 172 StPO das Klageerzwingungsverfahren offen. Nach § 172 I StPO muss er zunächst eine sog. **Vorschaltbeschwerde** einlegen, die fristgebunden ist. **Über die Beschwerdemöglichkeit und die Frist ist der verletzte Antragsteller in dem Einstellungsbescheid zu belehren.** Die Vorschaltbeschwerde ist jedoch ihrerseits nur zulässig, wenn auch das weitere Klageerzwingungsverfahren nach § 172 II StPO zulässig ist. Das ist nicht der Fall, wenn es sich bei der Verfahrenseinstellung um eine Opportunitätsentscheidung handelt oder der Verletzte auf das Privatklageverfahren verwiesen werden kann. In der Klausur wird das vor allem Entscheidungen nach § 154 StPO betreffen. Bei Verfahrensbeschränkungen nach § 154a StPO erhält der Antragsteller ohnehin keinen Bescheid.

Ich empfehle Ihnen dringend, sich zu Inhalt und Umfang der Bescheide kurz zu fassen, wenn Sie in der Abschlussverfügung dazu ohnehin Farbe bekennen müssen. Richtige Anordnungen in der Abschlussverfügung sind aber mit Sicherheit wichtiger als lange Ausführungen im prozessualen Gutachten. Ich kann deshalb auf die Darstellungen zur Abschlussverfügung verweisen.

In der gebotenen Kürze sollten Sie auch erörtern, dass grundsätzlich der Beschuldigte von der Einstellung des gegen ihn gerichteten Verfahrens benachrichtigt werden muss. Das ist jedoch bei Teileinstellungen, die allein klausurrelevant sind, wegen der Anklageerhebung im Übrigen regelmäßig untunlich.

Vollständigkeitshalber noch ein Hinweis auf das StrEG: Der Beschuldigte, der durch Strafverfolgungsmaßnahmen einen Schaden erlitten hat, ist zu entschädigen, wenn das Verfahren gegen ihn eingestellt wird (§ 2 StrEG). Das gilt gem. § 9 StrEG auch, wenn die Staatsanwaltschaft das Verfahren eingestellt hat. Als klausurrelevante **Strafverfolgungsmaßnahmen** kommen eigentlich nur

- **U-Haft** (§ 2 I StrEG),
- **vorläufige Festnahme** gem. § 127 StPO (§ 2 II Nr. 2 StrEG) und
- die **vorläufige Entziehung der Fahrerlaubnis** (§ 2 II Nr. 5 StrEG)

in Betracht. War der Beschuldigte, gegen den das Verfahren eingestellt wird, keiner dieser Strafverfolgungsmaßnahmen ausgesetzt, wird er auch nicht über das Verfahren zur Geltendmachung eines Entschädigungsanspruchs informiert. Ist er einer derartigen Strafverfolgungsmaßnahme aber ausgesetzt gewesen, muss er über sein Recht, **innerhalb eines Monats** beim zuständigen Gericht einen Entschädigungsantrag stellen zu können, belehrt werden (§ 9 I 5 StrEG). Weil es in den Klausuren regelmäßig nur um Teileinstellungen gehen wird, hat die Belehrungspflicht nur geringe Bedeutung.

Diese Belehrung müssen Sie in einer Klausur allenfalls dann ausformulieren, wenn das von Ihnen im Bearbeitervermerk ausdrücklich verlangt wird. Die Fälle, in denen über eine Belehrung über Entschädigungsansprüche nachzudenken ist, werden ohnehin sehr selten sein, nachdem seit vielen Jahren allenfalls Teileinstellungen in Betracht kommen und im Übrigen Anklage zu erheben ist.

VII. Verfahrenseinstellung gem. §§ 153, 153a StPO

Diese Art der Verfahrensbeendigung spielt in den Klausuren praktisch keine Rolle, weil meistens schon die Bearbeitervermerke die Anwendung dieser Vorschriften verbieten. Allerdings sind diese regelmäßig Gegenstand der Aktenvorträge in den mündlichen Prüfungen, weshalb auf Folgendes hingewiesen werden soll:

201

Beide Vorschriften orientieren sich am prozessualen Tatbegriff. Eingestellt werden kann deshalb immer nur das Verfahren wegen einer selbstständigen Tat im prozessualen Sinne.

Die Einstellung nach beiden Vorschriften setzt voraus, dass dem Beschuldigten lediglich Vergehen zur Last gelegt werden. Im Übrigen ist zu unterscheiden:

- Bewegt sich die **Schuld des Beschuldigten höchstens im mittleren Bereich** und kann das öffentliche Interesse an der Strafverfolgung durch Erfüllung von Auflagen kompensiert werden, kann das Verfahren nach **§ 153a I StPO** eingestellt werden, wenn der Beschuldigte der ihm vorgeworfenen Tat jedenfalls hinreichend verdächtig ist. Vor Einstellung durch die Staatsanwaltschaft müssen **Gericht und Beschuldigter** dieser **zustimmen**.
  Weil diese Zustimmungen in der Klausur in der Regel nicht vorliegen werden, wäre es Ihre Aufgabe, um diese nachzusuchen. Für die Einstellungsentscheidung der Staatsanwaltschaft ist noch kein Raum. Schon deshalb hat § 153a StPO keine Klausurrelevanz.
- Bewegt sich die **Schuld des Beschuldigten im unteren Bereich**, kann das Verfahren nach **§ 153 I 1 StPO** eingestellt werden. Ausreichend ist es, wenn sich gegen den Beschuldigten ein Anfangsverdacht richtet. Es ist dann lediglich die **Zustimmung des Gerichts erforderlich**, der Zustimmung des Beschuldigten bedarf es nicht.
  Die Zustimmung des Gerichts muss in der Klausur beantragt werden, für eine Einstellungsentscheidung der Staatsanwaltschaft ist noch kein Raum. Schon deshalb hat § 153 I 1 StPO keine Klausurrelevanz.
- Bewegt sich die **Schuld des Beschuldigten im unteren Bereich**, sieht der verletzte Straftatbestand **keine im Mindestmaß erhöhte Strafe** vor **und** sind die **Folgen der Tat** gering, ist weder die Zustimmung des Gerichts noch die des Beschuldigten erforderlich.

VIII. Notwendige Verteidigung

Mit den Fällen der notwendigen Verteidigung werden Sie in Ihren Klausuren in aller Regel keine Schwierigkeiten haben. Die Rechtslage ist in den meisten Fällen eindeutig.

202

Erörterungen zur Pflichtverteidigung haben in Ihrer Klausur nichts zu suchen, wenn es sich um Bagatelldelikte handelt. Anderenfalls wird jeder Korrektor vermuten, Sie könnten nicht praxisorientiert denken und arbeiten.

In den Klausursachverhalten hat sich der Beschuldigte meist bereits über einen Wahlverteidiger zur Sache eingelassen. Zu überlesen ist das im Sachverhalt eigentlich nicht. Dennoch wird dieser Umstand bei der Formulierung des prozessualen Teils immer wieder übersehen, was nur mit Hektik aufgrund des Zeitdrucks erklärt werden kann. Wer in dieser Konstellation die

Bestellung eines Pflichtverteidigers erörtert, begeht einen vermeidbaren und peinlichen Fehler. Denn zur Bestellung eines Pflichtverteidigers besteht dann kein Grund. Allenfalls die schlichte Feststellung, dass ein Pflichtverteidiger nicht erforderlich sei, weil der Beschuldigte einen Wahlverteidiger habe, mag dann vertretbar sein. **Vergessen Sie in derartigen Fällen nicht, den Wahlverteidiger im Rubrum der Anklageschrift aufzuführen.** Anders sieht es dagegen aus, wenn der Wahlverteidiger in seinem Schriftsatz unter »gleichzeitiger Niederlegung des Wahlmandats« beantragt, dem Beschuldigten als Pflichtverteidiger beigeordnet zu werden. Dann gelten die üblichen Begründungsanforderungen.

Die Fälle der notwendigen Verteidigung ergeben sich aus § 140 I und II StPO. In der Klausur sind eigentlich nur § 140 I Nr. 1, 2 und 4 StPO sowie gelegentlich § 140 II StPO von Bedeutung.

Die Bestellung eines Pflichtverteidigers ist zu beantragen, wenn

- **der Beschuldigte vor dem Landgericht anzuklagen ist** (§ 140 I Nr. 1 StPO),
- **ihm ein Verbrechen zur Last gelegt wird** (§ 140 I Nr. 2 StPO),
- **gegen ihn Untersuchungshaft vollstreckt wird** (§ 140 I Nr. 4 StPO),
- **die Tat schwer wiegt** oder **die Sach- und Rechtslage schwierig ist** (§ 140 II Alt. 2 StPO).

Die Regelungen in Abs. 1 Nr. 1 und 2 sind so klar und eindeutig, dass Sie immer auf den Urteilsstil zurückgreifen dürfen. Übersehen Sie auf gar keinen Fall die Regelung in § 140 I Nr. 4 StPO, nach der für den Beschuldigten auch dann ein Pflichtverteidiger zu bestellen ist, wenn gegen ihn Untersuchungshaft vollstreckt wird. Diese Regelung scheint auf den ersten Blick keine große eigenständige Bedeutung zu haben, weil der Anordnung der Untersuchungshaft häufig ein Verbrechensvorwurf zugrunde liegen wird, was gemäß Abs. 1 Nr. 2 schon seit jeher zur notwendigen Verteidigung geführt hat. **Ihre Bedeutung erhält die Regelung erst durch den § 141 III 4 StPO, der im Falle der Vollstreckung eines Haftbefehls die unverzügliche Bestellung eines Pflichtverteidigers anordnet.** Das ist vor allem im Ermittlungsverfahren bedeutungsvoll, in dem die Bestellung eines Pflichtverteidigers in den übrigen Fällen häufig gar nicht oder erst spät erfolgt.

Für die Klausurlösung spielt die neue Regelung dagegen kaum eine Rolle, denn auch nach der alten Rechtslage war ggf. mit Anklageerhebung – in dieser prozessualen Situation befinden Sie sich im Klausurfall – die Beiordnung eines Pflichtverteidigers zu beantragen. In der Abschlussverfügung haben Sie **allenfalls auf die besondere Eilbedürftigkeit der Bestellung hinzuweisen,** wenn

- sich der Beschuldigte in U-Haft befindet, ohne bereits einen Verteidiger zu haben, oder
- Sie für den Fall des Erlasses und der Vollstreckung eines von Ihnen beantragten Haftbefehls die Bestellung nach § 140 I Nr. 4 StPO beantragen.

Auch die neu geschaffene Regelung des § 141 III 4 StPO, nach der dem Beschuldigten für eine richterliche Vernehmung bereits im Ermittlungsverfahren ein Verteidiger bestellt werden kann oder muss, spielt an dieser Stelle der Klausurlösung keine Rolle, weil die richterliche Vernehmung zum Zeitpunkt der Anklageerhebung bereits durchgeführt wäre.

203 Etwas **mehr Begründungsaufwand** erfordert allerdings der Sonderfall des § 140 II StPO, sodass es keinesfalls ausreicht, lediglich die Vorschrift zu nennen.

- Es hat sich in der Rechtsprechung die Tendenz herauskristallisiert, wegen der **Schwere der Tat** bereits dann einen Fall notwendiger Verteidigung anzunehmen, wenn dem Beschuldigten eine Freiheitsstrafe von einem Jahr und mehr oder ein in der Höhe entsprechender Bewährungswiderruf in anderer Sache droht. Sie müssen sich deshalb mit der Straferwartung auseinandersetzen. Die Vorgehensweise ist Ihnen ja bereits bekannt. Die Praxis wird dem Beschuldigten im Übrigen lieber einmal mehr als einmal zu wenig einen Pflichtverteidiger beiordnen. Haben Sie bereits die Zuständigkeit des Schöffengerichts angenommen, werden Sie fast automatisch einen Fall der notwendigen Verteidigung bejahen müssen, weil entweder ein Verbrechen angeklagt wird (dann schon Abs. 1 Nr. 2) oder die Straferwartung mindestens zwei Jahre beträgt!
- Die Sach- und Rechtslage wird insbesondere dann schwierig sein, wenn es in dem Klausurfall – wie eigentlich immer – um die Voraussetzungen eines Beweisverwertungsverbots geht.

- Aus Gründen der Waffengleichheit ist einem Beschuldigten auch dann ein Pflichtverteidiger zu bestellen, wenn zwar für ihn die Voraussetzungen des § 140 I, II StPO nicht erfüllt sind, es aber im Verfahren gegen einen Mitbeschuldigten um einen Fall notwendiger Verteidigung geht.

Dass ein Pflichtverteidiger von dem Vorsitzenden des für das Hauptverfahren zuständigen Gerichts zu bestellen ist, sollten Sie nicht mitteilen. Es ist völlig ausreichend aber auch erforderlich, einen entsprechenden Antrag in der an den Vorsitzenden gerichteten Abschlussverfügung zu stellen.

IX. Nebenklage

Nebenklageanträge werden häufig übersehen. Denn Anträge eines Verletzten »auf Zulassung als Nebenkläger« fallen nicht unbedingt immer ins Auge. Andererseits dürfen Sie die Zulässigkeit der Nebenklage auch nur dann erörtern, wenn ein derartiger Antrag tatsächlich vorliegt. Lesen Sie den Klausursachverhalt also auch insoweit sorgfältig.   **204**

Zur Erinnerung: Die Nebenklage ist in den §§ 395 ff. StPO geregelt und räumt dem Verletzten im Strafverfahren eine umfassende Beteiligungsbefugnis ein.

In der Klausur kann es zunächst um die Anschlussberechtigung gehen. Die Voraussetzungen des § 395 I StPO können Sie ebenso im Urteilsstil abarbeiten wie die Voraussetzungen des § 395 II StPO. Etwas genauer müssen Sie arbeiten, wenn es um einen Anschluss nach § 395 III StPO geht. Nach dem darin enthaltenen Regelungszweck sind grundsätzlich alle rechtswidrigen Taten anschlussfähig, jedoch muss der Anschluss aus besonderen Gründen, insbesondere wegen der schweren Folgen der Tat, zur Wahrnehmung der Interessen des Geschädigten geboten sein. Das wird regelmäßig Aggressionsdelikte mit körperlichen und seelischen Schäden voraussetzen. Allein das wirtschaftliche Interesse des Geschädigten an der effektiven Durchsetzung zivilrechtlicher Ansprüche wird dagegen nicht ausreichen, sodass die Tatbestände der §§ 242, 263 und 266 StGB für eine Anschlussberechtigung nicht in Frage kommen.[143]

Aus § 396 I StPO ergibt sich, dass die **Anschlusserklärung die Schriftform voraussetzt**. Die wenigen Ausnahmen entnehmen Sie bitte der Kommentierung. Der Anschluss kann schon im Ermittlungsverfahren gegenüber der Staatsanwaltschaft erklärt werden, wird aber erst mit der Anklageerhebung wirksam.

Weil das Gericht die Staatsanwaltschaft zur Berechtigung des Anschlusses zwingend zu hören hätte, ist es zweckmäßig und daher geboten, sich gleich mit der Anklageerhebung dazu in Form eines Antrags zu äußern. Das ist damit auch Ihre Aufgabe in der Klausur. Der Beschuldigte muss dazu nicht vorher gehört werden, § 396 II 1 StPO. Eine Ausnahme macht § 396 II 2 StPO, wenn es um die Voraussetzungen des § 395 III StPO geht. Die Anhörung des Beschuldigten zu veranlassen, wäre aber Aufgabe des Gerichts.

An folgende **Besonderheiten** sollten Sie gegebenenfalls denken: **205**

- Sollten Sie sich in der Klausur wirklich einmal dazu entschließen, einen **Strafbefehlsantrag** zu stellen, könnte die Anschlusserklärung ausnahmsweise unerwähnt bleiben, weil sie gem. § 396 I 3 StPO bis zur Anberaumung einer Hauptverhandlung oder Ablehnung des Erlasses eines Strafbefehls unwirksam wäre. Auf dieses ungewisse Ereignis müssen Sie in Ihrem Gutachten nicht eingehen. Um zu zeigen, dass Sie nichts übersehen haben, sollten Sie kurz auf die Unwirksamkeit gem. § 396 I 3 StPO hinweisen.
- Liegt eine Anschlusserklärung bereits im Ermittlungsverfahren vor, so sollten Sie wegen § 395 V StPO das Nebenklagedelikt nicht über **§ 154a StPO** aus dem Verfahren eliminieren. Denn die Beschränkung nach § 154a StPO berührt nicht die Nebenklageberechtigung, einen Antrag zur Zulässigkeit der Nebenklage müssten Sie also ohnehin stellen. Mit Zulassung des Nebenklägers entfällt eine Beschränkung nach § 154a StPO, soweit sie den Nebenkläger betrifft, ohnehin wieder. Also ist eine Beschränkung in dieser Konstellation witzlos und damit als fehlerhaft anzusehen.

---

143 BGH NJW 2012, 2601.

● Eine entsprechende Regelung für **§ 154 StPO** gibt es nicht. § 396 III StPO räumt der Entscheidung über die Berechtigung der Nebenklage zwar Vorrang vor einer Einstellung nach § 154 II StPO ein. Das gilt aber nur für das weitere Verfahren ab Anklageerhebung.

Zum Abschluss wiederum ein Hinweis zum korrekten Sprachgebrauch: Der Verletzte stellt keinen »Antrag auf Zulassung« der Nebenklage, sondern **erklärt** seinen **Anschluss**.

X. Untersuchungshaft

206 Die Voraussetzungen für die Anordnung der Untersuchungshaft bereiten in der Strafrechtsklausur erstaunlicherweise immer wieder Probleme. Erstaunlich sind diese Probleme deshalb, weil der Erlass eines Haftbefehls an die Erfüllung feststehender – und zudem weniger und gut merkbarer – Merkmale geknüpft ist, die sich unmittelbar aus dem Gesetz (§ 112 I StPO) ergeben.

207 Der Erlass eines Haftbefehls ist zulässig, wenn

> ● **dringender Tatverdacht** besteht,
> ● ein **Haftgrund** vorliegt,
> ● und die U-Haft nicht **unverhältnismäßig** ist.

208 Doch zunächst zu den verschiedenen Ausgangskonstellationen. Aufgrund der Ergebnisse Ihres materiellen Gutachtens kann es erforderlich sein, gegen den Beschuldigten, der sich entweder noch auf freiem Fuß befindet oder bereits vorläufig festgenommen worden ist, einen Haftbefehl zu erwirken. Der Beschuldigte kann sich aufgrund des Haftbefehls eines Amtsgerichts aber auch bereits in Untersuchungshaft befinden, sodass von Ihnen in Ihrer Rolle als Staatsanwalt zu prüfen ist, ob die Voraussetzungen für den weiteren Vollzug der Untersuchungshaft noch vorliegen. Bitte lesen Sie den Sachverhalt aufmerksam durch. Ich habe schon viele Klausuren gelesen, in denen die Existenz eines Haftbefehls schlicht ignoriert wurde. Die entsprechende Information kann durchaus auch einmal in einem Vermerk eines Ermittlungsbeamten verborgen sein. Also Augen auf!

Zur zuletzt genannten Konstellation vorab zwei Hinweise:

● Bei bereits existierenden Haftbefehlen werden von Ihnen in der Regel keine vertieften Ausführungen zu deren Voraussetzungen erwartet, was insbesondere dann gilt, wenn Ihnen lediglich die Existenz eines Haftbefehls, nicht aber der Haftgrund mitgeteilt wird. Etwas anderes gilt lediglich dann, wenn der Sachverhalt eindeutige Hinweise enthält, die auf einen bestimmten Haftgrund hinzielen.
● Niemand sitzt wirklich in Haft! Sie müssen also nicht um jeden Preis der Rechtsstaatlichkeit zum Sieg verhelfen, sondern sollen eine Examensklausur möglichst elegant und sicher lösen! Es muss für Sie also darum gehen, einen bereits existierenden Haftbefehl mit halbwegs tragbarer Begründung zu »halten«. Sie werden sonst an die sich aus § 120 III StPO ergebenden Klippen stoßen, die in einer Klausur richtig sauber kaum in den Griff zu bekommen sind. Ich werde darauf weiter unten noch eingehen.

1. Der dringende Tatverdacht

209 Bedenken Sie, Sie schreiben ein prozessuales *Gutachten*. Kein Korrektor wird sich also mit der schlichten Behauptung zufrieden geben, der dringende Tatverdacht liege vor. Der Leser Ihrer Klausur will von Ihnen vielmehr wissen, ob Sie sich des Unterschieds zwischen **hinreichendem** Tatverdacht, der für die Anklageerhebung ausreicht, und **dringendem** Tatverdacht, der zwingende Voraussetzung für den Erlass eines Haftbefehls ist, bewusst sind. Deshalb ist von Ihnen grundsätzlich in zumindest knappem Gutachtenstil mitzuteilen, wann ein dringender Tatverdacht zu bejahen ist.

> Dringender Tatverdacht ist die hohe Wahrscheinlichkeit, dass der Beschuldigte Täter oder Teilnehmer einer Straftat ist.

210 Ob darüber hinaus auch die Wahrscheinlichkeit einer Verurteilung gegeben sein muss, wird unterschiedlich beurteilt. In der Klausur ergeben sich daraus jedoch keine Konsequenzen für

den konkreten Tatverdacht, weil die Verfahren ausermittelt und somit anklagereif sind. Verwenden Sie deshalb die oben genannte Definition!

Dass letzten Endes in einer Klausur die Unterscheidung zwischen hinreichendem und dringendem Tatverdacht kaum einmal zum Tragen kommen wird, weil das Bejahen des hinreichenden Tatverdachts **klausurtaktisch** auch den dringenden Tatverdacht impliziert, befreit Sie nicht von der Verpflichtung, ein kurzes Gutachten dazu zu schreiben. Argumentativ können Sie allerdings ohne Weiteres die Beweiswürdigung aus dem materiellen Gutachten aufgreifen und behaupten, dass die bereits dargestellte Beweislage auch die Annahme des dringenden Tatverdachts rechtfertige. Das mag zwar manchmal ein Etikettenschwindel sein. Darüber sollten Sie sich im Examen allerdings keine Gedanken machen, weil Sie so in aller Regel zu vertretbaren Ergebnissen kommen. Ich habe jedenfalls noch keine Klausur gesehen, in der die Annahme des dringenden Tatverdachts nicht auf diese Weise vertretbar gewesen wäre.

> **Formulierungsbeispiel:**
> Der Erlass eines Haftbefehls erfordert gem. § 112 StPO dringenden Tatverdacht, der vorliegt, wenn der Beschuldigte mit hoher Wahrscheinlichkeit Täter oder Teilnehmer einer Straftat ist. Zwar hat der Beschuldigte die Tat bestritten, ... Der dringende Tatverdacht ergibt sich jedoch aus den glaubhaften Angaben der Zeugen ... der Beschuldigte ist deshalb mit hoher Wahrscheinlichkeit Täter der ihm vorgeworfenen Straftaten.

2. Die Haftgründe

Die einzelnen Haftgründe ergeben sich aus den §§ 112 II, 112a StPO. **In der Klausur sind der**   211
jeweilige Haftgrund und der zugrunde liegende Prüfungsmaßstab immer zu nennen.

a) § 112 II Nr. 1 StPO: Flucht

> Der Haftgrund der Flucht liegt vor, wenn der Beschuldigte flüchtig ist oder sich verborgen hält.   212

Darauf muss aus bestimmten *Tatsachen* geschlossen werden. Es reicht aber aus, wenn für das Verschwinden des Beschuldigten eine Flucht als Erklärung näher liegt als eine andere Erklärung. Darüber werden im Klausursachverhalt regelmäßig Ermittlungsvermerke der Polizei oder auch Zeugenaussagen hinreichenden Aufschluss geben. In der Examensklausur spielt dieser Haftgrund sicher keine große Rolle, weil ein bis zum Abschluss der Ermittlungen flüchtiger Beschuldigter für eine Klausur wenig taugt.

Vorsicht ist geboten, wenn der Beschuldigte während des Ermittlungsverfahrens flüchtig war und vor Abschluss der Ermittlungen aufgrund eines auf Flucht gestützten Haftbefehls verhaftet wurde. Denn dann ist er bei Anklageerhebung eben nicht mehr flüchtig, der Haftbefehl ist damit nicht mehr auf den nunmehr einschlägigen Haftgrund, die Fluchtgefahr, gestützt und müsste streng genommen geändert werden. Die Praxis agiert in derartigen Fällen oft großzügig und ignoriert diese Änderung des Haftgrundes schlicht, weil die vorherige Flucht die Fluchtgefahr nach § 112 II Nr. 2 StPO regelmäßig indizieren wird. Es mag vielleicht noch angehen, darüber hinweg zu schreiben, wenn Sie im Examen nichts anderes anstreben als das bloße Bestehen. Eine wirklich gute Klausur sollte sich mit diesem Problem auseinandersetzen. Der Haftbefehl wäre auf den neuen Haftgrund umzustellen. Ein entsprechender Antrag wäre mit der Anklageerhebung zu stellen.

b) § 112 II Nr. 2 StPO: Fluchtgefahr

Fluchtgefahr ist der Haftgrund, um den es in den Klausuren regelmäßig gehen wird.   213
Wenn dem Beschuldigten erhebliche Straftaten vorzuwerfen sind und der Sachverhalt konkrete Angaben zum sozialen Umfeld des Beschuldigten, wie Arbeitsplatzverlust, Wohnungsverlust und/oder fehlende familiäre Bindungen des Beschuldigten usw., enthält, müssen bei Ihnen die Alarmglocken läuten! Denn diese Angaben ermöglichen Rückschlüsse: Hier kann es dem Klausurverfasser eigentlich nur um die Begründung des Haftgrundes Fluchtgefahr gegangen sein. Dieser spielt nur dann eine Rolle, wenn Sie den dringenden Tatverdacht bejahen können. Sie dürfen davon ausgehen, dass dieser dringende Tatverdacht dann nicht nur bezüglich irgendwelcher Bagatelldelikte zu bejahen sein wird. Sie haben damit also auch wichtige Hinweise auf die in Ihrem materiellen Gutachten erwarteten Ergebnisse erhalten!

> Fluchtgefahr liegt vor, wenn die Würdigung der Umstände des Falles es wahrscheinlicher macht, dass sich der Beschuldigte dem Strafverfahren entziehen als sich ihm zur Verfügung stellen wird.

Zuerst einmal wird der Korrektor von Ihnen erwarten, dass Sie ihm **diesen Prüfungsmaßstab mitteilen. Das wird in den meisten Klausuren vergessen!** Daneben wird nur noch eine halbwegs vertretbare Bewertung der zur Verfügung stehenden Tatsachen erforderlich sein. Entscheidender als das Ergebnis wird sein, dass Sie sich mit den klassischen Tatsachengrundlagen, in aller Regel wird Ihnen der Klausurverfasser diese im Sachverhalt mitteilen, auseinandersetzen. Wichtige davon habe ich oben schon angerissen. Die Fluchtgefahr begründen können:

- fehlende familiäre Bindungen,
- fehlende berufliche Bindungen,
- Wohnungslosigkeit,
- Flucht in anderen Verfahrensabschnitten oder früheren Verfahren,
- Auslandsbeziehungen und gute Sprachkenntnisse.

Damit dürften die klausurrelevantesten Umstände auch schon genannt sein. Bitte beachten Sie, dass allein das Fehlen einzelner dieser Umstände die Fluchtgefahr nicht automatisch ausräumt.

Neben den bereits genannten Umständen wird in den meisten Klausuren der **Fluchtanreiz durch die Höhe der zu erwartenden Strafe** eine wesentliche Rolle spielen. Vorab: Bitte vergessen Sie nicht, dass die Höhe der zu **erwartenden Strafe** niemals allein ausschlaggebend sein darf, sondern **mit deren zunehmender Höhe lediglich die Anforderungen an die Tatsachengrundlage, auf die die Fluchtgefahr gestützt werden soll, geringer werden.** In letzter Konsequenz mag das so weit führen, dass bei zu erwartenden sehr hohen Strafen nur noch geprüft werden muss, ob Tatsachen bekannt sind, die geeignet sind, die Fluchtgefahr wieder auszuräumen. Im Übrigen werden von Ihnen sicher Ausführungen zur Begründung der Strafhöhe verlangt, weil Sie so beweisen können, dass die von Ihnen erwartete Strafhöhe nicht nur geraten ist. Das dürfte aber in der Klausur keinen zusätzlichen Aufwand mehr bedeuten, weil Sie sich zur Höhe der zu erwartenden Strafe ja bereits im Abschnitt »Zuständigkeit« – hinreichend präzise – geäußert haben sollten. Darauf dürfen Sie nun selbstverständlich Bezug nehmen.

c) § 112 II Nr. 3 StPO: Verdunkelungsgefahr

214 Dieser Haftgrund spielte in den Examensklausuren der letzten Jahre häufiger eine Rolle. Sollte eine Klausur darauf hinauslaufen, werden Sie die Hinweise im Sachverhalt nicht übersehen können.

> Verdunkelungsgefahr liegt vor, wenn mit großer Wahrscheinlichkeit auf künftige Verdunkelungshandlungen zu schließen ist, falls der Beschuldigte nicht in Haft genommen wird.

Es hilft ein Blick in das Gesetz, denn dort ist ausdrücklich aufgezählt, was der Gesetzgeber unter Verdunkelungshandlungen versteht (§ 112 II Nr. 3a–c StPO nachlesen!).

d) § 112 III StPO: Schwerkriminalität

215 Haben Sie im Gutachten eine der abschließend genannten Katalogtaten des Abs. 3 (im Ernstfall sorgfältig lesen!) bejaht, muss das Fehlen eines Haftgrundes gem. § 112 II StPO dem Erlass eines Haftbefehls nicht entgegenstehen. Diese Konstellation läuft immer auf dieselbe Frage – und diese will der Prüfer von Ihnen beantwortet haben – hinaus: Darf tatsächlich nur wegen der Schwere einer Straftat ein Haftbefehl erlassen werden? Nach dem Wortlaut des Abs. 3 wäre diese Frage eindeutig zu bejahen. Das BVerfG[144] hat jedoch entschieden, dass eine derartige Anwendung der Vorschrift zu einem Verstoß gegen das Verhältnismäßigkeitsprinzip führen würde. In Ihrer Klausur hat jetzt das Stichwort »verfassungskonforme Auslegung« zu fallen. Die Vorschrift ermöglicht nämlich nicht die Anordnung von U-Haft ohne jeden Haftgrund, sondern erleichtert lediglich den Prüfungsmaßstab.

---

144 BVerfGE 19, 342 = BeckRS 9998, 112175.

Ein Haftbefehl darf erlassen werden, wenn Umstände vorliegen, die die Gefahr begründen, dass ohne Festnahme des Beschuldigten die alsbaldige Aufklärung und Ahndung der Tat gefährdet sein würde.

Mit diesem Wissen sind Sie für die Klausur ausreichend gerüstet, der Rest erfordert dann nur noch eine halbwegs vertretbare Argumentation.

e) § 112a I StPO: Wiederholungsgefahr

Neben den bisher genannten Haftgründen dürfen Sie auch die Wiederholungsgefahr als Haftgrund nicht völlig aus dem Auge verlieren. Doch Vorsicht: Der wichtigste Teil des § 112a StPO ist für Sie in der Klausur nicht der Abs. 1, in dem die Voraussetzungen für die Annahme der Wiederholungsgefahr formuliert sind, sondern die Subsidiaritätsklausel in Abs. 2! **216**

Liegt einer der Haftgründe des § 112 StPO vor und muss der darauf gestützte Haftbefehl nicht nach § 116 I, II StPO außer Vollzug gesetzt werden, kann ein Haftbefehl nicht zugleich auf § 112a StPO gestützt werden. Die sog. **Sicherungshaft ist subsidiär**.

Das müssen Sie unbedingt verinnerlichen, denn die Annahme der Wiederholungsgefahr neben einem der anderen Haftgründe ist ein grober – wenn auch leicht vermeidbarer – Fehler. Zu Ihrer Beruhigung: Dieser Haftgrund spielt in der Examensklausur keine große Rolle. Der Klausurverfasser hätte den Sachverhalt zudem ordentlich anzufüttern, weil neben der Verwirklichung einer der genannten Katalogtaten »bestimmte« Tatsachen die Wiederholungsgefahr stützen müssen. In der Klausur können dies eigentlich nur einschlägige Vorverurteilungen sein, die wiederholte Begehung gleichartiger Straftaten im Klausursachverhalt wird selten ausreichen. Im Zweifel werden Sie also mit der Nase auf diesen Haftgrund gestoßen. Sollten Sie diesen Haftgrund in der Klausur tatsächlich einmal erkannt haben, vergessen Sie nicht die »Subsidiaritätsfalle«.

3. Verhältnismäßigkeit

Das Stichwort »Verhältnismäßigkeit« muss in Ihrer Klausur zwingend fallen. Probleme dürfte Ihnen dieses Merkmal allerdings nicht bereiten. In aller Regel fallen Festnahme oder Verhaftung des Beschuldigten zeitlich eng mit dem Abschluss der polizeilichen Ermittlungen und Übersendung der Akten an die Staatsanwaltschaft zusammen, sodass der Beschuldigte vor Anklageerhebung allenfalls wenige Tage Freiheitsentziehung erlitten haben wird. Selbst wenn sich aus dem Bearbeitervermerk ergeben sollte, dass die Entscheidung der Staatsanwaltschaft erst mehrere Monate nach der Aktenübersendung durch die Polizei ergeht, wird das die Verhältnismäßigkeit kaum einmal berühren. Sie werden sich also auf die folgende Feststellung beschränken können: **217**

> **Formulierungsbeispiel:**
> Im Hinblick auf die Höhe der zu erwartenden Strafe ist der (weitere) Vollzug der Untersuchungshaft auch nicht unverhältnismäßig. Im Übrigen kann die Fluchtgefahr bei Aussetzung des Vollzugs durch weniger einschneidende Maßnahmen iSd § 116 … StPO nicht ausgeräumt werden.

Sollten Sie wirklich einmal Zweifel haben, denken Sie daran, dass es bei **der Verhältnismäßigkeit nicht um eine Haftvoraussetzung geht, sondern um einen Haftausschließungsgrund.** Dieser steht der Untersuchungshaft nur entgegen, **wenn die zugrunde liegenden Tatsachen feststehen. Der Zweifelsgrundsatz gilt nicht.** **218**

Zum Stichwort Verhältnismäßigkeit gehört auch § 116 StPO, von dem Sie in der Klausur aus taktischen Gründen tunlichst die Finger lassen sollten. Denn in aller Regel werden Sie mit den oben beschriebenen Mitteln zu vertretbaren Ergebnissen kommen. Will der Klausurverfasser im Einzelfall tatsächlich einmal etwas dazu hören, wird er Sie ebenfalls mit der Nase darauf stoßen, indem er Ihnen – wohl in der Einlassung des Beschuldigten – Tatsachen an die Hand gibt, die die Merkmale des § 116 StPO betreffen.

Übersehen Sie dann in der Hektik des Zeitdrucks nicht, dass

- Abs. 1 lediglich die Fluchtgefahr,

- Abs. 2 lediglich die Verdunkelungsgefahr,
- Abs. 3 lediglich die Wiederholungsgefahr

betrifft.

4. Erforderliche Schritte

219 Nachdem Sie die beschriebenen Merkmale (1.–3.) mit der fallabhängig gebotenen Gewichtung abgearbeitet haben, sind vier Konstellationen denkbar:

- Der Beschuldigte befindet sich auf freiem Fuß oder ist vorläufig festgenommen,
  - die Voraussetzungen für einen Haftbefehl sind erfüllt,
  - die Voraussetzungen für einen Haftbefehl sind nicht erfüllt.
- Der Beschuldigte befindet sich bereits aufgrund eines Haftbefehls in U-Haft,
  - die Voraussetzungen für die U-Haft sind weiterhin erfüllt,
  - die Voraussetzungen für die U-Haft sind nicht mehr erfüllt.

a) Noch kein Haftbefehl erlassen

220 Zur ersten Konstellation: Mit dieser Situation sollten Sie in der weiteren Klausur keine Probleme mehr haben. Sie müssen lediglich in **der Abschlussverfügung einen Haftbefehlsantrag** stellen. **Der Antrag gehört nicht in die Anklageschrift!**

Zur zweiten Konstellation: Auch hieraus ergeben sich keine Probleme. Weil ein Haftbefehlsantrag nicht völlig aus der Welt war (sonst hätten Sie sich in Ihrem Gutachten gar nicht damit auseinandergesetzt), sollten Sie dem Gericht, bei dem Sie anklagen, in einem kurzen Vermerk in der Abschlussverfügung die Essenz Ihrer Überlegungen mitteilen. Dieses würde nämlich seinerseits die Voraussetzungen des § 112 StPO prüfen.

Dass sich der Beschuldigte zum Zeitpunkt der Anklageerhebung noch in Polizeihaft befindet, wird kaum vorkommen. Sie werden also diesbezüglich nichts zu veranlassen haben. Anderenfalls müssten Sie in der Abschlussverfügung vermerken, dass die sofortige Freilassung des Beschuldigten bereits veranlasst worden ist.

b) Haftbefehl bereits erlassen

aa) Haftbefehlsvoraussetzungen sind erfüllt

221 Wiederum gibt es kaum Probleme. In der Anklage ist ein **Antrag auf Haftfortdauer** zu stellen. Zudem müssen Sie sich noch kurz zur unbedingt zu beachtenden Haftprüfungsfrist äußern. Selten werden Sie an dieser Stelle noch ein so dickes Zeitpolster im Rücken haben, dass Sie sich ausführliche Erörterungen zu dieser Frage leisten können. Ich halte es deshalb für eine lässliche Sünde, das Gutachten abzukürzen und sich auf die Mitteilung des Haftprüfungstermins in der Anklage zu beschränken. Nur, dies muss natürlich richtig berechnet sein!

Dazu Folgendes:

> **Länger als sechs Monate darf die Untersuchungshaft gem. § 121 I, II StPO nur mit Anordnung des Oberlandesgerichts dauern.**

Bei der Berechnung des Fristendes, das in der Anklageschrift als Haftprüfungstermin mitgeteilt werden soll, müssen Sie etwas aufpassen:

222
- **Für die Fristberechnung zählt nur die erlittene U-Haft.** Das heißt im Umkehrschluss, dass Freiheitsentziehung, die nicht auf einem Haftbefehl beruht – und das ist die **Zeit der vorläufigen Festnahme** – für die Berechnung der Haftprüfungsfrist **außer Betracht** bleibt. Der Tag der Festnahme zählt nur mit, wenn die Festnahme aufgrund eines bereits vorliegenden Haftbefehls erfolgte. Zur Verdeutlichung:

> **Beispiel:** Der Beschuldigte wird am 12.6. gem. § 127 StPO vorläufig festgenommen. Am 13.6. wird gegen ihn ein Haftbefehl erlassen und am gleichen Tag gegen 23.00 Uhr verkündet. Der 12.6. bleibt für die Berechnung der Haftprüfungsfrist außer Betracht.

- **Die Berechnung der Haftprüfungsfrist erfolgt nach § 43 StPO.**[145] Das hat zur Folge, dass der erste Tag der U-Haft nicht mitgezählt wird. Für den Beispielsfall ergibt sich daraus die folgende Konsequenz: Da der erste Tag der U-Haft auf den 13.6. fiel, sind sechs Monate mit dem Ablauf des 13.12. voll. An diesem Tag müssen die Akten dem OLG spätestens vorgelegt worden sein. Das ist zudem das Datum, das als Haftprüfungstermin in der Anklageschrift vermerkt wird.

bb) Haftbefehlsvoraussetzungen sind nicht erfüllt

Kommen Sie zu diesem Ergebnis, werden Sie Schwierigkeiten haben, in der Klausur richtig zu reagieren. Klausurtaktisch kann das nur heißen, dieses Ergebnis tunlichst zu vermeiden. Warum?   **223**

Jetzt geht es um § 120 III StPO, auf den ich schon weiter oben hingewiesen habe. Gemäß § 120 I StPO ist ein Haftbefehl aufzuheben, sobald die Voraussetzungen der Untersuchungshaft nicht mehr vorliegen. Das ist eigentlich selbstverständlich. Nun wirkt sich aber die besondere Rolle der Staatsanwaltschaft im Ermittlungsverfahren aus. Der Staatsanwalt ist nämlich Herr des Ermittlungsverfahrens. Dem trägt § 120 III StPO Rechnung: Im Ermittlungsverfahren **ist** deshalb ein Haftbefehl auf Antrag der StA aufzuheben. Aus dem Beschleunigungsgebot folgt, dass das ohne Verzögerung zu geschehen hat. Dem Beschleunigungsgebot trägt auch § 120 III 2 StPO Rechnung, weil die StA bereits mit Antragstellung die Freilassung des Beschuldigten anordnen **kann**. Nach allgemeiner Ansicht hat die StA entgegen dem Wortlaut des Gesetzes allerdings kein Ermessen. Das »kann« reduziert sich also auf ein »**muss**«.

Die Konsequenzen für den prozessualen Teil Ihrer Klausur sind gravierend. Die Anordnung der sofortigen Freilassung werden Sie schriftlich in einer Verfügung formulieren müssen. Die JVA wäre darüber möglichst per Fax oder gar telefonisch zu informieren. Nur, wer soll jetzt den Haftbefehl aufheben? Die richtige Antwort kann nur lauten: der zuständige Ermittlungsrichter, denn der ist – weil noch im Ermittlungsverfahren – an den Antrag der StA gebunden und **muss** den Haftbefehl aufheben. Also müsste die Akte unverzüglich mit einem Aufhebungsantrag an den Ermittlungsrichter verfügt werden. Ihre Klausur wäre an dieser Stelle fertig! Das kann nicht sein!

Damit stellt sich die Frage, ob der Aufhebungsantrag nicht zusammen mit der Anklage gestellt werden kann. Darf er nicht! Wenn der Staatsanwalt der Überzeugung ist, dass die Voraussetzungen für einen Haftbefehl nicht mehr vorliegen, darf er nicht in aller Ruhe seine Anklage diktieren und schreiben lassen und dann mit Anklageerhebung bei dem für die Hauptverhandlung zuständigen Gericht einen Aufhebungsantrag stellen und auf dessen Entscheidung warten. Auch die Anordnung der sofortigen Freilassung hilft nicht aus diesem Dilemma, weil das nunmehr zuständige Gericht nicht mehr an den Antrag der StA gebunden wäre, wir befinden uns mit Anklageerhebung im Zwischenverfahren. Schließlich wird es Sie auch nicht viel weiter bringen, in der Abschlussverfügung einen Haftsonderband mit Aufhebungsantrag an den Ermittlungsrichter zu senden, denn wie wollen Sie bei gleichzeitiger Anklageerhebung dessen Zuständigkeit im Zeitpunkt der Entscheidung sicherstellen?

Gleichwohl müssen Sie im prozessualen Gutachten aufzeigen, wie richtig zu reagieren ist. Teilen Sie dem Leser also mit, dass die Staatsanwaltschaft noch vor der Anklageerhebung die sofortige Freilassung des Beschuldigten und die umgehende Aufhebung des Haftbefehls durch den Ermittlungsrichter zu veranlassen hätte. In der nachfolgenden Abschlussverfügung reicht es aus, in einem Vermerk mitzuteilen, dass die sofortige Freilassung schon veranlasst worden sei und der Ermittlungsrichter den Haftbefehl auf entsprechenden Antrag nach § 120 III StPO bereits aufgehoben habe. Anders werden Sie diese Konstellation nicht in den Griff bekommen!

Bitte beachten Sie: Für einen Antrag auf Änderung eines bereits erlassenen Haftbefehls wird in der Klausur eher selten Raum sein. Auf welche Tatvorwürfe ein derartiger Haftbefehl gestützt wurde,

---

145 Vgl. dazu Meyer-Goßner/Schmitt/*Schmitt* StPO § 121 Rn. 4 mwN, der sich abweichend von den Vorauflagen dem OLG Hamm und dem OLG Stuttgart angeschlossen hat. Weil der Kommentar von Meyer-Goßner/Schmitt für Sie in der Klausur ein wichtiges Hilfsmittel ist, habe ich die darin vertretene und auf Rechtsprechung gestützte Ansicht auch abweichend von den Vorauflagen dieses Lehrbuchs übernommen.

wird Ihnen im Klausursachverhalt ohnehin nur selten mitgeteilt. Ist das aber ausnahmsweise doch der Fall, kann das durchaus ein Hinweis darauf sein, dass von Ihnen ein Änderungsantrag erwartet wird. Es wird, wenn die Änderungen wesentlich sind, die Aufhebung des alten und der Erlass eines neuen Haftbefehls zu beantragen sein. Wesentlich ist jede Erweiterung des Haftbefehls um weitere Taten, ggf. auch eine entsprechende Beschränkung. Auch die Anwendung einer anderen Strafvorschrift stellt eine wesentliche Änderung dar.

224 Kämen Sie zu einem anderen Haftgrund, sollten Sie aus klausurtaktischen Gründen Ihr Ergebnis noch einmal überprüfen. Auch hier gilt allerdings der Grundsatz, dass die Ausnahme die Regel bestätigt. Der Austausch des Haftgrundes ist eine wesentliche Änderung.

XI. § 111a StPO

225 Manche Klausur erfordert, dass Sie sich Gedanken über die Anordnung vorläufiger Maßnahmen machen. Am häufigsten dürfte es um die vorläufige Entziehung der Fahrerlaubnis nach § 111a StPO gehen, seltener mal um eine Beschlagnahmeanordnung oder andere Maßnahmen.

Weil es bei den §§ 69, 69a StGB um materielles Recht geht, sollten Sie die Entziehung der Fahrerlaubnis bereits in einem selbstständigen Abschnitt (»Nebenfolgen«) des materiellen Gutachtens erörtern. Sie können die Erörterung ausnahmsweise in das prozessuale Gutachten verschieben, wenn Sie diese mit der prozessualen Frage der vorläufigen Entziehung der Fahrerlaubnis gem. § 111a StPO verknüpfen. Nur dürfen Sie dann nicht vergessen, die Voraussetzungen des § 69 StGB sauber herauszuarbeiten.

Haben Sie das positiv beantwortet, werden Sie sich nur noch Gedanken über die vorläufige Entziehung der Fahrerlaubnis gem. § 111a StPO machen müssen.

1. Entziehung der Fahrerlaubnis, §§ 69, 69a StGB

226 Dem Beschuldigten ist gem. § 69 I StGB die Fahrerlaubnis zu entziehen, wenn sich aus der Tat ergibt, dass er **zum Führen von Kraftfahrzeugen ungeeignet ist.**

Die Ungeeignetheit kann sich aus körperlichen und geistigen Mängeln ergeben, in den Klausuren wird es jedoch ganz überwiegend um die **charakterliche Unzuverlässigkeit** gehen.

Ungeeignet ist der Täter, wenn eine Würdigung seiner körperlichen, geistigen und **charakterlichen** Voraussetzungen und der sie wesentlich bestimmenden objektiven und subjektiven Umstände ergibt, dass seine Teilnahme am Kraftfahrzeugverkehr zu einer nicht hinnehmbaren Gefährdung der Verkehrssicherheit führen würde.

Die Feststellung der charakterlichen Unzuverlässigkeit wird Ihnen in der Mehrheit der Fälle keine Schwierigkeiten bereiten, weil es meistens um die klassischen Straßenverkehrsdelikte geht. In diesen Fällen sind die Regelbeispiele des § 69 II StGB erfüllt. An der charakterlichen Zuverlässigkeit fehlt es danach regelmäßig, wenn der Beschuldigte folgende Straftaten begangen hat:

- **Straßenverkehrsgefährdung** gem. § 315c StGB,
- **Trunkenheit im Verkehr** gem. § 316 StGB,
- **unerlaubtes Entfernen vom Unfallort** gem. § 142 StGB, wenn der Täter weiß oder wissen konnte, dass bei dem Unfall
  - ein Mensch getötet wurde,
  - ein Mensch nicht unerheblich verletzt wurde,
  - an fremden Sachen bedeutender Schaden, den Sie ab einer Höhe von 1.300 EUR annehmen können, entstanden ist,
- **Vollrausch** gem. § 323a StGB, wenn dieser sich auf eine der vorgenannten Taten bezieht.

In der Klausur sollten Sie es bei der Regelwirkung belassen und Ausnahmen wirklich nur dann diskutieren, wenn die Einlassung des Beschuldigten oder eine Schutzschrift seines Verteidigers dazu Anlass geben.

Was häufig übersehen wird: Das Fahren ohne Fahrerlaubnis gem. § 21 StVG gehört nicht zu **227** den Regelfällen des § 69 II StGB. Dennoch wird eine derartige Tat – **als typische Verkehrsstraftat**[146] – regelmäßig zur Verhängung einer Sperrfrist für die Erteilung einer Fahrerlaubnis (§ 69a StGB) führen müssen, denn unabhängig vom Fehlen eines Regelbeispiels ergibt sich die fehlende Eignung aus dem Tatverhalten (§ 69 I StGB). Zur Begründung dürfen Sie sich in der Klausur auf diese schlichte Behauptung beschränken.

Schwieriger ist die Rechtslage zu beurteilen, wenn der Beschuldigte ein Kraftfahrzeug zur Begehung anderer als Verkehrsstraftaten geführt hat. Während früher allgemein die Tendenz vorherrschte, erheblichen Taten der allgemeinen Kriminalität eine Indizwirkung für die Nichteignung zuzusprechen, wird § 69 I StGB mittlerweile enger ausgelegt.

Abweichend von der früheren Rechtsprechung der einzelnen Senate sieht der Große Senat für Strafsachen des Bundesgerichtshofs[147] trotz charakterlicher Mängel, die sich in der Begehung schwerwiegender und erheblicher Straftaten offenbaren, aus diesen nicht automatisch eine Gefahr für den Straßenverkehr erwachsen. Vielmehr muss die mangelnde Zuverlässigkeit des Täters in Bezug auf Verkehrssicherheitsbelange in der Tat hinreichenden Ausdruck finden. Allein die Benutzung eines Kraftfahrzeugs zur Begehung schwerer Straftaten lässt einen Rückschluss darauf nicht zu.

Eine Entziehung der Fahrerlaubnis bei schweren Straftaten ist nur zulässig, wenn die Anlasstat tragfähige Schlüsse darauf zulässt, dass der Täter bereit ist, die Sicherheit des Straßenverkehrs seinen eigenen kriminellen Interessen unterzuordnen. Dafür könnte schon risikofreudiges Fahrverhalten bei der Tat oder auf der Flucht ausreichen.

Mit der vorstehenden Begründung wird es Ihnen nicht schwer fallen, auch bei sog. Inneneingriffen gem. § 315b StGB die Eignung zum Führen von Kraftfahrzeugen zu verneinen.

Noch ein wichtiger **Hinweis:** Einem Fahrradfahrer, der sich einer Straftat nach § 316 StGB schuldig gemacht hat, darf die Fahrerlaubnis nicht entzogen werden, weil § 69 StGB ausschließlich Pflichtverstöße beim Führen von Kraftfahrzeugen betrifft. Kraftfahrzeuge sind aber nur Fahrzeuge, die von Motorkraft angetrieben werden.

2. Vorläufige Entziehung der Fahrerlaubnis

Wenn Sie den Sachverhalt aufmerksam durchgelesen haben, wissen Sie, ob die Fahrerlaubnis **228** bereits vorläufig entzogen wurde. Verlieren Sie auch den Bearbeitervermerk nicht aus dem Auge, der ebenfalls eine entsprechende Information enthalten kann. Ist das bereits geschehen, haben Sie nichts mehr zu veranlassen. **Anders als beim Haftbefehl ist nicht etwa die Fortdauer der Maßnahme zu beantragen.**

Anderenfalls haben Sie mit Anklageerhebung einen entsprechenden Antrag zu stellen, wenn denn die Voraussetzungen des § 111a StPO erfüllt sind. Dieser verlangt

- dringenden Tatverdacht
- und einen hohen Grad an Wahrscheinlichkeit, dass das Gericht den Beschuldigten für *ungeeignet* zum Führen von Kraftfahrzeugen halten und ihm die Fahrerlaubnis entziehen wird.

Den dringenden Tatverdacht haben Sie entweder schon zum Stichwort U-Haft erörtert, dann können Sie selbstverständlich Bezug darauf nehmen, oder Sie werden den Begriff hier erstmals erläutern müssen. Ich kann insoweit auf die Darstellungen zur U-Haft verweisen. Wichtig ist zu zeigen, dass Sie zwischen **hinreichendem und dringendem Tatverdacht unterscheiden** können.

Auch die Prognose bezüglich der Fahrerlaubnisentziehung sollte Sie nicht vor unüberwindliche Schwierigkeiten stellen. Denn im Rahmen des materiellen Gutachtens haben Sie entweder bereits das Vorliegen eines Regelbeispiels nach § 69 II StGB angenommen oder sich darauf

---

146 BGH NStZ-RR 2007, 40.
147 BGH NJW 2005, 1957.

festgelegt, dass der Beschuldigte aufgrund einer anderen Straftat nach § 69 I StGB zu maßregeln ist. In beiden Fällen sollten Sie, um sich nicht in Widerspruch zu Ihren bisherigen Ergebnissen zu setzen, die hohe Wahrscheinlichkeit mit einer schlichten Behauptung bejahen. Ist gar ein Regelbeispiel verwirklicht, versteht sich das von selbst. Entscheidend ist allein, dem Korrektor zu zeigen, dass Sie mit den Anforderungen des § 111a StPO vertraut sind und die richtigen Anträge formulieren können.

229 **Die vorläufige Entziehung der Fahrerlaubnis wirkt zugleich als Beschlagnahmeanordnung bzw. Beschlagnahmebestätigung,** sodass weitergehende Anträge auf Beschlagnahme nicht gestellt werden müssen. **Sie werden allenfalls zu diskutieren haben, ob zum Auffinden des Führerscheins eine Durchsuchungsanordnung erforderlich sein wird.** Das geschieht in der Praxis häufig – oft formulармäßig. Tatsächlich sollte die Durchsuchung allerdings nur beantragt und angeordnet werden, wenn konkrete Umstände vorliegen, die erwarten lassen, dass der Beschuldigte den Führerschein nicht herausgeben wird. In der Klausur werden Sie kaum auf eine derartige Konstellation stoßen.

Auch hierzu dürfen Sie sich wieder bedenkenlos des Urteilsstils bedienen.

> **Formulierungsbeispiel:**
> Die Fahrerlaubnis des Beschuldigten könnte gem. § 111a StPO vorläufig zu entziehen sein. Der Beschuldigte ist einer Straftat nach § 316 I StGB dringend verdächtig, weil es in hohem Maße wahrscheinlich ist, dass er aufgrund der übereinstimmenden Aussagen der Zeugen ..., die ihn als Fahrer identifiziert haben, und des Gutachtens der Staatlichen Blutalkoholuntersuchungsstelle verurteilt werden wird. Weil damit zugleich das Regelbeispiel des § 69 II Nr. 1 StGB erfüllt ist, besteht auch die hohe Wahrscheinlichkeit, dass das Gericht ihn für ungeeignet zum Führen von Kfz halten und die Fahrerlaubnis entziehen wird.
> Deshalb ist die vorläufige Entziehung der Fahrerlaubnis zu beantragen.

230 Keinesfalls dürfen Sie vergessen, für die Aufhebung einer bereits angeordneten Maßnahme zu sorgen, wenn Ihr Gutachten zu dem Ergebnis geführt hat, dass kein Raum für die Anwendung des § 69 StGB ist, etwa weil es an einer den Eignungsmangel begründenden Straftat fehlt.

- Ist der Führerschein lediglich von der Polizei sichergestellt, ist nur seine Herausgabe zu veranlassen.
- Ist die Fahrerlaubnis bereits gem. § 111a StPO vorläufig entzogen, bitte nicht die sofortige Übersendung des Führerscheins an den Beschuldigten verfügen, sondern abwarten! **Das Gericht ist – anders als beim Haftbefehl (§ 120 III 2 StPO) – im Ermittlungsverfahren nicht an den Aufhebungsantrag der StA gebunden,**[148] sondern hat den Grund für die Entziehung selbstständig zu überprüfen. Es könnte also zu einem anderen Ergebnis gelangen. Sinnvoll wird es deshalb sein, das Gericht selbst in der Abschlussverfügung für den Fall der antragsgemäßen Entscheidung um Rückgabe des Führerscheins an den Beschuldigten zu ersuchen.

> Noch ein **Hinweis: Unterscheiden Sie immer sauber zwischen Fahrerlaubnis und Führerschein!** Der Führerschein dient als Dokument lediglich dem Nachweis der Fahrerlaubnis. Der Führerschein wird deshalb nicht entzogen, sondern mit der Entziehung der Fahrerlaubnis eingezogen. **Nur die Fahrerlaubnis wird entzogen!**

XII. Beschlagnahme und Herausgabe

1. Beschlagnahme

231 Eine Beschlagnahmeanordnung durch das Gericht wird nur ausnahmsweise zu beantragen sein, wenn der Sicherstellung durch die Polizei **widersprochen** worden ist.

---

148 Das ist allerdings streitig, vgl. Meyer-Goßner/Schmitt/*Schmitt* StPO § 111a Rn. 14 mwN. Zuletzt für eine Bindung an den Antrag der Staatsanwaltschaft LG Hamburg StraFo 2017, 108.

a) Beweismittel, §§ 94, 98 StPO

Dass Gegenstände, die als Beweismittel in Betracht kommen, was sich aus Ihrer Beweiswürdigung im A-Gutachten ergeben sollte, beschlagnahmt werden können oder beschlagnahmt bleiben müssen, ergibt sich aus § 94 StPO. 232

b) Einziehungsgegenstände, §§ 111b, 111e StPO

Mit dem Gesetz zur Reform der strafrechtlichen Vermögensabschöpfung vom 13.4.2017 ist das Einziehungsrecht umfassend neu geregelt worden. Der Verfall ist aus dem Gesetz gestrichen worden. An seine Stelle hat der Gesetzgeber zur Erleichterung der Abschöpfung deliktischer Vermögensvorteile die Einziehung von Taterträgen gesetzt. 233

Auch bei den Einziehungsvorschriften der §§ 73 ff., 74 ff. StGB geht es um die Anwendung materiellen Rechts. Gleichwohl sollten Sie die Voraussetzungen der Einziehung erst im prozessualen Gutachten prüfen. Das ist schon deshalb unproblematisch, weil sich dafür fast immer ein prozessualer Aufhänger finden lässt. Steht die Frage nach der späteren Einziehung im Raum, wird es immer Anlass geben, entweder über die Beschlagnahme/den Arrest oder gegebenenfalls die Aufrechterhaltung oder Aufhebung dieser vorläufigen Maßnahmen nachzudenken.

aa) Einziehung nach den §§ 74 ff. StGB

In den §§ 74 ff. StGB ist die Einziehung von Tatmitteln, Tatprodukten und Tatobjekten geregelt. Die bisherigen Regelungen sind weitgehend erhalten geblieben. Die Einziehung steht im Ermessen des Gerichts. Besondere Bedeutung kommt insoweit dem Verhältnismäßigkeitsgrundsatz zu. In der Klausurlösung werden Sie sich fast immer mit der Feststellung, die Einziehung sei auch verhältnismäßig, begnügen dürfen, wenn die materiellen Voraussetzungen für die Einziehung vorliegen.

Dass **Tatmittel** wie Schusswaffen oder Messer eingezogen werden können, leuchtet unmittelbar ein, übersehen wird es trotzdem. Aber auch durch die Tat hervorgebrachte Gegenstände (**Tatprodukte**) können gem. § 74 I StGB eingezogen werden. Neben die Einziehung von Tatmitteln und Tatprodukten gem. § 74 I StGB hat der Gesetzgeber jetzt in § 74 II StGB ausdrücklich die von ihm als **Tatobjekte** bezeichneten Gegenstände, auf die sich eine Tat bezieht, gestellt. Diese Gegenstände, die früher als **Beziehungsgegenstände** bezeichnet wurden, können durch Sondervorschriften zu Einziehungsgegenständen werden. So kann im Rahmen der Urkundsdelikte etwa zweifelhaft sein, ob falsche oder verfälschte Urkunden, die der Beschuldigte nicht selbst hergestellt aber bei seiner Tat gebraucht hat, Tatmittel sind. Im Hinblick auf § 282 StGB müssen Sie das nicht weiter erörtern. Es genügt der Hinweis, dass diese Urkunden gem. §§ 282, 74 II StGB auch als Tatobjekte der Einziehung unterliegen.

- **Einziehungsobjekte sind also:** 234
  - **Tatmittel** (bei der Tat verwendet oder dazu bestimmt),
  - **Tatprodukte** (durch die Tat hervorgebracht),
  - **Tatobjekte** (notwendige Gegenstände der Tat selbst).
- **Die Einziehung von Tatmitteln, Tatprodukten und Tatobjekten ist nur zulässig, wenn**
  - die Einziehungsgegenstände zur Zeit der Entscheidung **dem Täter gehören** (§ 74 III StGB),
  - selbst wenn er schuldlos gehandelt hat (§ 74b I Nr. 1 StGB)
    oder
  - ihm zwar nicht gehören, der Eigentümer aber leichtfertig zur Verwendung als Tatmittel beigetragen oder sie in Kenntnis der Einziehungsfähigkeit in verwerflicher Weise erworben hat (§ 74a StGB)
    oder
  - ihm zwar nicht gehören aber entweder generell oder individuell gefährlich sind (§ 74b I Nr. 2 StGB).

Die Einziehungsvoraussetzungen nach § 74b I Nr. 1 StGB sind für die Klausur nicht relevant, weil Sie es nicht mit einem schuldlos handelnden Beschuldigten zu tun haben werden.

Behalten Sie auch im Auge, dass mit der Möglichkeit der Wertersatzeinziehung gem. § 74c I StGB ein Mittel geschaffen wurde, gegen den Beschuldigten auch die **Einziehung des Wertes** des ursprünglichen Einziehungsgegenstands anzuordnen, wenn dieser die Einziehung etwa durch Verkauf oder Verbrauch vereitelt hat. Prozessualer Aufhänger wäre dann die mögliche Anordnung eines Vermögensarrests. Dazu später.

bb) Einziehung von Taterträgen, §§ 73 ff. StGB

235 Anders als die frühere Anordnung des Verfalls, die in Klausuren keine Rolle spielte, wird in jeder Klausur, in der es um Eigentums- und Vermögensdelikte geht, die Anordnung der Einziehung von Taterträgen nach den §§ 73 ff. StGB in Betracht kommen. Achten Sie darauf, ob der Bearbeitervermerk Anweisungen zur Anwendung der einschlägigen Vorschriften enthält oder ob die Beute, etwa nach einem Diebstahl oder einem Raub, an den Geschädigten zurückgelangt ist, was einer Einziehung gem. § 73e I StGB ebenfalls entgegenstehen würde.

Die Einziehung von Taterträgen dient der Abschöpfung von deliktisch erlangten Taterträgen. Ist der aus der Tat erlangte Gegenstand noch vorhanden, soll er im Urteil eingezogen und an den Geschädigten zurückübertragen werden. Andernfalls ordnet das Gericht die Einziehung eines Geldbetrages an, der dem Wert des ursprünglich erlangten Gegenstandes entspricht (Einziehung des Wertes des Tatertrages). Die Ansprüche der Tatgeschädigten werden grundsätzlich erst im Strafvollstreckungsverfahren befriedigt. Der eingezogene Gegenstand wird nach Rechtskraft an den Verletzten zurückübertragen oder, falls er Eigentümer geblieben ist (zB bei Diebesgut), herausgegeben (§ 459h I StPO). Um diesen Teil des Abschöpfungsverfahrens müssen Sie sich in Ihrer Klausurlösung nicht kümmern.

Zentrale materiellrechtliche Vorschriften für die Lösung der Klausur sind damit die §§ 73 und 73c StGB.

§ 73 I StGB ordnet die Einziehung des **durch die Tat Erlangten** an. Anders als die Einziehung nach § 74 StGB ist die Einziehung nach § 73 StGB **zwingend**.

Das durch die Tat Erlangte ist die Gesamtheit der wirtschaftlich messbaren Vorteile, die dem Täter oder Teilnehmer durch, aus oder für die Tat zugeflossen sind. Erforderlich ist, dass der Gegenstand in irgendeiner Phase des Tatablaufs in die Verfügungsgewalt des Täters oder Tatbeteiligten übergegangen ist und ihm so aus der Tat unmittelbar etwas messbar zugutekommt. Zivilrechtliche Besitz- und Eigentumsverhältnisse spielen dabei keine Rolle. **Es ist also irrelevant, ob sich der Beschuldigte das Eigentum an einem Gegenstand durch Betrug verschafft hat oder ob sich der Gegenstand nach einem Diebstahl nach wie vor im Eigentum des Verletzten befindet.** Die Voraussetzungen für die Einziehung liegen gem. § 73e I 1 StGB nur dann nicht mehr vor, wenn der Anspruch des Verletzten erloschen ist. Das kommt in der Klausur eigentlich nur dann in Betracht, wenn ein Gegenstand, der nach der Tat weiterhin im Eigentum des Verletzten steht (Diebesgut), bei Anklageerhebung bereits an diesen zurückgegeben wurde.

Ist die **Einziehung eines Gegenstandes** wegen der Beschaffenheit des Erlangten oder aus einem anderen Grund **nicht möglich**, so ist gem. § 73c I 1 StGB die **Einziehung eines Geldbetrages, der dem Wert des Erlangten entspricht**, vorgesehen. Der Umfang und der Wert des Erlangten dürfen nach § 73d II StGB geschätzt werden. In der Klausur wird es einer Wertangabe des Verletzten bedürfen. Ihre Aufgabe wird nicht darin bestehen, den Wert des Erlangten zu ermitteln, sondern überhaupt zu erkennen, dass es in der späteren Hauptverhandlung auf die Einziehung des Wertersatzes hinauslaufen wird.

Die weiteren Einziehungsvorschriften wie die §§ 73 II, III, 73a (erweiterte Einziehung), 73b (Dritteinziehung) StGB werden für die Klausurlösung keine Rolle spielen.

c) Beschlagnahme und Vermögensarrest

236 Die Einziehung des durch die Tat Erlangten, von Tatmitteln, Tatprodukten und Tatobjekten und die Einziehung des Wertersatzes werden durch **Beschlagnahme** gem. § 111b I StPO und **Vermögensarrest** gem. § 111e I StGB gesichert.

Achtung: Beschlagnahme **und Vermögensarrest sollen zur Sicherung der Vollstreckung der gesetzliche Regelfall sein, wenn dringende Gründe die spätere Einziehung (§ 111b I 2 StPO) oder die spätere Wertersatzeinziehung (§ 111e I 2 StPO) sprechen.** In den übrigen Fällen soll es bei dem weiten Ermessen (kann) der Strafjustiz bleiben. Haben Sie zuvor im Zusammenhang mit der Erörterung der Voraussetzungen für Untersuchungshaft den dringenden Tatverdacht bejaht, werden Sie regelmäßig auch die dringenden Gründe nach den §§ 111b I 2, 111e I 2 StPO bejahen müssen und damit zur zwingenden Anordnung von Beschlagnahme oder Vermögensarrest kommen.

Die Anordnung von Beschlagnahme und Vermögensarrest unterliegt gem. § 111j I 1 StPO einem Richtervorbehalt. Allerdings gibt es Eilzuständigkeiten der Staatsanwaltschaft und der Polizei: Bei Gefahr im Verzug darf auch die Staatsanwaltschaft die Beschlagnahme beweglicher und unbeweglicher Gegenstände sowie den Vermögensarrest anordnen, § 111j I 2 StPO. Die Polizei darf dagegen im Rahmen ihrer Eilkompetenz nur die Beschlagnahme beweglicher Gegenstände anordnen, § 111j I 3 StPO. Haben im Klausursachverhalt die Staatsanwaltschaft oder die Polizei ihre Eilkompetenz wahrgenommen, müssen Sie prüfen, ob die richterliche Anordnung von der Staatsanwaltschaft nachträglich einzuholen ist. Das ist nur der Fall, wenn die Staatsanwaltschaft die Beschlagnahme eines unbeweglichen Gegenstandes oder Vermögensarrest angeordnet hat, § 111j II 1, 2 StPO.

> Haben **Staatsanwaltschaft oder Polizei in Eilkompetenz** die Beschlagnahme einer beweglichen Sache angeordnet, müssen sie diese **anschließend nicht richterlich bestätigen lassen**. Allerdings kann der Betroffene selbst in allen Fällen die Entscheidung des Gerichts beantragen, § 111j II 3 StPO.

Zum Antrag des Betroffenen, der auf eine Herausgabeanordnung des Gerichts gerichtet sein wird, müssten Sie in der Abschlussverfügung ggf. Stellung nehmen.

Für die Vollziehung der Beschlagnahme und des Vermögensarrestes ist gem. § 111k I StPO die Staatsanwaltschaft zuständig. In der Klausur wird das kein Problem sein.

Denken Sie jedoch an § 111l I–III StPO. Denn die **Vollziehung von Beschlagnahme und Vermögensarrest muss gem. § 111l I StPO dem Verletzten mitgeteilt werden**.

> **Verletzter** iSd § 111l StPO ist derjenige, dem ein Anspruch auf Rückgewähr des Erlangten oder auf Ersatz des Wertes des Erlangten aus einer Tat erwachsen ist, die Gegenstand der Beschlagnahme- oder der Arrestanordnung ist.

- Zudem ordnet § 111l II StPO an, dass die Staatsanwaltschaft den Verletzten nach der Beschlagnahme eines beweglichen Gegenstandes zugleich über das Herausgabeverfahren nach den §§ 111n, 111o StPO zu informieren hat. Zu diesem Verfahren gleich.
- Hat die Staatsanwaltschaft einen Vermögensarrest vollzogen, muss der Verletzte gem. § 111l III StPO zu der Erklärung aufgefordert werden, ob und in welcher Höhe er den Wertersatzanspruch, der ihm aus der Tat erwachsen ist, geltend machen wolle.

2. Herausgabe sichergestellter oder beschlagnahmter Gegenstände

237 Schauen Sie am Ende Ihres prozessualen Gutachtens noch einmal auf die Ergebnisse Ihrer Beweiswürdigung und in den Sachverhalt. Welche Gegenstände sind bei wem sichergestellt worden (Sachverhalt) und welche dieser Gegenstände benötigen Sie als Augenscheinsobjekte und Urkunden für Ihre Beweisführung (Beweiswürdigung)? Mitunter sind Herausgabeanträge des Beschuldigten oder anderer Personen in den Sachverhalt eingebaut. Die Staatsanwaltschaft hätte zudem das Interesse, nicht benötigte Gegenstände so schnell wie möglich loszuwerden, um die Lagerkapazitäten zu schonen oder Geld zu sparen, das anderenfalls für die ordnungsgemäße Verwahrung – etwa eines sichergestellten Pkw – aufzuwenden wäre. Die folgenden Überlegungen sind deshalb von erheblicher praktischer Bedeutung und dürfen auch in Ihrer Klausur nicht völlig fehlen. Ernsthafte Probleme werden Sie damit nicht haben, hier geht es mehr um die Vollständigkeit. Deshalb werden Sie sich regelmäßig auch ohne Weiteres des Urteilsstils bedienen dürfen.

a) Herauszugebende Gegenstände

238 > Herauszugeben sind alle Gegenstände, die nicht mehr als Beweismittel oder als Objekte der Einziehung oder des Verfalls in Betracht kommen.

So wird regelmäßig die bei dem Beschuldigten gefundene Beute aus einem Diebstahl an den Eigentümer herauszugeben sein. Als Augenscheinsobjekte würden diese Gegenstände nämlich nur ihre eigene Existenz beweisen. Welche Gegenstände entwendet worden sind, wird der Eigentümer als Zeuge in einer polizeilichen Vernehmung geschildert haben. Das Auffinden dieser Gegenstände bei dem Beschuldigten wird ein anderer Zeuge bestätigen können. Notfalls würden Fotos von diesem Gegenstand völlig ausreichen.

Auch müssen nicht zwingend alle Gegenstände, die weiterhin als Beweismittel in Betracht kommen, im Gewahrsam der Strafverfolgungsbehörden bleiben. So kann es angezeigt sein, einzelne Urkunden, die der Berechtigte dringend benötigt, beglaubigt ablichten zu lassen und die Originale anschließend herauszugeben. Das wird in der Klausur aber regelmäßig nur auf einen ausdrücklichen Herausgabeanspruch des Berechtigten zu erörtern sein.

Natürlich müssen sichergestellte oder beschlagnahmte Gegenstände auch dann herausgegeben werden, wenn diese nicht oder nicht mehr einer konkreten Straftat zugeordnet werden können.

Noch einmal: Eine bewegliche Sache ist nach einer Beschlagnahme dann herauszugeben, wenn sie **für Zwecke des Strafverfahrens nicht mehr benötigt wird**, § 111n I StPO. Das ist der Fall, wenn sie

- keine Beweisbedeutung hat **und**
- nicht als Gegenstand einer Einziehung nach den §§ 73 ff., 74 ff. StGB in Betracht kommt.

b) Herausgabe an Beschuldigten, Verletzten oder Dritten

239 Die Herausgabe beschlagnahmter oder sichergestellter Gegenstände hat grundsätzlich an den letzten Gewahrsamsinhaber zu erfolgen, § 111n I StPO.

Das wird meist der Beschuldigte sein.

Dagegen erfolgt nach § 111n II StPO die Herausgabe von Gegenständen an den Verletzten, wenn

- **die Gegenstände für Zwecke des Strafverfahrens nicht mehr benötigt werden,**
- **diese ihm unmittelbar durch die Straftat entzogen worden sind**
- **und er bekannt ist.**

In beiden Fällen geht es nicht um das Eigentum an der Sache, sondern der Gesetzgeber hatte mit der vorläufigen Regelung des Besitzstandes allein die Gewahrsamsverhältnisse im Blick.

Gemäß § 111n III StPO kann die Herausgabe schließlich auch an einen Dritten erfolgen, wenn

- **die Gegenstände für Zwecke des Strafverfahrens nicht mehr benötigt werden,**
- **dieser einen Anspruch auf die Sache hat und**
- **er bekannt ist.**

In allen Fällen aber gilt gem. § 111n IV StPO: Die Herausgabe erfolgt nur, wenn die Voraussetzungen dafür **offenkundig** sind!

Sind die Herausgabevoraussetzungen zweifelhaft und war eine bewegliche Sache ausschließlich als Beweisgegengenstand gem. § 94 StPO beschlagnahmt, erfolgt gleichwohl die Herausgabe an den letzten Gewahrsamsinhaber. Der Verletzte oder Dritte muss dann auf den Zivilrechtsweg verwiesen werden. Die Herausgabeentscheidung steht dem nicht entgegen, weil sie lediglich eine vorläufige Besitzstandsregelung enthält. In allen Fällen der Beschlagnahme zur der Einziehung deliktisch erlangter Gegenstände gilt bei zweifelhaften Herausgabevoraussetzungen: Die bewegliche Sache wird weiterhin für Zwecke des Strafverfahrens – nämlich die dann erforderliche Einziehung – benötigt.

c) Herausgabeverfahren

240 Zuständig für die Herausgabeentscheidung ist bis zur Erhebung der öffentlichen Klage (und im Vollstreckungsverfahren) gem. § 111o StPO die Staatsanwaltschaft. Es spielt insoweit keine Rolle, ob die Gegenstände lediglich sichergestellt oder aber durch gerichtliche Anordnung beschlagnahmt wurden. In der Klausur wird die Herausgabe nicht mehr benötigter Gegenstände in der Abschlussverfügung angeordnet. **Für einen – etwa in der Abschlussverfügung zu stellenden – Antrag der Staatsanwaltschaft an das Gericht, über die Herausgabe eines Gegenstandes zu entscheiden, ist kein Raum mehr.** Eine gerichtliche Entscheidung ist nur noch auf Antrag der Betroffenen gem. § 111o II StPO zu erreichen.

Ist das Recht an einem herauszugebenden Gegenstand dagegen nicht offenkundig, soll die   **241** Staatsanwaltschaft entgegen der früheren Rechtslage nicht mehr die Entscheidung des Gerichts herbeiführen. Es bleibt ihr dann nur, die Herausgabe abzulehnen, weil der Gegenstand für Zwecke des Strafverfahrens weiterhin benötigt wird. Eine Ausnahme gilt – wie zuvor gezeigt – nur, wenn der Gegenstand ausschließlich als Beweismittel beschlagnahmt wurde.

XIII. Verbindung und Trennung

Ob Verfahren zu verbinden oder zu trennen sind, hängt davon ab, ob zwischen ihnen ein Zu-   **242** sammenhang besteht. Der Zusammenhang kann

* **persönlich**
  oder
* **sachlich**

sein. Ein **persönlicher Zusammenhang** besteht, wenn gegen denselben Beschuldigten wegen mehrerer selbstständiger Taten iSd § 264 StPO ermittelt wird. Beim **sachlichen Zusammenhang** geht es um eine Tat mehrerer Beschuldigter. Mit dem persönlichen Zusammenhang werden Sie keine Probleme haben. Bei der Erörterung des sachlichen Zusammenhangs werden Sie sich eventuell Gedanken über den Begriff des »Teilnehmers« machen müssen. Problematisch kann es werden, wenn einer der Beschuldigten der Bestechung/Vorteilsgewährung nach den §§ 334, 333 StGB und der andere der Bestechlichkeit/Vorteilsannahme nach den §§ 332, 331 StGB verdächtig ist und es dabei um dasselbe Geschehen geht. Der Begriff Teilnahme ist indes weit auszulegen:

> Teilnahme iSd § 3 StPO ist jede in dieselbe Richtung zielende Mitwirkung an einem einheitlichen geschichtlichen Vorgang[149] (iSd § 264 StPO).

Das dürfte für den Bestechenden und den Bestochenen der Fall sein.

1. Verfahrensverbindung

Nicht selten enthalten prozessuale Gutachten Ausführungen zu dem vermeintlichen Problem,   **243** ob bei Ermittlungen gegen mehrere Beschuldigte »die Verfahren« miteinander verbunden werden müssten. Dieses Problem gibt es nicht! Der Aktenauszug, den Sie als Aufgabe erhalten, betrifft **ein** Verfahren, das von vornherein gegen mehrere Beschuldigte geführt wird. Für eine Verfahrensverbindung ist damit kein Raum. Allenfalls ist zu überlegen, ob eines der gemeinsam geführten Verfahren abzutrennen ist.

2. Verfahrenstrennung

Ohne Zweifel gibt es in der Praxis immer wieder Konstellationen, die die Verfahrenstrennung   **244** erforderlich machen. Klassisch ist der Fall, in dem nach einem Polizeieinsatz nicht nur gegen sonstige Beschuldigte sondern auch gegen einen Polizeibeamten ermittelt werden muss. Es kann in der Klausur nicht darum gehen, dass Sie sich durch Verfahrenstrennung eines Beschuldigten entledigen und sich so das Entwerfen der Anklageschrift vereinfachen. Die Lösung kann also nur darin liegen, das Verfahren gegen den Beamten abzutrennen und anschließend beide Ermittlungsverfahren jeweils mit Abschlussverfügung und Anklage abzuschließen. Wenn abzusehen ist, dass Sie dazu keine Zeit mehr haben (klausurtaktisch denken!), bleibt Ihnen

---

149 BGH NStZ 1987, 513.

nichts anderes übrig, als die eigentlich erforderliche Abtrennung zu ignorieren. Es bleibt Ihnen der Trost, dass derartig undurchdachte Klausuraufgaben selten sind. Mittlerweile haben die Prüfungsämter das Problem offensichtlich erkannt. So hat es zuletzt zwar durchaus entsprechende Konstellationen gegeben. Die Strafbarkeit aller Beschuldigten war in diesen Klausuren zwar im A-Gutachten zu prüfen. Jedenfalls die Anfertigung von Abschlussverfügung und Anklageschrift war jedoch durch den Bearbeitervermerk auf einen der Tatverdächtigen beschränkt.

Im Übrigen ist, wenn Sie ganz sicher gehen wollen, ein kurzer Hinweis auf § 3 StPO nicht falsch. Damit haben Sie das Thema »Trennung« dann aber auch erschöpfend abgehandelt.

> **Formulierungsbeispiel:**
> Weil die Beschuldigten der Teilnahme an derselben Tat verdächtig sind, sind sie gem. § 3 StPO gemeinsam vor dem Schöffengericht anzuklagen.

In Einzelfällen kann es vorkommen, dass nach dem Bearbeitervermerk die Strafbarkeit von Personen, gegen die sich ebenfalls der Anfangsverdacht einer Straftat richtet, nicht geprüft werden soll. Obwohl es legitim sein dürfte, deren mögliche Strafbarkeit auch im prozessualen Teil zu ignorieren, sollten Sie, wenn die Voraussetzungen des § 3 StPO nicht erfüllt sind, das Verfahren gegen diese Personen abtrennen. Dann werden allerdings auch kurze Ausführungen zum Anfangsverdacht erforderlich sein.[150]

XIV. Mitteilungen

245 Mitteilungspflichten dürfen zwar nicht übersehen werden, die Erörterung etwaiger Mitteilungspflichten sollte jedoch nicht das Gutachten überlasten. Wenn Sie eine Abschlussverfügung abzufertigen haben, ist es deshalb sinnvoll, sich auf die Anordnung der erforderlichen Mitteilungen in der Abschlussverfügung zu beschränken. Das spart zudem Zeit. In der jeweiligen Verfügung können Sie Empfänger, Art und Weise sowie Grund der Mitteilung nennen und haben damit Ihrer Pflicht Genüge getan. Der Korrektor weiß damit, was Sie zu der jeweiligen Mitteilungsanordnung bewogen hat.

Ich halte es für unumgänglich, dass Sie sich die MiStra einmal konzentriert durchlesen, um dadurch ein Gespür für die Mitteilungspflichten zu bekommen. Im Examen steht Ihnen die MiStra zwar im Kommentar von Meyer-Goßner/Schmitt (Anh. 13) zur Verfügung, Sie werden aber kaum die Zeit haben, darin lange zu suchen. Dabei müssten Sie sich – streng genommen – über die Mitteilungspflichten kaum Gedanken machen. Nr. 4 II MiStra sieht vor, dass Staatsanwälte Mitteilungen nur selbst anordnen müssen, wenn dies ausdrücklich bestimmt ist oder sie sich das vorbehalten haben. Ausdrücklich ist das aber nur in wenigen Fällen bestimmt, der Vorbehalt spielt in der Klausur keine Rolle. Im Klartext heißt das, dass Sie sich in Ihrer Rolle als Staatsanwalt auf die für die Mitteilungen zuständigen Mitarbeiter (Nr. 4 III Nr. 1 MiStra) verlassen dürften. Im Übrigen machen Sie grundsätzlich nichts falsch, wenn Sie selbst die Mitteilungsanordnung treffen, weil Abs. 2 S. 2 den Staatsanwälten derartige Mitteilungsanordnungen in jedem Fall zugesteht.

246 Die für Klausuren wichtigsten Mitteilungen nach MiStra sind:

Nr. 13:	Beschuldigter steht unter Bewährung; Anklageabschrift an das die Bewährungsaufsicht führende Gericht
Nr. 15, 16:	Beschuldigter ist Beamter oder sonst im öffentlichen Dienst (Verbrechen); Anklageabschrift an den Dienstherrn als »**Vertrauliche Personalsache**«
Nr. 32:	Beschuldigter ist Jugendlicher oder Heranwachsender; Anklageabschrift an Jugendgerichtshilfe
Nr. 43:	Beschuldigter ist U-Häftling oder Strafgefangener in einem anderen Verfahren; Anklageabschrift an JVA

Gegenüber der mit den Ermittlungen befassten Polizei besteht eine Mitteilungspflicht gemäß Nr. 11 MiStra über die Anklageerhebung **nicht**. In Strafverfahren mit ausländischen Beschul-

---

150 Hinweise für die Aufsichtsarbeiten der Landesjustizprüfungsämter Niedersachsen und Sachsen-Anhalt.

digten besteht auch keine Pflicht zur Mitteilung der Anklageerhebung an das Ausländeramt, Nr. 42 MiStra.

Sind Sie in Ihrer Klausur zu dem Ergebnis gelangt, dass ein Antrag nach § 111a StPO zu stellen ist, löst das ebenfalls keine Mitteilungspflicht aus. Die Verkehrsbehörde ist erst dann zu informieren, wenn das Gericht die vorläufige Entziehung der Fahrerlaubnis tatsächlich angeordnet hat.

Übersehen Sie daneben nicht die sich unmittelbar **aus § 114d II 2 StPO ergebenden Mitteilungspflichten.** Nach dieser Vorschrift erhält die **JVA** eine Ausfertigung der Anklageschrift, wenn sich der Beschuldigte im selben Verfahren in U-Haft befindet. Zugleich muss der **Haft-/Ermittlungsrichter** über die Anklageerhebung informiert werden, weil mit der Anklageerhebung die Haftkontrolle von ihm auf das erkennende Gericht übergeht. 247

XV. Beweismittel

Im Hinblick auf Nr. 111 RiStBV (lesen!), sollten Sie sich im Rahmen des prozessualen Gutachtens auch mit den in der Anklage zu benennenden Beweismitteln auseinandersetzen. In vielen Klausuren wird es eine lässliche Sünde sein, diesen Abschnitt zu überspringen. Die Frage, welche Beweismittel zu benennen sind, sollte sich zwingend aus dem von Ihnen angefertigten materiellen Gutachten heraus beantworten. Alle Beweismittel, derer Sie sich für die Beweiswürdigung bedient haben, sollten auch in der Anklage als Beweismittel erscheinen. Die Erörterung der zu benennenden Beweismittel im prozessualen Gutachten wäre also eine Wiederholung des materiellen Gutachtens. Dazu haben Sie im Examen meistens keine Zeit. 248

Sich mit den in der Anklage zu benennenden Beweismitteln auseinanderzusetzen, bietet sich jedoch an, wenn es um Urkunden iSd §§ 251, 256 StPO geht, die zur Verfahrensvereinfachung verlesen werden dürfen. In derartigen Fällen werden Sie zu überlegen haben, ob der Sachverständige oder der Zeuge persönlich zu hören ist, oder ob die Urkundenverlesung zulässig und ausreichend ist.

§ 256 I Nr. 1a StPO: Häufig sind behördliche Zeugnisse und Gutachten einzuführen. Zum Begriff der Behörde kann auf die Ihnen vorliegende Kommentierung verwiesen werden. Diese enthält eine Vielzahl von Beispielen. 249

Bei **behördlichen Zeugnissen** geht es um Tatsachenfeststellungen und Wahrnehmungen von Behördenangehörigen, die diese in *amtlicher* Eigenschaft gemacht haben. Die Behördenangehörigen wären anderenfalls als Zeugen zu vernehmen.

Behördliches Gutachten ist jede sachverständige Äußerung der Behörde. Der Behördenangehörige hätte anderenfalls in der Hauptverhandlung mündlich ein Gutachten zu erstatten. Bei behördlichen Gutachten kann die Unterscheidung von Befund- und Zusatztatsachen von Bedeutung sein. Befundtatsachen dürfen ohne Weiteres mit verlesen werden, Zusatztatsachen nur als Behördenzeugnisse, das heißt, wenn sie in amtlicher Eigenschaft festgestellt wurden.

§ 256 I Nr. 1b StPO: Neu ist die Regelung, dass auch Zeugnisse und Gutachten **allgemein vereidigter Sachverständiger** verlesen werden dürfen. Der Gesetzgeber hat dabei insbesondere an Sachverständige des Kfz-Gewerbes, des Versicherungswesens und der Schriftkunde gedacht, deren Ausführungen in der Regel von Sachautorität geprägt sind. Die obigen Ausführungen zu Befund- und Zusatztatsachen gelten entsprechend. 250

§ 256 I Nr. 2 StPO: Auch ärztliche Atteste über Körperverletzungsfolgen dürfen verlesen werden, diese enthalten ebenfalls regelmäßig gutachterliche Äußerungen. **Die Beschränkung auf bestimmte Tatvorwürfe ist entfallen!** 251

Beachte: Bei Tateinheit zwischen Körperverletzung und einer anderen Straftat darf ein Attest also auch dann verlesen werden, wenn dadurch gleichzeitig der Schuldumfang hinsichtlich der durch dieselbe Handlung verwirklichten anderen Tat nachgewiesen werden soll.

Gleichgültig ist, ob die Atteste Täter oder Opfer betreffen. Feststellungen, die der Arzt ohne besondere Sachkunde getroffen hat (Zusatztatsachen), dürfen jedoch keinesfalls verlesen werden. Für derartige Feststellungen muss der Arzt als Zeuge vernommen werden.

Die Vernehmung des Arztes und deshalb seine Benennung als Sachverständiger in der Anklageschrift wird aber weiterhin geboten sein, wenn es nicht nur um den Nachweis körperlicher Beeinträchtigungen durch erhobene Befunde geht, sondern der Arzt weitere Angaben zu Feststellungen machen kann, die er bei Gelegenheit der Untersuchung gemacht hat. **Gleiches gilt, wenn es um Rückschlüsse wie etwa auf die Ursachen einer Verletzung geht.**

252 **§ 256 I Nr. 4 StPO:** Gutachten, mit denen Sie in Klausursachverhalten häufig konfrontiert werden, sind die Gutachten der **staatlichen Blutalkoholuntersuchungsstellen**, die Auskunft über die BAK des Beschuldigten geben. Blutalkoholuntersuchungsgutachten dürfen nach § 256 I Nr. 4 StPO selbst dann durch Verlesung eingeführt werden, wenn diese nicht behördlicher Natur sind.

253 **§ 256 I Nr. 5 StPO:** Nach Nr. 5 dürfen nunmehr auch von den Strafverfolgungsbehörden über **Routinevorgänge** erstellte Urkunden durch Verlesung eingeführt werden. Dazu gehören Protokolle und Vermerke über Durchsuchungen und Beschlagnahmen, Sicherstellungen, Spurensicherungen, Festnahmen und andere. Denn der Beamte wird als Zeuge in der Hauptverhandlung regelmäßig ohnehin nicht mehr bekunden können als das, was er in dem Protokoll bereits schriftlich niedergelegt hat.

Dagegen dürfen Vernehmungsprotokolle und Vermerke, in denen der Inhalt einer Vernehmung wiedergegeben wird, nicht verlesen werden. Hier bleibt es bei der Regelung der §§ 251 ff. StPO.

254 Auch wenn es um unmittelbare **Erkenntnisse aus einer Telefonüberwachung** gehen sollte, müssten Sie sich Gedanken machen, auf welchem Weg Sie den Inhalt der Telefongespräche zum Gegenstand der Hauptverhandlung machen wollen. Es gibt vier Wege, die Sie abhängig von der Aufklärungspflicht wählen können:

* Während einer Telefonüberwachung werden die Telefonate zu Beweiszwecken aufgezeichnet. Die Aufnahmen können in der Hauptverhandlung angehört werden, die Speichermedien sind dann **Augenscheinsobjekte**. Das Anhören der aufgezeichneten Gespräche ist natürlich immer der sicherste Weg, Verstöße gegen § 244 II StPO auszuschließen. Im Zweifel werden Sie in der Anklageschrift also die Speichermedien als Augenscheinsobjekte benennen.
* Die ermittelnden Polizeibeamten können den Inhalt der Gespräche niedergeschrieben haben. Die Protokolle können dann in der Hauptverhandlung als **Urkunden** verlesen werden.
* Möglich ist es auch, die überwachenden Polizeibeamten zum Inhalt der Gespräche als **Zeugen** zu vernehmen.
* Handelt es sich um Telefongespräche in einer Fremdsprache, kann deren Inhalt durch ein **Sachverständigengutachten** eines Dolmetschers eingeführt werden.

255 Ein Bedarf, sich mit den zu benennenden Beweismitteln auseinanderzusetzen, besteht außerdem, wenn eine Vielzahl gleicher Beweismittel zum selben Thema zur Verfügung steht und gemäß Nr. 111 I RiStBV eine Auswahl zu treffen ist.

Die Abgrenzung von Urkundenbeweis und Augenscheinsbeweis bereitet oft Schwierigkeiten und ist in der Klausur eine häufige Fehlerquelle.

> **Beachte:** Das Verlesen von Urkunden dient der Ermittlung des gedanklichen Inhalts eines Schriftstückes. Demgegenüber kann eine Urkunde auch Gegenstand des Augenscheinsbeweises sein, wenn es nicht auf ihren Inhalt, sondern auf ihr Vorhandensein und ihre Beschaffenheit ankommt.

Was damit gemeint ist, soll ein geradezu klassischer Klausurfall verdeutlichen:

> Der Angeschuldigte ist hinreichend verdächtig, eine Urkundenfälschung in Tateinheit mit einem Betrug begangen zu haben, wobei er eine Vertragsurkunde mit einem falschen Na-

men unterzeichnete. Beweisgegenstand ist natürlich der schriftliche Vertrag. Dieser wird in der Hauptverhandlung als Urkunde verlesen, wenn es darum geht, sich dessen Inhalt zu erschließen und so den Betrug nachzuweisen.

Soll dem Angeschuldigten eine Urkundenfälschung nachgewiesen werden, ist der Vertrag in Augenschein zu nehmen, um die Verfälschungsmerkmale – die falsche Unterschrift – festzustellen. Um den gedanklichen Inhalt geht es dann nicht. Das müssen Sie für die in der Anklage zu benennenden Beweismittel sauber herausarbeiten. Können Sie allerdings absehen, dass Ihnen die Zeit davonlaufen wird, ist es sicher eine lässliche Sünde, diesen Abschnitt stark zu kürzen, wenn Sie denn in der Anklage die Beweismittel richtig aufführen.

Tonbänder sind ebenfalls Augenscheinsobjekte, können aber auch durch die Verlesung von 256 Niederschriften über deren Inhalt im Wege des Urkundenbeweises eingeführt werden.

Hüten Sie sich aber davor, in diesem Abschnitt die Verwertbarkeit von Beweismitteln, derer Sie sich zur Begründung des hinreichenden Tatverdachts bedient haben, wieder in Frage zu stellen oder sich sonst in Widerspruch zum A-Gutachten zu setzen.

XVI. Strafkammeranklage und Besetzung in der Hauptverhandlung

Auch in der Praxis wird **Nr. 113 III RiStBV** weitgehend übersehen. Wie Sie hoffentlich wissen, entscheidet die Große Strafkammer gem. § 76 II 1 GVG bei Eröffnung des Hauptverfahrens, ob sie in der Hauptverhandlung mit zwei oder drei Berufsrichtern besetzt ist. Maßstab dafür sind Umfang und Schwierigkeit der Sache. 257

> Das Schwurgericht ist in der Hauptverhandlung immer mit drei Berufsrichtern besetzt, § 76 II 2 Nr. 1 GVG.
> Im Übrigen soll die Besetzung mit zwei Berufsrichtern die Regel darstellen.

Nach Nr. 113 RiStBV hat der Staatsanwalt bei Anklageerhebung die Hinzuziehung des dritten Berufsrichters gegebenenfalls anzuregen. Deshalb müssen Sie sich bei einer Strafkammeranklage streng genommen auch damit auseinandersetzen. Sie dürfen sich jedoch auf einen Standardsatz beschränken:

Formulierungsbeispiel:
Eine Anregung nach Nr. 113 III RiStBV ist nicht erforderlich. Weder Umfang noch Schwierigkeit gebieten gem. § 76 II 2 Nr. 3, III GVG die Hinzuziehung eines dritten Berufsrichters.

Damit werden Sie kaum etwas falsch machen. Es ist kaum vorstellbar, dass einer der Ausnahmetatbestände nach § 76 II 2 Nr. 2 und 3, III GVG in einer Klausur greifen könnte.

Bei **Schwurgerichtsanklagen** könnte es im B-Gutachten heißen:

Formulierungsbeispiel:
Weil die Anklage zum Schwurgericht erfolgt, das gem. § 76 II 2 Nr. 1 GVG die Hauptverhandlung in der Besetzung mit drei Berufsrichtern durchführen muss, kommt eine Anregung gemäß Nr. 113 III RiStBV nicht in Betracht.

B. Die Abschlussverfügung

258 In der Abschlussverfügung, sofern Sie eine schreiben müssen, gilt es nun, das Ergebnis des prozessualen Gutachtens in ein praxisgerechtes Ergebnis umzusetzen. Die Abschlussverfügung muss nicht nur sprachlich bestimmt und korrekt sein, sondern sollte auch im äußeren Erscheinungsbild dem entsprechen, was dem Korrektor aus der Praxis bekannt ist.

Die Abschlussverfügung gehört vor die Anklageschrift. Achten Sie beim Ordnen Ihrer Arbeit darauf.

In der Praxis bauen die Staatsanwälte ihre Abschlussverfügungen meist zweiteilig auf, indem sie einem Einstellungsteil (Abtrennungs-, Einstellungsentscheidungen und ähnliches) einen Anklageteil folgen lassen. Getrennt werden beide Teile durch den Abschluss der Ermittlungen. Diesem Aufbau soll hier gefolgt werden. Einstellungs- und Anklageteil werden **nicht mit** entsprechenden **Überschriften** versehen!

Im Einstellungsteil würde in der Praxis in Form eines Vermerks auch mitgeteilt werden, aus welchem Grund in Betracht kommende tateinheitliche Gesetzesverletzungen nicht mit angeklagt werden. Das haben Sie dem Leser aber bereits in Ihrem A-Gutachten mitgeteilt, sodass Sie aus Zeitgründen davon absehen sollten, die Gründe dafür noch einmal in Vermerkform niederzulegen.

I. Ermittlungshandlungen

259 Lediglich wenn dem Sachverhalt noch keine Erkenntnisse über Vorstrafen der oder des Beschuldigten zu entnehmen sind, sollte die Einholung der Registerauszüge angeordnet werden.

> **Formulierungsbeispiel:**
> Auszug aus dem Bundeszentralregister bzgl. … erfordern.

II. Verfahrenstrennung

260 Sollten Sie ausnahmsweise einmal eine Verfahrenstrennung für erforderlich halten, sollten Sie diese ebenfalls vor dem Abschluss der Ermittlungen anordnen und wie folgt formulieren:

> **Formulierungsbeispiel:**
> Das Verfahren gegen … wird abgetrennt.
> Beglaubigte Abschrift dieser Verfügung mit Ablichtungen Bl. … d.A. als neue Js-Sache wegen … in Abteilung … eintragen und vorlegen. Aktenzeichen des abgetrennten Verfahrens hier vermerken.

Eventuell sind in einem Vermerk kurze Ausführungen zum Anfangsverdacht zu machen.

III. Verfahrenseinstellung gem. § 170 II StPO

1. Einstellungsentschließung

261 Als nächstes empfiehlt es sich, ggf. erforderliche Teileinstellungen nach § 170 II StPO vorzunehmen. Zur Begründung der Einstellung kann auf den Inhalt eines nachfolgenden Einstellungsbescheides Bezug genommen werden. **Die Teileinstellung ist eine Entschließung der Staatsanwaltschaft und darf deshalb nicht im Rahmen eines Vermerks** erfolgen. Lediglich zur Begründung einer Einstellungsentscheidung dürfen Sie sich auf den Inhalt eines Bescheids oder eines Vermerks beziehen. **Bevor Sie sich an die Formulierung eines Teileinstellungsbescheids machen, lesen Sie unbedingt den Bearbeitervermerk, denn in modernen Klausuren ist diese Aufgabe häufig erlassen.**

Die Einstellung erfolgt in sprachlich eindeutiger und bestimmter Form. Es darf nicht etwa heißen »soll eingestellt werden« oder »ist einzustellen«, weil das die Entschließung selbst noch nicht beinhaltet. Grundsätzlich ist bei jeder Einstellung die Vorschrift, auf der die Einstellung beruht, zu nennen.

Formulierungsbeispiel:

Das Verfahren gegen ... wegen ... wird gem. § 170 II StPO aus den Gründen des Bescheides zu Nr. ... dieser Verfügung eingestellt.

2. Einstellungsbescheid und Einstellungsnachricht

Anschließend ist der Antragsteller bzw. der Verletzte gem. §§ 171, 172 StPO zu bescheiden. **262** Bedenken Sie, dass viele Korrektoren auf diesen Teil der Abschlussverfügung großen Wert legen und dieser in älteren Klausuren vereinzelt sogar einen Schwerpunkt der Arbeit darstellte.

Ist eine Beschwerdebelehrung zu erteilen, so ist auch diese von Ihnen auszuformulieren.

Ein Einstellungsbescheid ist erforderlich, wenn Sie bezüglich einzelner prozessualer Taten

- **den hinreichenden Tatverdacht abgelehnt haben,**
- **kein öffentliches Interesse an der Verfolgung gesehen haben,**
- **gem. § 154 I StPO von der Verfolgung abgesehen wird.**

Der Inhalt des Bescheides richtet sich nach Nr. 89 RiStBV (unbedingt lesen!). Die Begründung darf sich nicht auf Floskeln beschränken, sondern muss in einer auch dem Laien verständlichen Sprache die Gründe für die Einstellung nachvollziehbar darlegen. Dies wird – abhängig vom Einzelfall – eine kurze Zusammenfassung der Beweislage und eine Darstellung der Rechtslage erforderlich machen. Von den Möglichkeiten der Verkürzung, die Nr. 89 II 3 RiStBV eröffnet, sollten Sie nur zurückhaltend Gebrauch machen.

Hinweis: Der Staatsanwalt soll den Antragsteller mit seinem Bescheid überzeugen, um Einstellungsbeschwerden zu vermeiden.

a) Adressaten

Zu bescheiden sind **263**

- der **Antragsteller** gem. § 171 S. 1 StPO,
- der anzeigende **Verletzte** gem. §§ 171, 172 StPO,
- der **Beschuldigte** gem. § 170 II StPO.

Antragsteller ist jeder, der mit dem erkennbaren Willen, die Strafverfolgung zu veranlassen, **264** eine Straftat iSd § 158 StPO anzeigt.

Verletzter ist jeder, der durch die behauptete Tat unmittelbar in einem Rechtsgut verletzt **265** **wäre.** Hier hilft ein Blick auf das Rechtsgut, das durch die angezeigte Tat verletzt worden wäre. Der Begriff des Verletzten ist jedoch im Interesse der Sicherung des Legalitätsprinzips weit auszulegen. Der Ihnen im Examen vorliegende Kommentar enthält eine Vielzahl von Beispielen.[151]

- Der *Antragsteller* ist regelmäßig zu bescheiden. Nur in Ausnahmefällen kann davon abgesehen werden. Klausurrelevant dürfte nur der Fall des erkennbaren **Verzichts** auf die Benachrichtigung sein.
  - Dieser Verzicht kann **ausdrücklich** erklärt werden.
  - Er kann auch im **Verhalten des Antragstellers** gesehen werden. So wird in der bereits mehrfach geschilderten Konstellation, in der eine Geschädigte gegen ihren Lebensgefährten Anzeige wegen einer gegen sie gerichteten Straftat erstattet und sich anschließend auf ein Zeugnisverweigerungsrecht aufgrund Verlöbnisses beruft, in der Zeugnisverweigerung ein Verzicht auf einen Einstellungsbescheid liegen.
- Auch der *Verletzte* ist regelmäßig zu bescheiden. Die Ausnahmefälle sind bereits zum Stichwort Antragsteller genannt.
- Beim *Beschuldigten* ist zu unterscheiden:
  - Ihm ist die Einstellung des Verfahrens (sog. **Einstellungsnachricht**) mitzuteilen, wenn er Kenntnis von dem gegen ihn geführten Verfahren hat (§ 170 II StPO), was meist der

---

151 Meyer-Goßner/Schmitt/*Schmitt* StPO § 172 Rn. 9–12.

Fall sein wird. Daran wird es in der Klausur jedoch fehlen, wenn Sie im Gutachten Handlungen des Beschuldigten auf ihren strafrechtlichen Gehalt hin geprüft haben, die der Klausurverfasser als strafrechtlich irrelevant eingeschätzt hat und zu denen der Beschuldigte deshalb nicht vernommen worden ist.

– Daneben kann von seiner Benachrichtigung abgesehen werden, wenn diese wegen der Anklageerhebung im Übrigen untunlich ist. Das wird der Fall sein, wenn bei großer Nähe der prozessualen Taten die Einstellungsbenachrichtigung bei dem Beschuldigten für Verwirrung sorgen könnte. Weil Sie es in der Klausur allein mit Teileinstellungen zu tun haben werden, sollte das Absehen von der Benachrichtigung aus diesem Grund der Regelfall sein!

– Für eine Einstellungsbenachrichtigung im Rahmen der von Ihnen zu fertigenden Abschlussverfügung ist vor allem dann **kein Raum, wenn der Antragsteller als zugleich Verletzter die Möglichkeit der Einstellungsbeschwerde (§ 170 I StPO) binnen zwei Wochen hat.** Dann sollte mit der Benachrichtigung des Beschuldigten bis nach Ablauf der Beschwerdefrist gewartet werden. Das ist allerdings streitig, sodass auch die sofortige Benachrichtigung des Beschuldigten vertretbar ist. Sie sollten sich am besten an dem Brauch der Staatsanwaltschaft orientieren, bei der Sie Ihre Ausbildung erhalten haben.

– Der Beschuldigte ist aber jedenfalls zu bescheiden, wenn sich seine Unschuld positiv feststellen ließ, Nr. 88 RiStBV.

b) Inhalt eines Einstellungsbescheids

266 Der Inhalt der Bescheide an den Antragsteller und den Antragsteller, der zugleich Verletzter ist, unterscheiden sich nur durch die dem Verletzten zu erteilende Beschwerdebelehrung.

Diese Bescheide sind einschließlich Beschwerdebelehrung zu formulieren. Möglicherweise werden Sie sich an dieser Stelle angesichts fortgeschrittener Zeit die klausurtaktische Frage stellen müssen, ob Sie einen Teil der Ihnen verbliebenen Restzeit für die Formulierung eines Bescheides oder lieber für die der Anklage einsetzen. Auf die Bedeutung der Bescheide habe ich oben schon hingewiesen. Dennoch wird in aller Regel das Abfassen einer ordentlichen Anklage wichtiger sein. Die erforderliche Risikoabwägung kann Ihnen jedoch niemand abnehmen. Sie müssen sich auf Ihr Gespür und Ihre Erfahrung aus hoffentlich vielen Übungsklausuren verlassen. Geht es um die Einstellung wichtiger Verfahrenskomplexe oder gar die vollständige Einstellung der Verfahren gegen einzelne Beschuldigte und gibt es einen Verletzten mit Beschwerderecht, sollten Sie auf keinen Fall von der Formulierung eines Einstellungsbescheides absehen. Geht es um die Einstellung eher unwichtiger und am Rande liegender Verfahrenskomplexe und gibt es keinen Verletzten, sondern nur einen Antragsteller, wird das Fehlen eines vollständig ausformulierten Einstellungsbescheides weniger schwer ins Gewicht fallen.

267 Der Einstellungsbescheid beginnt mit einem Betreff und der persönlichen Anrede des Anzeigenden/Verletzten. Der weitere Inhalt kann von Bundesland zu Bundesland und Staatsanwaltschaft zu Staatsanwaltschaft differieren. Es beginnt schon mit der Frage, ob der Inhalt der Anzeige eingangs kurz zu wiederholen ist. Davon sollten Sie schon aus Zeitgründen absehen, es sei denn, die Einstellung bezieht sich nicht auf alle von dem Anzeigenden/Verletzten erhobenen Vorwürfe. Dann kann es angezeigt sein, den einzustellenden Tatvorwurf kurz zu skizzieren.

268 Mit klaren und verständlichen Worten müssen Sie dem Anzeigenden/Verletzten sodann erklären, aus welchen tatsächlichen oder rechtlichen Gründen Sie den Tatverdacht verneint haben. Dabei ist auf den Empfängerhorizont abzustellen. Machen Sie sich in Ihrer Rolle als Staatsanwalt nicht angreifbar, **schildern Sie nicht den von Ihnen festgestellten Sachverhalt.** Es geht lediglich darum, dem Empfänger mitzuteilen, welches Tatbestandsmerkmal aus welchen Gründen nicht erfüllt ist. Hat sich der Anzeigende/Verletzte eines Rechtsanwalts bedient, darf der Text juristischer klingen. Rechtsprobleme sollten Sie allerdings ebenso wenig aufwerfen wie schwierige Beweisfragen. Der Bescheid sollte auf die tragenden Gründe gestützt werden.

Den Wortlaut der an den Verletzten gerichteten Beschwerdebelehrung müssen Sie auswendig gelernt haben, um nicht in der Klausur wertvolle Zeit mit dessen Zusammenstellung zu verlieren. Haben Sie zum Ausformulieren der Beschwerdebelehrung keine Zeit mehr, bedienen Sie sich zumindest eines kleinen Kunstgriffs und ordnen sie die Übersendung eines entsprechenden Vordrucks an.

Der Bescheid an den Verletzten löst die zweiwöchige Beschwerdefrist aus und müsste deshalb **269** eigentlich zugestellt werden. Nr. 91 II 2 RiStBV sieht eine Zustellung aber nur für den Ausnahmefall einer zu erwartenden Beschwerde vor. Gehen Sie deshalb in der Klausur vom Regelfall aus.

In Ihrer Abschlussverfügung könnte es also beispielhaft wie folgt heißen:

> **Formulierungsbeispiel:**
>
> Einstellungsbescheid an Anzeigenden Bl. ... d.A. – **formlos** –
>
> Ihre Strafanzeige vom ... gegen ... wegen ...
>
> Sehr geehrter Herr ...,
>
> auf Ihre Anzeige vom ... teile ich Ihnen mit, dass ich das Strafverfahren gegen ... mangels hinreichenden Tatverdachts eingestellt habe. Der Tatbestand der Untreue (§ 266 StGB) erfordert ... Dies lässt sich dem ... nicht nachweisen, denn der ... hat sich eingelassen, ... Diese Einlassung wird durch den Inhalt des Schreibens vom ... gestützt. Ferner ...
> Das Verfahren musste deshalb eingestellt werden.
> Mögliche zivilrechtliche Ansprüche werden von dieser Verfahrenseinstellung nicht berührt.
> Gegen diesen Bescheid können Sie binnen zwei Wochen nach Bekanntgabe Beschwerde bei dem Generalstaatsanwalt in ... einlegen. Die Frist wird durch Einlegung der Beschwerde bei der Staatsanwaltschaft ... gewahrt.

Wollen oder müssen Sie die Beschwerdebelehrung nicht ausformulieren, könnte die Verfü- **270** gung wie folgt lauten:

> **Formulierungsbeispiel:**
>
> Schreiben an Anzeigenden Bl. ... d.A. mit Beschwerdebelehrung – formlos –
>
> Ihre Strafanzeige ...

Haben Sie sich im prozessualen Gutachten dazu entschlossen, bei einem **Privatklagedelikt** iSd § 374 StPO das öffentliche Verfolgungsinteresse abzulehnen, ist das Verfahren ebenfalls nach § 170 II StPO einzustellen. Dem Verletzten wird dann allerdings keine Beschwerdebelehrung erteilt, weil er auf den Privatklageweg verwiesen werden muss. Der Einstellungsbescheid wird in den meisten Fällen sehr ähnlich klingen können:

> **Formulierungsbeispiel:**
>
> Einstellungsbescheid an Anzeigenden Bl. ... d.A. – formlos –
>
> Ihre Strafanzeige vom ... gegen ... wegen ...
>
> Sehr geehrter Herr ...,
>
> die von Ihnen angezeigten Äußerungen des ... stellen eine Beleidigung gem. § 185 StGB dar. Die Beleidigung kann von dem Verletzten im Wege der Privatklage nach § 374 StPO verfolgt werden. Die Erhebung der öffentlichen Klage durch die Staatsanwaltschaft ist gem. § 376 StPO nur im öffentlichen Interesse zulässig. Dieses darf die Staatsanwaltschaft nur bejahen, wenn der Rechtsfrieden über den Lebenskreis des Verletzten hinaus gestört und die Strafverfolgung ein gegenwärtiges Anliegen der Allgemeinheit ist. Das ist nicht der Fall, weil die Äußerungen ihren Hintergrund in einer Grenzstreitigkeit zweier Nachbarn haben. Das Verfahren musste daher eingestellt werden.
> Es bleibt Ihnen jedoch unbenommen, gegen den Beschuldigten im Wege der Privatklage vorzugehen. Die Erfolgsaussichten einer Privatklage und zivilrechtliche Ansprüche werden von dieser Einstellung nicht berührt.

271 **Achtung:** Haben Sie den angezeigten Sachverhalt sowohl aus dem Blickwinkel eines Offizialdelikts als auch eines Privatklagedelikts beleuchtet und jeweils den hinreichenden Tatverdacht aus tatsächlichen oder rechtlichen Gründen abgelehnt, ist das Klageerzwingungsverfahren zulässig, wenn für das Offizialdelikt die übrigen Voraussetzungen des § 172 StPO erfüllt sind. Dann ist eine Beschwerdebelehrung zu erteilen.

Anders sieht es wiederum aus, wenn bezüglich des Offizialdelikts ein hinreichender Tatverdacht fehlt, bezüglich des Privatklagedelikts jedoch nur das öffentliche Interesse verneint worden ist, der Tatverdacht im Übrigen aber besteht. **Der Verletzte/Privatkläger hat hier die Wahl zwischen Klageerzwingungsverfahren und Privatklage.**[152] Er ist auch über die Möglichkeit der Vorschaltbeschwerde zu belehren, weil das Verfahren nicht »ausschließlich« ein Privatklagedelikt zum Gegenstand hat.

c) Inhalt einer Einstellungsnachricht

272 In aller Regel wird der Beschuldigte nur formlos über die Einstellung in Kenntnis gesetzt. Eine Begründung ist also nicht erforderlich.

> **Formulierungsbeispiel:**
> Einstellungsnachricht an Beschuldigten Bl. … d.A.

Noch einmal der Hinweis: Weit verbreitet ist die Praxis, von einer Einstellungsmitteilung an den Beschuldigten abzusehen, bis die Frist für die Vorschaltbeschwerde abgelaufen ist.

Bei einer Einstellung des Verfahrens wegen einzelner selbstständiger Tatvorwürfe gegen denselben Beschuldigten kann regelmäßig von der Benachrichtigung über eine Teileinstellung abgesehen werden, weil diese angesichts der Anklageerhebung wegen der übrigen Tatvorwürfe Verwirrung stiften könnte.

> **Formulierungsbeispiel:**
> Einstellungsnachricht an Beschuldigten untunlich, weil Anklage im Übrigen.

Eine begründete Einstellungsmitteilung ist ausnahmsweise aufgrund eines Antrags des Beschuldigten erforderlich, Nr. 88 I 1 RiStBV. Hat sich im Verfahren zudem die Unschuld des Beschuldigten herausgestellt, hat er einen Anspruch darauf, dass ihm das bescheinigt wird (s. Nr. 88 I 2 RiStBV).

> **Formulierungsbeispiel:**
> Schreiben an den Beschuldigten Bl. … d.A.
>
> Sehr geehrter Herr …,
>
> das gegen Sie wegen … geführte Verfahren habe ich eingestellt, weil sich Ihre Unschuld mittlerweile erwiesen hat.

273 Verlieren Sie auch nicht aus dem Auge, den Beschuldigten über das **Entschädigungsverfahren** zu belehren, sollte ausnahmsweise einmal ein entschädigungspflichtiger Tatbestand nach § 2 StrEG vorliegen. Der Inhalt der nur bei ausdrücklicher Weisung im Bearbeitervermerk auszuformulierenden Belehrung ergibt sich aus § 9 I 5 StrEG. Denken Sie daran, dass der Entschädigungsantrag des Beschuldigten **fristgebunden** ist und daher die Einstellungsmitteilung samt Belehrung **förmlich zugestellt** werden muss.

> **Formulierungsbeispiel:**
> Einstellungsnachricht mit Belehrung nach § 9 StrEG an Beschuldigten Bl. … d.A. – ZU –

274 In der Praxis wird der Staatsanwalt zudem in einem zusätzlichen Vermerk die Gründe dafür darlegen, warum er den hinreichenden Tatverdacht für sich aufdrängende Delikte, die mit einem anzuklagenden Delikt in Tateinheit stehen würden, nicht bejaht hat.[153] Diese Fragen haben Sie jedoch bereits im materiellen Gutachten eingehend erörtert. Haben Sie die Ergebnisse Ihres Gutachtens nun also in Vermerkform zu wiederholen? Die Antwort auf diese Frage

---

152 Löwe/Rosenberg/*Hilger* StPO § 374 Rn. 23; Meyer-Goßner/Schmitt/*Meyer-Goßner* StPO § 374 Rn. 3.
153 Vgl. → Rn. 258.

wird Ihnen im Examen Ihre Uhr geben! Alles, was noch zu erledigen ist, ist wichtiger als ein derartiger Vermerk. Nur wenn Sie absolut sicher sind, mit der zur Verfügung stehenden Zeit auszukommen, machen Sie sich zur Abrundung Ihrer Klausur auch noch an diese Arbeit.

IV. Opportunitätsentscheidungen

Anschließend folgen die Einstellungs- und Beschränkungsentscheidungen nach den §§ 154, 154a StPO. Noch einmal: Zumindest das Absehen von der Verfolgung nach § 154 StPO darf nicht im Rahmen eines Vermerks erfolgen. In Vermerkform darf allenfalls die Begründung dieser Entscheidung niedergelegt werden. Doch ist es in der Praxis üblich, die Begründung in einem Halbsatz der Entscheidung anzufügen. Zur Begründung brauchen Sie lediglich den Gesetzeswortlaut – ergänzt um die konkreten Tatvorwürfe – zu zitieren. Im Hinblick darauf, dass eine Verfahrensbeschränkung nach § 154a StPO keine Einstellung ist und lediglich aktenkundig gemacht werden muss, mag es angehen, diese in Form eines Vermerks niederzulegen.

275

Beachten Sie, dass es bei § 154 I StPO dem Gesetzeswortlaut nach nicht um eine *»vorläufige Einstellung«* des Verfahrens geht, diese erfolgt gem. § 154 II StPO durch das Gericht. Die Staatsanwaltschaft *sieht von der Verfolgung einer Tat ab.*

> **Formulierungsbeispiel:**
> Von der Verfolgung der fahrlässigen Brandstiftung (§ 306d I StGB) ... wird gem. § 154 I Nr. 1 StPO abgesehen, weil die wegen dieser Tat zu erwartende Strafe neben der für den Raub (§ 249 StGB) zu erwartenden Strafe nicht beträchtlich ins Gewicht fällt.

Sie sehen also, dass Ihnen diese Verfügung in der Klausur nicht die geringsten Schwierigkeiten bereiten sollte.

276

Denken Sie unbedingt daran, dass auch in den Fällen des Absehens von der Verfolgung gem. § 154 I StPO der Antragsteller nach § 171 S. 1 StPO zu bescheiden ist. Eine Beschwerdebelehrung wird ihm jedoch auch dann nicht erteilt, wenn er zugleich Verletzter ist, weil das Klageerzwingungsverfahren gem. § 172 II 3 StPO unzulässig ist.

Häufig sind in Klausuren die Beschränkungsentscheidungen nach § 154a StPO zu beanstanden, weil die Kandidaten sprachliche Fehler machen. Wie Sie sich erinnern werden, habe ich bereits zum prozessualen Gutachten darauf hingewiesen, dass gem. § 154a StPO nicht etwa eine Tat *»herausbeschränkt«* oder *»eine Tat beschränkt«* wird, sondern das Verfahren ausschließlich auf die übrigen Teile einer Tat oder eine Gesetzesverletzung beschränkt werden darf.

> **Formulierungsbeispiel:**
> Das Verfahren wird gem. § 154a I Nr. 1 StPO auf den anzuklagenden Raub beschränkt. Die für die während der Bedrohung gegen den Geschädigten ausgesprochene tateinheitliche Beleidigung (§ 185 StGB) zu erwartende Strafe fällt neben der für den Raub zu erwartenden Strafe nicht ins Gewicht.

Eine derartige Formulierung müssen Sie für die Klausur parat haben, um nicht überflüssig Zeit zu verlieren. Sollte Ihnen die Zeit ohnehin schon weggelaufen sein, könnten Sie sich damit zur Not auch Ausführungen im prozessualen Gutachten ersparen, weil Sie dort kaum mehr Informationen anbieten könnten. Gegebenenfalls wären im B-Gutachten nur Ausführungen zum prozessualen Tatbegriff zu machen, damit der Leser versteht, warum Sie sich für § 154 StPO bzw. § 154a StPO entschieden haben.

V. Herausgabe beschlagnahmter oder sichergestellter Gegenstände

Vergessen Sie nicht, die Herausgabe der für das Verfahren nicht mehr bedeutsamen Gegenstände zu verfügen. Es ist ausreichend, die Rückgabe des Gegenstands an eine bestimmte Person anzuordnen. Denken Sie allerdings daran, für einen Nachweis der Rückgabe (zB Empfangsbestätigung, Einschreiben mit Rückschein) zu sorgen.

277

> **Formulierungsbeispiel:**
> Sichergestellte ... (Beschreibung der Schriftstücke) an den Beschuldigten senden – Einschreiben mit Rückschein –

Zur Übersendung dieser Gegenstände gehört sicher auch ein Anschreiben, das Sie sich im Hinblick auf die Kürze der Ihnen zur Verfügung stehenden Zeit aber sparen sollten.

VI. Abschluss der Ermittlungen

278 Sodann sind gem. § 169a StPO die Ermittlungen abzuschließen. Dies gilt aber nur für den Fall, dass Anklage erhoben werden soll. Die Vorschrift müssen Sie in der Verfügung nicht nennen, das wirkt anfängerhaft. Jedoch sollten Sie sich – wie immer – möglichst eng an den Wortlaut des Gesetzes halten, das vom *Abschluss* der Ermittlungen spricht.

> **Formulierungsbeispiel:**
> Die Ermittlungen sind abgeschlossen.

Die nachfolgend dargestellte Reihenfolge der Verfügungen ist sicher nicht zwingend. **So werden in der Praxis insbesondere Einstellungen und Abtrennungen häufig noch vor dem Abschluss der Ermittlungen verfügt.** Weil das Klausurverfahren aber als ausermittelt anzusehen ist, ist das nicht zwingend.

Den Abschluss der Ermittlungen dürfen Sie nicht vergessen, weil damit das Recht des Verteidigers auf uneingeschränkte Akteneinsicht entsteht (§ 147 II StPO).

VII. Vermerke

279 In Vermerkform sollten Sie die Begründungen für etwa zu stellende Anträge niederlegen. So können Sie es vermeiden, die Anträge selbst mit Begründungen zu überlasten.

Im Rahmen eines derartigen Vermerks können Sie so einen Haftbefehls- oder Haftfortdauerantrag begründen. Auch die Begründung für einen Antrag auf vorläufige Entziehung der Fahrerlaubnis, die zu beantragende Beschlagnahme oder Freigabe könnte so geliefert werden.

Schließlich ist es in der Praxis üblich, kurz zu begründen, warum der hinreichende Verdacht für einen sonst tateinheitlich oder innerhalb derselben prozessualen Tat tatmehrheitlich begangenen Straftatbestand nicht angenommen wurde. Aus den bereits an anderer Stelle[154] genannten Gründen lassen Sie das.

Beachten Sie für die Klausur aber unbedingt: Fassen Sie sich kurz! Ob es nun um materiellrechtliche oder um prozessuale Probleme geht, Sie haben diese alle bereits in einem Gutachten erörtert. Sie sollen jetzt nur noch zeigen, dass Sie wissen, wie man diese Fragen im Rahmen einer Verfügung abarbeitet.

VIII. Prüfungssache

280 Mitunter lese ich in Abschlussverfügungen die Anordnung, das Verfahren als Prüfungssache zu notieren. Lassen Sie das! Auch wenn diese Anordnung in der Sache richtig sein mag, könnte mancher Prüfer das Gefühl haben, auf den Arm genommen zu werden.

IX. Fertigung der Anklageschrift

281 In fast keiner Klausur, die ich gelesen habe, haben die Verfügungen zur Anfertigung der Anklageschrift nebst Ablichtungen gefehlt. Dabei dürfte die Bedeutung dieser Verfügungen für die Benotung einer Klausur unwichtig sein. Trotzdem sollten Sie diese Standardverfügungen nicht vergessen.

---

154 Vgl. → Rn. 258, 274.

Wenn Sie im Rahmen Ihrer Verfügung schon die Anzahl der zu fertigenden Abschriften oder neuer Mehrfertigungen genau beziffern, achten Sie darauf, dass Sie nicht weniger Ablichtungen/Mehrfertigungen fertigen lassen, als Sie für die Handakten, die Mitteilungen und die Hauptakten benötigen würden. Es muss für die Zustellung an jeden Beschuldigten und jeden Verteidiger ein Exemplar übersandt werden. Zudem ist es üblich, dem Gericht mit den Hauptakten weitere zwei oder drei Ablichtungen zu überlassen. Deren Übersendung wird jedoch nicht ausdrücklich verfügt. Ausreichend sind also folgende Verfügungen:

Formulierungsbeispiel:
Anklage nach anliegendem Entwurf in Reinschrift fertigen.
Zwei Mehrfertigungen der Anklage sowie Mehrfertigung dieser Verfügung und Abl. Bl. ... d.A. zu den Handakten nehmen.

X. Mitteilungen

Die Formulierung der jeweiligen Verfügung sollte Ihnen keine Probleme bereiten. Aufpassen **282** müssen Sie nur bei der Form der Mitteilung. Aufschluss wird Ihnen Nr. 6 IV MiStra geben (lesen!), denn in der Klausur kann es für Sie in aller Regel nur um die Mitteilung der Anklageerhebung **durch Übersendung einer Anklageabschrift** gehen. Deshalb sei auch nur am Rande auf Nr. 6 VII MiStra (lesen!) hingewiesen, in dem es um die Mitteilung des Verfahrensausgangs bei Einstellung des Verfahrens geht.

Die Mitteilung erfolgt also durch die Übersendung einer Anklageschrift oder einer vergleichbaren Antragsschrift. Aus meiner Sicht empfiehlt es sich, die Mitteilungsanordnungen möglichst präzise auszugestalten.

Formulierungsbeispiel:
Mehrfertigung der Anklageschrift gemäß Nr. 13 MiStra an AG Lübeck zu ... Ls .../03 wegen der dort laufenden Bewährungsfrist.
Mehrfertigung der Anklageschrift gemäß Nr. 15 MiStra verschlossen als »vertrauliche Personalsache« an ...
Mehrfertigung der Anklageschrift gemäß Nr. 43 MiStra an JVA ... zu Gefangenenbuch-Nr. ...

Übersehen Sie nicht, dass die Mitteilungspflicht nach Nr. 43 MiStra nur ausgelöst ist, wenn der Angeschuldigte in anderer Sache in Haft ist. Eine Mitteilungspflicht bei U-Haft in derselben Sache sieht die MiStra nicht vor. Trotzdem muss die JVA Kenntnis vom aktuellen Stand der Anschuldigungen haben und wissen, wer für Haftentscheidungen zuständig ist. Die JVA erhält deshalb eine Abschrift der Anklage. Das ergibt sich aus § 114d II 2 StPO.

Von der Anklageerhebung ist bei U-Gefangenen auch der zuständige Haftrichter beim Amtsgericht zu informieren (§ 114d II 2 StPO), weil mit der Anklageerhebung die sog. **Haftkontrolle** auf das erkennende Gericht übergeht. Anders als mitunter zu lesen, erhält der Haftrichter jedoch keine Abschrift der Anklage, sondern eine schlichte Mitteilung. Denn der Inhalt der Anklage ist für ihn uninteressant, weil seine Zuständigkeit endet.

Formulierungsbeispiel:
Mitteilung von Anklageerhebung an Haftrichter wegen des Übergangs der Haftkontrolle.

XI. Wiedervorlagefrist

Jede Abschlussverfügung hat eine Wiedervorlagefrist zu enthalten. Es lässt sich trefflich dar- **283** über streiten, ob diese Frist vor die Übersendungsverfügung oder dahinter gehört. In der Praxis werden Sie heute beides sehen. Doch die Praxis ist im Examen nicht immer ein guter Ratgeber. Während für die Station gilt, es so zu machen, wie Ihr Ausbilder es am liebsten haben möchte, sollten Sie im Examen auf die klassische Verfügungstechnik zurückgreifen. Die Gründe dafür habe ich oben bereits aufgezeigt. Klassische Verfügungstechnik bedeutet hier, dass die Frist vor die Übersendungsverfügung gehört, weil die Verfügung die Arbeitsabläufe abbilden sollte. Und auf der Geschäftsstelle wird die Frist eben notiert, bevor die Akte versandt wird. Nur am Rande sei angemerkt, dass sich die Frist nicht auf die Wiedervorlage der Hauptakten, sondern auf die der Handakten bezieht.

Zumindest außergewöhnliche Fristen sollten mit einem kleinen Zusatz versehen werden, in dem stichwortartig zu bezeichnen ist, aus welchem Grunde die Wiedervorlage erfolgen soll. Der Staatsanwalt erleichtert sich damit die Arbeit, weil er bei Wiedervorlage der Handakte auf den ersten Blick weiß, worauf er zu achten hat.

284 Die Dauer der Wiedervorlagefrist hängt vom jeweiligen Einzelfall ab:

- Die Praxis der verschiedenen Staatsanwaltschaften ist unterschiedlich. Ist die Sache nicht besonders eilbedürftig und sind keine Fristen zu überwachen, werden Sie sicher mit einer Wiedervorlagefrist von drei Monaten nie falsch liegen. Sind Sie sich sicher, dass an »Ihrer« Staatsanwaltschaft andere Fristen verfügt werden, nehmen Sie diese.
- Anders sieht es aus, wenn die Sache eilbedürftig ist und Sie Fristen zu überwachen haben. Der wichtigste Fall ist die Vollstreckung von U-Haft. Nicht nur die Gerichte, sondern auch die Staatsanwaltschaften haben die Einhaltung der Haftprüfungsfristen zu gewährleisten. Zur Berechnung der Haftprüfungsfristen sei auf die obigen Darstellungen verwiesen. Sie haben mit der Wiedervorlagefrist also dafür Sorge zu tragen, dass die Handakten rechtzeitig vor dem nächsten Haftprüfungstermin vorgelegt werden würden. **Achten Sie bei der Berechnung der Wiedervorlagefrist darauf, dass die Bearbeitervermerke manchmal Hinweise darauf enthalten, wann die Entscheidung der Staatsanwaltschaft ergeht.** Rechtzeitig bedeutet im Übrigen nicht, dass die Handakten punktgenau zum Haftprüfungstermin vorgelegt werden, sondern so frühzeitig, dass die rechtzeitige Haftprüfung durch das jeweils zuständige Gericht noch veranlasst werden kann. Müssen die Hauptakten zur Sechsmonatsprüfung über die Staatsanwaltschaft dem Oberlandesgericht vorgelegt werden, sollten schon zwei Wochen Luft zum Haftprüfungstermin sein.
- Eine kürzere Frist kann auch erforderlich sein, wenn der Beschuldigte bei Anklageerhebung aufgrund einer Anordnung nach § 111a StPO schon längere Zeit seine Fahrerlaubnis entbehrt, sodass wegen des Zeitablaufs eine endgültige Entziehung der Fahrerlaubnis unwahrscheinlich wird. Das wird aber ein Ausnahmefall sein.

285 Regelmäßig wird die Verfügung also lauten:

> WV: 3 Monate

Zur Überwachung von Haftprüfungsfristen wird es heißen:

> WV: 5 Wochen (Haftprüfung § 121 StPO)

Noch besser ist es natürlich, in Haftsachen genaue Fristen zu setzen. Mit dem Zusatz »genau« erreicht der Staatsanwalt, dass die Handakten ihm taggenau vorgelegt werden.

> **Formulierungsbeispiel:**
> WV: am 6.6.2018 genau

Teilweise ist es üblich, keine Wochen- und Monatsfristen zu setzen, sondern die Wiedervorlage grundsätzlich taggenau zu bestimmen. Ferner wird regional gefordert, die Wiedervorlageanordnung mit einem Hinweis darauf zu versehen, dass es sich um eine Frist für die Wiedervorlage der Handakte handelt. Haben Sie das während ihrer Ausbildung so gelernt, sollten Sie davon in der Examensklausur nicht abweichen.

XII. Übersendungsverfügung

286 Auf die Frist folgt die sog. Übersendungsverfügung, die mit dem berühmten »U.m.A.« beginnt, was bekanntlich »Urschriftlich mit Akten« heißt und bedeutet, dass die Verfahrensakten mit dem Original der Verfügung an den genannten Empfänger übersandt werden. Einer Erweiterung bedarf dieser Teil der Verfügung nur, wenn Gegenstände mit übersandt werden, die nicht Bestandteil der Hauptakten geworden sind. Wichtigster Fall ist die Übersendung von Asservaten, die auf diese Weise ausdrücklich verfügt werden muss. In der Praxis wird es daneben häufig um die Übersendung von Beiakten gehen.

Einzelne Urkunden, die als Beweismittel in Betracht kommen, müssen nicht ausdrücklich mit übersandt werden, weil Sie in der Praxis fast ausnahmslos – oft in Hüllen – zur Akte selbst genommen werden. In Ihrer Klausurakte sind Urkunden ebenfalls immer Aktenbestandteile. Das gilt auch für sichergestellte oder beschlagnahmte Führerscheine, die sich ebenfalls regelmäßig in der Akte befinden.

Sie sollten das zu übersendende Asservat iÜ so genau wie möglich bezeichnen und sich nicht auf die zu unbestimmte Bezeichnung als Asservat beschränken.

> **Formulierungsbeispiel:**
> U.m.A. mit einem Gasrevolver ... und 3 Bänden Beiakten (720 Js ...)

Daran schließt sich der Adressat Ihrer Übersendungsverfügung an. In einer Anklageklausur können die Akten entweder an das Amtsgericht oder das Landgericht und dort an den Vorsitzenden des zuständigen Spruchkörpers gehen. Hier kommen der »**Strafrichter**«, der »**Vorsitzende des Schöffengerichts**« oder der »**Vorsitzende der Großen Strafkammer**« in Betracht. Wird dem Angeschuldigten eine Katalogtat nach § 74 II GVG vorgeworfen, ist die Verfügung an den »**Vorsitzenden des Schwurgerichts**« zu richten.

In der Praxis werden die Akten oft dem »Schöffengericht« oder der »Großen Strafkammer« übersandt. Natürlich kommen diese Akten ebenfalls beim richtigen Empfänger an. Doch streng genommen sind diese Bezeichnungen nicht richtig. Denn das Schöffengericht existiert als solches zum Zeitpunkt der Anklageerhebung als Spruchkörper nicht. Schöffen wirken lediglich in der Hauptverhandlung mit. Außerhalb der Hauptverhandlung gibt es in entscheidender Funktion nur den Vorsitzenden des Schöffengerichts. **287**

Etwas anders sieht die Begründung bei der großen Strafkammer aus. Diese gibt es zwar auch außerhalb der Hauptverhandlung, weil ihr drei Berufsrichter angehören, die außerhalb der Hauptverhandlung auch in dieser Besetzung entscheiden. Der Vorsitzende bekommt die Akte allerdings vorgelegt und veranlasst alle nötigen Schritte wie etwa die Zustellung der Anklage. Sind Entscheidungen vorzubereiten, verfügt er die Akten gegebenenfalls an den sog. Berichterstatter.

Wieder gilt: Viele Prüfer mögen die ungenaue Adressierung akzeptieren, keinesfalls werden das alle tun. Also orientieren Sie sich an dem, was für alle akzeptabel ist und das ist die Verfügung an den Vorsitzenden. Diese kann man **geschlechtsneutral mit »Vors.« abkürzen.**

Es sollte also heißen:

> U.m.A.
> dem Amtsgericht ...
> – Vors. des Schöffengerichts –
>
> (oder:)
>
> U.m.A.
> dem Landgericht
> – Vors. der Großen Strafkammer –

Häufig wird es ausreichen, auf den in der Anklage gestellten Antrag, das Hauptverfahren zu eröffnen oder gegebenenfalls die Anträge – das Hauptverfahren zu eröffnen und zusätzlich Haftfortfortdauer anzuordnen – Bezug zu nehmen. Diese sind nicht zu wiederholen. Die vollständige Verfügung lautet dann: **288**

> U.m.A.
> dem Amtsgericht
> – Vors. des Schöffengerichts –
>
> unter Bezugnahme auf den in der Anklageschrift gestellten Antrag übersandt.

Natürlich sind in der Übersendungsverfügung mitunter auch Anträge zu formulieren. In Betracht kommen an dieser Stelle die Anträge, **289**

- einen Haftbefehl zu erlassen,
- dem Angeschuldigten einen Pflichtverteidiger zu bestellen,
- dem Angeschuldigten die Fahrerlaubnis vorläufig zu entziehen,
- einen Verletzten als Nebenkläger zuzulassen,
- einen Gegenstand zu beschlagnahmen,
- die Herausgabe eines Gegenstandes an den Verletzten anzuordnen
- und andere, über die vor der Eröffnung zu entscheiden ist.

290 Mit Bedacht habe ich den Antrag, die Fortdauer der Untersuchungshaft anzuordnen, bislang nicht genannt, denn dieser gehört an das Ende der Anklageschrift. Das Gericht soll nämlich über die Fortdauer der Untersuchungshaft gem. § 207 IV StPO gemeinsam mit der Eröffnung des Hauptverfahrens entscheiden. Entsprechendes gilt wegen § 76 II 1 GVG für den Antrag gemäß **Nr. 113 III RiStBV**. Alle anderen Anträge – auch der auf Erlass eines Haftbefehls – sollen vorab beschieden werden und gehören deshalb in die Abschlussverfügung.

> **Achtung:** In der Praxis sieht man mittlerweile häufig, dass nicht mehr sauber zwischen den Anträgen, die in der Anklage zu stellen sind, und denen, die in die Abschlussverfügung gehören, unterschieden wird. Am Ergebnis ändert das natürlich nichts, es wird nur nicht jeden Korrektor zufrieden stellen.
> Für die Ausbildung in der Station gilt wiederum, dass Sie den Wünschen Ihres Ausbilders entsprechen.

Um die Übersendungsverfügung nicht zu überlasten, sollten Sie umfangreichere Begründungen (etwa für einen Haftbefehlsantrag, einen Antrag nach § 111a StPO oder einen Beschlagnahmeantrag) Ihrer Anträge zuvor in Vermerken niedergelegt haben und auf diese abschließend nur noch Bezug nehmen. Für Anträge auf Pflichtverteidigerbestellung oder Zulassung als Nebenkläger reicht es aus, die jeweils einschlägige Norm zu nennen.

Eine vollständige Übersendungsverfügung könnte also die folgenden Anträge enthalten:

> U.m.A. und sichergestelltem Gasrevolver
> dem Amtsgericht
> – Vors. des Schöffengerichts –
>
> unter Bezugnahme auf den in der Anklage gestellten Antrag und mit den weiteren Anträgen übersandt,
> den Angeschuldigten jeweils einen Pflichtverteidiger gem. § 140 I Nr. 2 StPO zu bestellen,
> gegen den Angeschuldigten H ... aus den Gründen des Vermerks zu 5. und nach Maßgabe des Anklagesatzes einen Haftbefehl zu erlassen,
> den Haftbefehl des Amtsgerichts ... vom ... aufzuheben und aus den Gründen des Vermerks zu 5. und nach Maßgabe des Anklagesatzes einen neuen Haftbefehl zu erlassen,
> dem Angeschuldigten T ... gem. § 111a StPO aus den Gründen des Vermerks zu 6. die Fahrerlaubnis vorläufig zu entziehen,
> die Geschädigte M ... auf Ihre Anschlusserklärung vom ... Bl. ... d.A. gem. § 395 I Nr. 2 StPO als Nebenklägerin zuzulassen,
> gem. § 111b I StPO die Beschlagnahme ... anzuordnen.

XIII. Unterschrift

291 Eine Übersendungsverfügung muss vom Staatsanwalt unterschrieben werden. Unterschreiben Sie diese aber keinesfalls mit Ihrem eigenen Namen und gar noch dem Zusatz Staatsanwalt. Die Examensklausur darf keinen Hinweis auf die Identität des Verfassers enthalten.

In der Klausur sollte es schlicht heißen:

> Ort, Datum
> Staatsanwaltschaft ...
> Unterschrift
> Staatsanwalt

C. Die Anklageschrift

Nirgendwo in Ihrer Klausur wird sich der Anspruch, eine praxisgerechte Lösung zu schaffen, **292** so weit von der Wirklichkeit lösen, wie in der Anklageschrift. Denn vieles, was Sie vielleicht von Ihrem Ausbilder in der Station gelernt haben, sollten Sie für die Formulierung einer Klausuranklage wieder vergessen. Manche Formulierungen, die aufgrund des hohen Belastungsdrucks in der deshalb großzügigen Praxis üblich sind, entsprechen nicht dem klassischen Anklagestil. Mag mancher Korrektor auch großzügig sein, weil Sie vielleicht die Formulierung getroffen haben, die er selbst in der Praxis wählt, müssen Sie doch damit rechnen, auf Korrektoren zu stoßen, die es noch anders gelernt haben und viel kleinlicher an Ihre Arbeit herangehen. Während für die Ausbildung in der Station also noch gilt, dass Sie alles so machen sollten, wie Ihr Ausbilder es wünscht, heißt es in der Klausur, den Weg des geringsten Widerstandes zu gehen. Das ist der klassische Anklagestil, der jedem Anspruch gerecht wird. Ich werde Sie im Folgenden immer wieder auf die sich daraus ergebenden Tücken hinweisen.

Der Inhalt einer Anklageschrift ist entscheidend – er ist aber nicht alles. Das Auge des Praktikers erwartet die ihm vertraute äußere Form und ist schnell verwirrt, wenn es auf eine Anklageschrift im Fließtext ohne jede Struktur stößt. Auch die Anklageschrift in der Examensklausur sollte äußerlich also etwa das Aussehen einer echten Anklageschrift haben. Nur dann kann diese § 200 I StPO und Nr. 110 I RiStBV entsprechen, der neben Verständlichkeit auch Klarheit und Übersichtlichkeit fordert. Das bedeutet für sie keinerlei Mehrarbeit. Beginnen Sie die Anklageschrift bitte auch auf einem neuen Blatt.

An den Inhalt der von Ihnen zu fertigenden Anklageschrift werden von Bundesland zu Bundesland andere Anforderungen gestellt. Dabei ist zu unterscheiden zwischen einem »norddeutschen«[155] und einem »süddeutschen«[156] **Anklagetyp**, deren wesentliches Unterscheidungsmerkmal die Reihenfolge von Abstraktum, das im norddeutschen Anklagetyp vorangeht, und Konkretisierung, die im süddeutschen Anklagetyp voranzustellen ist, im Anklagesatz ist. Im Detail gibt es auch innerhalb der jeweiligen Anklagetypen regional so viele Besonderheiten, dass nicht auf alle eingegangen werden kann, weil das den Rahmen dieses Buches sprengen würde.

Gleich, ob im Anklagesatz das Abstraktum vor der Konkretisierung genannt wird oder ob das anders herum oder sogar abschichtend geschieht:

> **Maßstab sind § 200 I StPO und Nr. 110 RiStBV, sodass die Anforderungen an die wesentlichen Teile der Anklageschrift dieselben sind.**

Sowohl § 200 I StPO als auch Nr. 110 RiStBV bezeichnen den Tatverdächtigen im Zusammenhang mit der Anklageschrift bereits als **Angeschuldigten**. Diese Bezeichnung ist deshalb für Sie jedenfalls dann Pflicht, wenn Sie sich nicht absolut sicher sind, dass es in Ihrem Bundesland **Beschuldigter** heißen soll.

Die folgende Darstellung orientiert sich zunächst an der norddeutschen Praxis, bevor in einem weiteren Abschnitt auf Besonderheiten der süddeutschen Praxis eingegangen wird.

I. Rubrum

Die anklagende Staatsanwaltschaft und das Aktenzeichen der Staatsanwaltschaft gehören nach **293** oben links, Ort und Datum der Anklageerhebung rechts daneben.

> **Formulierungsbeispiel:**
> Staatsanwaltschaft bei dem Landgericht ...   ..., 1. November 2017
> ... Js .../...

---

155 Diese ist mit Unterschieden im Detail in Schleswig-Holstein, Hamburg, Bremen, Niedersachsen, Mecklenburg-Vorpommern, Nordrhein-Westfalen, Hessen, Rheinland-Pfalz, Berlin, Brandenburg und Sachsen-Anhalt gebräuchlich.
156 In der süddeutschen Form werden – ebenfalls mit Unterschieden im Detail – Anklageschriften in Sachsen, Thüringen, Baden-Württemberg und im Saarland verfasst.

In vielen Bundesländern gehört auf die linke Seite unter das Aktenzeichen der Adressat, während andere darauf verzichten, weil die Anklageschrift durch die Übersendungsverfügung ausreichend adressiert ist. Adressat ist in der Klausur entweder das Amts- oder das Landgericht. Abweichend von der Übersendungsverfügung ist die Kammeranklage aber nicht an den Vorsitzenden zu richten, sondern an die Kammer,[157] die über die Eröffnung zu entscheiden hat. Anders als das Schöffengericht, das als Kollegialgericht nur in der Hauptverhandlung existiert, ist die große Strafkammer auch außerhalb der Hauptverhandlung als Kollegialgericht mit drei Berufsrichtern besetzt. Wenn verschiedentlich vertreten wird, die Anklage sei nur an die »Strafkammer« zu richten, weil es eine große Strafkammer nur in der Hauptverhandlung gebe, wenn die Schöffen mitwirkten, ist dies im Hinblick auf § 76 I und II GVG unzutreffend. Aus Abs. 2 dieser Vorschrift ergibt sich sogar ausdrücklich, dass die Eröffnungsentscheidung durch die »große Strafkammer« ergeht. Sprechen Sie im prozessualen Gutachten und in der Anklage nur von der Strafkammer, wird der Korrektor vielleicht sogar glauben, das sei nur geschehen, weil Sie die Zuständigkeiten der großen und kleinen Strafkammern nicht zu unterscheiden wissen.

Haben Sie in Ihrer Ausbildungsstaatsanwaltschaft gelernt, eine Anklageschrift enthalte keinen Adressaten, bleiben Sie bitte bei dieser Praxis. Auch die Praxis, eine Anklageschrift schlicht an die »Strafabteilung« eines Amts- oder Landgerichts zu adressieren, behalten Sie unbedingt bei.

294 Wird dem Angeschuldigten eine Katalogtat nach § 74 II GVG vorgeworfen, ist die Anklage an das **Schwurgericht** zu richten.

> **Formulierungsbeispiel:**
> An das
> Landgericht ...
> – Große Strafkammer –
>
> (oder:)
>
> An das
> Amtsgericht
> – Vors. des Schöffengerichts[158] –

295 Keinesfalls vergessen dürfen Sie die Hinweise auf den Vollzug von Haft und den noch anstehenden Haftprüfungstermin, die rechts oben auf die erste Seite gehören.

> **Formulierungsbeispiel:**
> **Haft!**
> Haftprüfungstermin gem. § 121 StPO: 13.12.2017

296 Werden mehrere Angeschuldigte angeklagt, die sich seit unterschiedlichen Zeitpunkten in U-Haft befinden, sind die Haftprüfungstermine jeweils gesondert zu nennen. Auf einen anstehenden Haftprüfungstermin wird teilweise auch erst im Anschluss an die Angaben zu laufenden Freiheitsentziehungen[159] hingewiesen.

Nach der Überschrift »Anklage«, besser sollte es »**Anklageschrift**« heißen, folgen die Personalien des oder der Angeschuldigten. Zu diesen gehören üblicherweise Name, Vorname, Geburtsname, Geburtstag, Geburtsort, Anschrift, Beruf, Familienstand und Nationalität. Der Beruf wird meistens vor den Namen gestellt. Natürlich verbieten sich »Berufsbezeichnungen« wie »Einbrecher« oder »Dieb«. Auch Bezeichnungen wie »Zuhälter« oder »Prostituierte« sollten vermieden werden, im Zweifel wird der oder die Angeschuldigte einen anderen Beruf genannt haben.

> **Formulierungsbeispiel:**
> Der Kraftfahrer Ralf Müller, geboren am 30.9.1963 in Hannover, wohnhaft ... Hannover, Meierstraße 1, ledig, deutscher Staatsangehöriger,
> ...

---

157 Anders Meyer-Goßner/Schmitt/*Meyer-Goßner* StPO § 200 Rn. 3: an den Vorsitzenden.
158 Wie hier für Schöffengerichtsanklage: Meyer-Goßner/Schmitt/*Meyer-Goßner* StPO § 200 Rn. 3.
159 Vgl. R Rn. 298.

Sind mehrere Angeschuldigte anzuklagen, sollte der älteste zuerst genannt werden, weil sich in den meisten Geschäftsverteilungsplänen der Gerichte die Zuständigkeit in Strafsachen nach dem ersten Buchstaben des Nachnamens des ältesten Angeschuldigten richtet. Die Angeschuldigten werden meistens mit Nummern untereinander angeordnet, die Nummerierung ist allerdings nicht zwingend. Sollte ein Angeschuldigter Jugendlicher oder Heranwachsender sein, wäre dieser zuerst zu nennen, weil durch ihn die Zuständigkeit des Jugendgerichts begründet wird. Bei Minderjährigen sind die Erziehungsberechtigten zu nennen.

Angaben zu Vorstrafen sollte das Rubrum der Anklageschrift nicht enthalten,[160] diese gehören in das wesentliche Ergebnis der Ermittlungen. Auch Nr. 110 RiStBV sieht einen Hinweis auf Vorstrafen im Rubrum nicht vor. Nur wenn es in Ihrem Bundesland üblich ist, an dieser Stelle auf Vorstrafen oder gar einschlägige Vorstrafen einzugehen, sollten Sie das tun.

297 An die Personalien schließen sich die Angaben zur Untersuchungshaft (Nr. 110 IV RiStBV) an, wenn sich der Angeschuldigte bereits in Untersuchungshaft befindet. Gleiches gilt, wenn er vom Vollzug der U-Haft verschont ist oder ein Haftbefehl wieder aufgehoben wurde.

> **Formulierungsbeispiel:**
> in dieser Sache seit dem 13.6.2017 aufgrund des Haftbefehls des Amtsgerichts … vom gleichen Tage in Untersuchungshaft in der JVA …

Derartige Angaben sind auch erforderlich, wenn sich der Angeschuldigte in der vorläufigen Unterbringung oder sich in anderer Sache in U-Haft bzw. Strafhaft befindet. Diese Fälle sind jedoch wenig klausurrelevant.

298 Von großer Bedeutung ist indes die Frage, ob das Datum der **vorläufigen Festnahme** vor Erlass eines Haftbefehls mitgeteilt werden muss. **Das Datum der vorläufigen Festnahme nicht zu nennen, weil es für die Berechnung der Haftprüfungsfrist ohne Bedeutung ist, dürfte unzutreffend sein.** Denn auch U-Haft und Strafhaft in anderer Sache sind für die Haftprüfungsfristen meist irrelevant. Dennoch fordert Nr. 110 IV RiStBV, dass neben den Daten der Untersuchungshaft auch die Daten anderer Freiheitsentziehung zu nennen sind. Zudem ist im Rahmen der Anrechnung nach § 51 StGB völlig unstreitig, dass zum Merkmal Freiheitsentziehung auch die vorläufige Festnahme nach § 127 StPO gehört. Damit muss es heißen:

> **Formulierungsbeispiel:**
> in dieser Sache am 12.6.2017 vorläufig festgenommen und seit dem 13.6.2017 aufgrund des Haftbefehls des Amtsgerichts … vom gleichen Tage in Untersuchungshaft in der JVA …

299 Danach ist der Verteidiger zu nennen, wenn der Angeschuldigte bereits einen Verteidiger hat. Der Verteidiger ist so genau wie möglich zu bezeichnen. Die Unterscheidung zwischen Wahl- und Pflichtverteidiger ist nach Nr. 110 RiStBV nicht erforderlich und auch nicht üblich.

> **Formulierungsbeispiel:**
> Verteidiger: Rechtsanwalt H. …, 23… Lübeck, …straße 1

Richtet sich die Anklage gegen mehrere Angeschuldigte mit jeweils einem oder mehreren Verteidigern, sind diese dem jeweiligen Angeschuldigten eindeutig zuzuordnen. Teilweise werden daneben auch Fundstellenangaben zur Vollmachtserteilung oder zur Beiordnung gefordert.

II. Anklagesatz

300 Es folgt der sog. Anklagesatz. **Die inhaltlichen Anforderungen an diesen ergeben sich aus § 200 StPO und ergänzend aus Nr. 110 II c RiStBV.**

Der Anklagesatz mit den gesetzlichen Merkmalen der Straftaten und der Konkretisierung gehört zu den Hauptfehlerquellen. Damit Ihnen die Darstellung des Anklagesatzes gelingt, sollten Sie sich immer wieder an Aufgaben und Funktionen einer Anklageschrift orientieren.

---

160 KMR/*Seidl* StPO § 200 Rn. 3.

Hinweis: Die Anklage soll den Angeschuldigten in klaren und verständlichen Worten über die gegen ihn erhobenen Vorwürfe informieren (**Informationsfunktion**) und zugleich den Prozessstoff festlegen (**Umgrenzungsfunktion**).

Regionale Unterschiede und örtliche Gewohnheiten beim Abfassen der Anklageschrift, die nicht alle im Rahmen dieser Ausführungen erörtert werden können, sind vom Gesetz her nicht zu beanstanden[161] und sollten im Rahmen Ihrer Ausbildung und Examensklausuren unbedingt von Ihnen berücksichtigt werden.

301   Der Anklagesatz wird – abhängig vom jeweiligen Bundesland – mit den Worten

> wird angeklagt,
>
> (oder:)
>
> klage ich an, …

eingeleitet. Teilweise soll es auch »**angeschuldigt**« heißen.

302   Am einfachsten ist es, den nach Nr. 110 II e, 101a III RiStBV erforderlichen Hinweis auf Verfolgungsbeschränkungen gleich an dieser Stelle unterzubringen. Diesen Hinweis können Sie auch nach den angewendeten Vorschriften geben, er darf nur nicht vergessen werden. So könnte es dann heißen:

> wird – unter Beschränkung gem. § 154a StPO – angeklagt, …

303   Es folgen die Angaben zu Tatzeit und Tatort. Hier muss, insbesondere bei einer Vielzahl von Taten und verschiedenen Orten, nicht jeder Tatort einzeln genannt werden. Es genügt, den Tatort zu nennen, der die örtliche Zuständigkeit des Gerichts (wenn Sie denn darauf die Zuständigkeit stützen) begründet. Im Übrigen sind Sie bei der Formulierung sehr frei. Auch muss nicht jede Tatzeit genau genannt sein, es ist ausreichend, den Tatzeitraum zu umreißen. Dabei können Sie umso großzügiger vorgehen, je mehr Taten Sie anklagen. Bei nur einer Tat sollte es ganz präzise heißen:

> am 12. Juni 2017
> in Lübeck

Dagegen kann es bei einer Vielzahl von Taten angebracht sein, wie folgt zu formulieren:

> in der Zeit vom … bis zum … in Lübeck und andernorts
>
> (oder:)
>
> in den Monaten Juli, August und Dezember 2017 in Lübeck, Hamburg und Bremen

Ob zuerst die **Tatzeit oder zuerst der Tatort** zu nennen ist, mag heftig umstritten sein, in der Sache ist es ohne Bedeutung. Orientieren Sie sich an dem, was Sie gelernt haben. § 200 I StPO und Nr. 110 II c RiStBV sprechen jedenfalls von »Zeit und Ort«.

304   Anschließend sollte die Anzahl der jeweils selbstständigen Handlungen (hier geht es um Tatmehrheit und nicht etwa um den prozessualen Tatbegriff) eines jeden Angeschuldigten genannt werden. Ausnahmen sind aus Gründen der Verständlichkeit jedoch zulässig. Gehen Sie beim Zählen gewissenhaft vor, denn die Zahlen müssen sich mit dem Ergebnis Ihres Gutachtens unter Berücksichtigung der Einstellungen nach § 154 StPO decken. Immer wieder kommt es in Klausuren hier zu leicht vermeidbaren Fehlern.

> **Formulierungsbeispiel:**
> durch drei selbstständige Handlungen

Die Anzahl der selbstständigen Handlungen muss gegebenenfalls für jeden von mehreren Angeschuldigten getrennt genannt werden. Auf gar keinen Fallen dürfen Sie die aufsummierte Anzahl der selbstständigen Handlungen aller Angeschuldigten nennen!

---

161 Löwe/Rosenberg/*Stuckenberg* StPO § 200 Rn. 8.

Formulierungsbeispiel:

der Angeschuldigte M ... durch drei selbstständige Handlungen,
der Angeschuldigte D ... durch zwei selbstständige Handlungen

(oder:)

die Angeschuldigten durch jeweils vier selbstständige Handlungen

Aus Gründen der Übersichtlichkeit kann es bei mehreren Angeschuldigten auch angebracht sein, die Anzahl der selbstständigen Handlungen erst vor den dem jeweiligen Angeschuldigten vorgeworfenen Straftatbeständen zu nennen.

Teilweise ist es auch üblich, nicht von selbstständigen Handlungen, sondern schlicht von Straftaten zu sprechen.

Formulierungsbeispiel:

der Angeschuldigte durch ... **Straftaten**

Auch wird teilweise nicht von *selbstständigen* Handlungen sondern von *tatmehrheitlichen* Handlungen gesprochen.

1. Gesetzliche Merkmale der Tat

Im Abschnitt »gesetzliche Merkmale der Straftat« (Abstraktum) sind alle gesetzlichen Merkmale zu nennen, die erforderlich sind, damit das Gericht im Falle des Erwiesenseins der erhobenen Vorwürfe den Angeschuldigten ohne weitere rechtliche Hinweise nach § 265 StPO verurteilen könnte.   305

Gleichgültig, ob Sie den eher in Norddeutschland gebräuchlichen Aufbau beginnend mit dem abstrakten Gesetzestext oder den eher in Süddeutschland gebräuchlichen Aufbau beginnend mit der Konkretisierung gelernt haben, bleiben Sie dabei. Die nachfolgenden Hinweise zum Inhalt der jeweiligen Abschnitte der Anklageschrift gelten wegen § 200 StPO für jede Art der Darstellung.

a) Ein Angeschuldigter verwirklicht einen Straftatbestand

Zu den gesetzlichen Merkmalen der Tat gehören zunächst einmal die objektiven und subjektiven Tatbestandsmerkmale des jeweils verwirklichten Straftatbestandes. Dabei sind die Worte des Gesetzes zu wählen. Wird dem Angeschuldigten ein Diebstahl gem. § 242 StGB vorgeworfen, heißt es: 306

Formulierungsbeispiel:

... eine fremde bewegliche Sache einem anderen in der Absicht weggenommen zu haben, sich die Sache rechtswidrig zuzueignen ...

Es dürfen jeweils nur die Tatbestandsmerkmale aufgeführt werden, die Sie in Ihrem Gutachten auch tatsächlich bejaht haben.

Achtung: Enthält ein Tatbestand mehrere Alternativen oder Modalitäten dürfen diese nicht etwa alternativ mit einem »oder« verbunden werden. Das Wort »oder« ist einzig und allein der Wahlfeststellung vorbehalten. Wollte der Angeschuldigte in dem obigen Beispiel die Sache für sich behalten, darf es auf gar keinen Fall heißen: »... sich *oder* einem Dritten ...«. Das wird in Klausuren häufig falsch gemacht. Werden die verschiedenen Alternativen oder Modalitäten dagegen kumulativ verwirklicht, sind diese auch kumulativ aufzuführen.

Sind Sie in Ihrem Gutachten zu dem Ergebnis gekommen, dass der Angeschuldigte einen selbstständigen Qualifikationstatbestand erfüllt hat, so sind neben den Merkmalen des Grunddelikts auch dessen Merkmale so genau wie möglich zu bezeichnen.   307

Formulierungsbeispiel:

... eine fremde bewegliche Sache einem anderen in der Absicht weggenommen zu haben, sich die Sache rechtswidrig zuzueignen und dabei ein gefährliches Werkzeug bei sich geführt zu haben ...

Hier hätte es also nicht verkürzt heißen dürfen: »*einen Diebstahl begangen* und dabei ...«. Das Merkmal »anderes« sollte weggelassen werden, weil dem nicht juristisch vorgebildeten Leser die Formulierung »anderes gefährliches Werkzeug« ohne Bezug auf die Waffe nicht verständlich wäre. Dann müssten Sie nämlich vollständig formulieren: »... *anderes gefährliches Werkzeug als eine Waffe* ...«. Die »vereinfachte Form« ist nach Nr. 110 II c RiStBV zulässig.

Ein typischer Klausurtatbestand ist auch § 315b I Nr. 3 StGB, der häufig wie folgt zitiert wird: »... *er einen ähnlichen, ebenso gefährlichen Eingriff vorgenommen* ...«. Das klingt so isoliert nicht nur merkwürdig, sondern ist auch unvollständig. Vollständig muss es heißen:

> ... einen dem Hindernisbereiten ähnlichen, ebenso gefährlichen Eingriff vorgenommen ...

Wiederum ist nach Nr. 110 II c RiStBV auch die vereinfachte Form zulässig.

> **Formulierungsbeispiel:**
> ... einen gefährlichen Eingriff vorgenommen ...

308 **Ein geradezu klassischer und zugleich schwerwiegender Fehler ist es, die Schuldform nicht mitzuteilen,** wenn das Gesetz sowohl die vorsätzliche als auch die fahrlässige Begehung unter Strafe stellt. Beispielhaft seien hier die §§ 223 und 229, 316 I und 316 II sowie 315c I und 315c III StGB genannt.

> **Formulierungsbeispiel:**
> ... **vorsätzlich** eine andere Person körperlich misshandelt zu haben ...
>
> (oder:)
>
> ... **fahrlässig** im Verkehr ein Fahrzeug geführt zu haben, obwohl ...

309 In diesem Zusammenhang bergen die §§ 315 ff. StGB eine besondere Fehlerquelle, weil sie bezüglich Tathandlung und Taterfolg verschiedene Kombinationen beider Schuldformen zulassen. Die Kombination muss in der Anklage zum Ausdruck kommen.

> **Formulierungsbeispiel:**
> ... **vorsätzlich** im Straßenverkehr eine Fahrzeug geführt zu haben, obwohl er infolge des Genusses alkoholischer Getränke nicht in der Lage war, das Fahrzeug sicher zu führen und dadurch **fahrlässig den** Leib eines anderen Menschen ...

Ich habe in dem obigen Beispiel den Artikel »den« hervorgehoben, weil dieser in Klausuren häufig fehlt. Es ist dann davon die Rede, dass der Angeschuldigte »fahrlässig Leib eines anderen Menschen« gefährdet habe. Es muss Ihnen beim Niederschreiben der Klausur einfach auffallen, dass das nicht richtig sein kann. Zu diesen sprachlichen Ungeschicklichkeiten kommt es auch bei anderen Tatbeständen, wenn sich die Tathandlung entweder gegen **den** Leib oder **das** Leben des Geschädigten richtet (etwa §§ 240, 249 StGB).

> **Achtung:** Der äußerst klausurrelevante § 315b I, III iVm § 315 III StGB stellt einen Verbrechenstatbestand dar, der Vorsatz des Täters sowohl hinsichtlich der Tathandlung als auch hinsichtlich des Taterfolgs erfordert. Damit entfällt in dieser Ausnahmekonstellation des § 315b StGB die Verpflichtung, die Schuldform zu nennen.

310 Zu den gesetzlichen Merkmalen gehören aber nicht nur die Tatbestandsmerkmale, sondern auch die Täterschaftsformen, die verschiedenen Teilnahmeformen und der Versuch.

Die **Mittäterschaft** wird durch die Worte »*gemeinschaftlich mit*« kenntlich gemacht. Hat der Angeschuldigte als mittelbarer Täter gehandelt, wird ihm die Tatbegehung »*durch einen anderen*« vorgeworfen. Beim **Unterlassungstäter** ist es aus Gründen der Verständlichkeit nicht erforderlich, den gesamten Wortlaut des § 13 StGB (Nr. 110 II c: »in vereinfachter Form«) zu zitieren. Sie sollten sich vielmehr auf die Worte »*durch Unterlassen*« beschränken.

> **Formulierungsbeispiele:**
> ... **durch einen anderen** eine fremde bewegliche Sache einem anderen ...
> ... vorsätzlich **durch Unterlassen** einen anderen Menschen an der Gesundheit ...

Die Praxis bei **Anstiftung und Beihilfe** ist sehr unterschiedlich. Überwiegend wird gefordert, **311**
dass beide Teilnahmeformen jeweils durch das vollständige Zitat des Wortlauts der §§ 26 und
27 StGB und daran anschließend des Wortlauts des verletzten Straftatbestandes kenntlich zu
machen sind. Achten Sie dabei jeweils auf den »doppelten Vorsatz«.

> **Formulierungsbeispiele:**
> … **vorsätzlich einen anderen dazu bestimmt zu haben**, einen anderen Menschen vorsätzlich
> körperlich misshandelt zu haben …
> … **vorsätzlich einem anderen Hilfe geleistet zu haben**, mit Gewalt gegen eine Person einem
> anderen eine fremde bewegliche Sache in der Absicht weggenommen zu haben, …

Vergessen Sie im ersten der beiden Beispiele nicht das hervorgehobene Wort »vorsätzlich«. Es
ist zur Kennzeichnung der Schuldform der Haupttat erforderlich, zudem kann nur zu vorsätzlichen Taten Beihilfe geleistet werden.

Wegen der sich aus Nr. 110 II c RiStBV ergebenden Vereinfachungsmöglichkeit muss es auch
zulässig sein, sich bei Anstiftung und Beihilfe auf die Worte »**angestiftet zu haben**« und »**ge-
holfen zu haben**« zu beschränken.

Teilweise wird es als ausreichend angesehen, die Haupttat nur abstrakt zu bezeichnen.

> **Formulierungsbeispiel:**
> … vorsätzlich einen anderen zu dessen vorsätzlich begangener rechtswidriger Tat, einem Dieb-
> stahl, bestimmt zu haben …

Wird dem Täter ein **Versuch** vorgeworfen, genügt es im Hinblick auf Nr. 110 II c RiStBV zu **312**
dessen Kennzeichnung, den verwirklichten Tatbestandsmerkmalen »*versucht zu haben*« voranzustellen. Ebenfalls ist es zulässig, diese Worte in den Wortlaut der verletzten Norm einzufügen. Achten Sie unbedingt darauf, korrekt zu formulieren. Das misslingt gerade beim versuchten Betrug häufig.

> **Formulierungsbeispiel:**
> … in der Absicht, sich einen rechtswidrigen Vermögensvorteil zu verschaffen, **versucht zu haben**,
> durch Vorspiegelung falscher Tatsachen einen Irrtum zu erregen und dadurch das Vermögen eines
> anderen zu beschädigen …

Sie sehen, dass sich durch eine kleine Umstellung des Wortlauts des § 263 StGB alle Schwierigkeiten aus dem Weg räumen lassen. Wenn Sie bei der Formulierung des versuchten Betru-
ges Schwierigkeiten haben, lernen Sie diesen Satz auswendig!

Häufig wird sich Ihnen die Frage stellen, ob Umstände, die ausschließlich für die Rechtsfolgen der Tat von Bedeutung sind, in den Anklagesatz gehören. Für die Klausur bedeutungsvoll
sind hier Regelbeispiele wie § 243 StGB, vertypte Strafmilderungsgründe wie § 21 StGB und
unbenannte Strafmilderungsgründe wie § 249 II StGB.

Nach der Rechtsprechung des BGH[162] berührt das Fehlen derartiger Strafzumessungsum-
stände nicht die Wirksamkeit der Anklage und des Eröffnungsbeschlusses. Jedoch gehören die
**Strafzumessungsmerkmale zur Information des Angeschuldigten und zu dessen sach-
gerechter Vorbereitung der Verteidigung in den Anklagesatz.**[163]

Außerdem können durch das Aufführen von Strafzumessungsumständen auch Zuständigkeiten geklärt werden. Klagt die Staatsanwaltschaft einen schweren Raub gem. § 250 II StGB vor
dem Schöffengericht an, wird das auf den ersten Blick verständlich, wenn sie zugleich mitteilt,
dass die Schuldfähigkeit des Angeschuldigten erheblich vermindert war und der Leser daraus
schließen kann, dass die Staatsanwaltschaft von einer Strafrahmenverschiebung ausgeht. Wiederum gilt: Haben Sie während Ihrer Ausbildung etwas anderes gelernt, bleiben Sie dabei! So
kann auf die Bezeichnung der Merkmale des Regelbeispiels in den gesetzlichen Merkmalen
verzichtet werden, wenn die der Anwendung des Regelbeispiels zugrunde liegenden Tatsachen jedenfalls in der Konkretisierung genannt werden. Dann wäre auch die Hinweispflicht
nach § 265 II StPO nicht ausgelöst.

---

162 BGHSt 16, 47 = BeckRS 9998, 115586; BGHSt 29, 274 = BeckRS 9998, 104453.
163 Wie hier unter anderem KK-StPO/*Schneider* § 200 Rn. 15 f.; Löwe/Rosenberg/*Stuckenberg* StPO § 200 Rn. 32.

313 Bei unbenannten Strafmilderungs- und Strafschärfungsgründen ist die Praxis unterschiedlich. Aus Klarstellungsgründen sollten auch diese genannt werden. Das gilt jedenfalls dann, wenn erst aufgrund der Strafrahmenverschiebung die Zuständigkeit des Gerichts begründet werden kann.

> **Formulierungsbeispiel:**
>
> … in der Absicht weggenommen zu haben, sich die Sache rechtswidrig zuzueignen **und zur Ausführung der Tat in ein Gebäude eingebrochen zu sein** …
>
> … **im Zustand erheblich verminderter Schuldfähigkeit** vorsätzlich einen anderen Menschen körperlich misshandelt …
>
> … **in einem minder schweren Fall** mit Gewalt gegen eine Person eine fremde bewegliche Sache einem anderen in der Absicht …

314 Hat Ihr Gutachten zur **Wahlfeststellung** geführt, wird Ihnen deren Darstellung im Rahmen der gesetzlichen Merkmale keinerlei Schwierigkeiten bereiten. Die wahlweise anzuklagenden Tatbestände sind durch ein schlichtes »oder« zu verbinden.

> **Formulierungsbeispiel:**
>
> … in der Absicht weggenommen zu haben, sich die Sache rechtswidrig zuzueignen
>
> (oder:)
>
> eine Sache, die ein anderer gestohlen hat, angekauft zu haben, um sich zu bereichern …

Nach der Rechtsprechung des BGH ist es zulässig, bei einer Wahlfeststellung im Urteil im Schuldspruch lediglich das mildere Gesetz zu nennen. Das lässt sich auf die Anklage nicht übertragen, weil die Anklage sonst ihrer Informationsfunktion nicht gerecht werden würde. Deshalb sind die verletzten Gesetze stets alternativ zu bezeichnen.

315 Hat der Angeschuldigte in der einen Variante ein Regelbeispiel verwirklicht (§ 259 StGB oder §§ 242, 243 I Nr. 1 StGB), so ist in dieser Variante der Wahlfeststellung auch das Regelbeispiel anzuklagen. Denn der Zweifelsgrundsatz gebietet nicht den Rückgriff auf das jeweils verwirklichte Grunddelikt, sondern führt lediglich dazu, dass die Strafe dem mildesten Gesetz zu entnehmen ist.

> **Formulierungsbeispiel:**
>
> … in der Absicht weggenommen zu haben, sich die Sache rechtswidrig zuzueignen und **zur Ausführung der Tat in ein Gebäude eingebrochen zu sein**
>
> (oder:)
>
> eine Sache, die ein anderer gestohlen hat, angekauft zu haben, um sich zu bereichern …

316 Sehr uneinheitlich ist die Praxis, wenn es um die eine Maßregel begründenden Umstände (wichtigster Fall: fehlende Eignung iSd § 69 StGB) geht. In einigen Bundesländern ist es üblich, diese bereits im Zusammenhang mit den gesetzlichen Merkmalen der die Fahrerlaubnisentziehung begründenden Norm zu nennen.

> **Formulierungsbeispiel:**
>
> … vorsätzlich im Verkehr ein Fahrzeug geführt zu haben, obwohl er infolge des Genusses alkoholischer Getränke nicht in der Lage war, das Fahrzeug sicher zu führen
> **und sich dadurch als zum Führen von Fahrzeugen ungeeignet gezeigt zu haben,** …

In anderen Bundesländern wird dieser Hinweis dagegen erst in der Konkretisierung oder an deren Ende erteilt.

b) Ein Angeschuldigter verwirklicht mehrere Straftatbestände

317 Neben den gesetzlichen Merkmalen sind auch die Konkurrenzen aufzuführen, Nr. 110 II c RiStBV.

In Tateinheit begangene Delikte werden nach dem klassischen Anklagestil durch die Worte »*und durch dieselbe Handlung*« verbunden. Mittlerweile sieht man in der Praxis so häufig den Begriff »tateinheitlich«, dass dessen Verwendung kaum noch zu ernsthaften Beanstandungen führen wird. Dennoch ist die klassische Formulierung vorzuziehen, weil diese auch für den Laien verständlicher ist.

Formulierungsbeispiel:
... durch dieselbe Handlung

a. mit Gewalt gegen eine Person eine fremde bewegliche Sache einem anderen in der Absicht weggenommen zu haben, sich die Sache rechtswidrig zuzueignen und

b. vorsätzlich einen anderen Menschen körperlich misshandelt zu haben ...

(oder:)

a. mit Gewalt gegen eine Person eine fremde bewegliche Sache einem anderen in der Absicht weggenommen zu haben, sich die Sache rechtswidrig zuzueignen

und durch dieselbe Handlung

b. vorsätzlich einen anderen Menschen körperlich misshandelt zu haben ...

Stehen mehr als zwei Delikte in Tateinheit, empfiehlt es sich, dies aus Gründen der Klarheit gleich einleitend mitzuteilen. Bei ungleichartiger Tateinheit ist es üblich, tateinheitlich begangene Delikte jeweils mit kleinen lateinischen Buchstaben zu versehen.

Gleichartige Tateinheit wird durch die Verwendung des Plurals für die Tatopfer oder die Tatobjekte gekennzeichnet.

Dass dem Angeschuldigten **tatmehrheitlich** begangene Delikte vorgeworfen werden, ergibt sich schon aus der Einleitung des Anklagesatzes, in der Sie die genaue Anzahl der selbstständigen Handlungen zu nennen haben (dazu oben). Die einzelnen tatmehrheitlich begangenen Delikte sind dann nur noch mit arabischen Zahlen versehen mitzuteilen.

Einer besonderen Erwähnung bedarf dann nur noch die gleichartige Tatmehrheit: Die genaue Anzahl der Fälle wird dem Wortlaut des verletzten Gesetzes vorangestellt.

Formulierungsbeispiel:
1. ...

2.–10. **in neun Fällen**

mit Gewalt gegen eine Person eine fremde bewegliche Sache einem anderen in der Absicht weggenommen zu haben, sich die Sache rechtswidrig zuzueignen ...

Im Übrigen ist es in der Klausur Ihre Aufgabe, die Konkurrenzverhältnisse durch eine schlüssige und konsequente Gliederung der Anklage abzubilden.

Mit großer Sorgfalt müssen Sie vorgehen, sobald es in der Klausur um **mehr als zwei selbst-** **318** **ständige Handlungen und um gleichzeitig tateinheitlich verwirklichte Delikte** geht.

Vermeiden Sie es unbedingt, eine Arbeit abzuliefern, in der der Anklagesatz durch das Streichen ganzer Passagen, Verschieben ganzer Abschnitte (etwa durch Klammern, Sternchen oder gar Pfeile) oder Wiederholungen unleserlich und auch unverständlich geworden ist.

Folgende Grundregeln sind – mit Ausnahme regionaler Besonderheiten – zu beachten:

- **Die einzelnen selbstständigen Handlungen sollen möglichst in der richtigen zeitlichen Reihenfolge dargestellt werden. Nur ein besonders schweres Delikt sollte vorangestellt werden.**
- Die einzelnen Tatbestände werden, wenn diese nicht durch ein »und« verbunden sind, durch Kommata und keinesfalls durch Punkte getrennt.
- **In Tatmehrheit stehende Delikte sind durch arabische Zahlen zu kennzeichnen, tateinheitlich begangene Delikte – soweit überhaupt – mit kleinen lateinischen Buchstaben.** Wenn Sie bei mehreren selbstständigen Handlungen den tateinheitlich begangenen Delikten Buchstaben zuordnen, sollten Sie der besseren Übersichtlichkeit wegen die Worte »durch dieselbe Handlung« – hinter der arabischen Zahl – voranstellen.

Formulierungsbeispiel:

1. a. mit Gewalt gegen eine Person eine fremde bewegliche Sache einem anderen in der Absicht weggenommen zu haben, sich die Sache rechtswidrig zuzueignen

und durch dieselbe Handlung

b. vorsätzlich einen anderen Menschen körperlich misshandelt zu haben,

(oder schöner:)

... und

2. durch dieselbe Handlung

a. fahrlässig im Straßenverkehr ein Fahrzeug geführt zu haben, obwohl er infolge des Genusses alkoholischer Getränke nicht in der Lage war, das Fahrzeug sicher zu führen,

b. vorsätzlich im Verkehr ein Fahrzeug geführt zu haben, obwohl er die dazu erforderliche Fahrerlaubnis nicht hatte ...

Hinweis: Um Wiederholungen zu vermeiden, sind die anzuklagenden Tatbestände so straff wie möglich zusammenzufassen. Das darf allerdings nicht auf Kosten der Verständlichkeit gehen.

Formulierungsbeispiel:
durch drei selbstständige Handlungen

1.–2. in zwei Fällen
mit Gewalt gegen eine Person eine fremde bewegliche Sache einem anderen in der Absicht weggenommen zu haben, sich die Sache rechtswidrig zuzueignen

im ersten Fall eine Waffe bei sich geführt zu haben,

im zweiten Fall durch dieselbe Handlung
vorsätzlich einen anderen Menschen körperlich misshandelt zu haben, ...

3. durch Drohung mit Gewalt ...

319 Wird dem Angeschuldigten in zwei Fällen die Verletzung desselben Gesetzes jeweils in Tateinheit mit anderen Gesetzesverletzungen vorgeworfen, darf es nicht etwa heißen: »*1. durch dieselbe Handlung a. vorsätzlich einen anderen Menschen körperlich misshandelt zu haben, b. ..., c. ... und durch eine weitere selbstständige Handlung 2. durch dieselbe Handlung a. eine weitere Tat wie 1a begangen zu haben, b, ...*«.

Der Vorwurf der zweifachen Körperverletzung ist zusammenzufassen. Der Hinweis auf eine weitere selbstständige Handlung ist überflüssig. Dass es um mehrere selbstständige Handlungen geht, müssen Sie schon in der Einleitung mitgeteilt haben. Der Rest ergibt sich zwingend aus der Gliederung.

Formulierungsbeispiel:
durch drei selbstständige Handlungen

1.–2. in zwei Fällen
vorsätzlich einen anderen Menschen körperlich misshandelt zu haben,

im ersten Fall durch dieselbe Handlung
einen Menschen rechtswidrig mit Gewalt zu einer Handlung genötigt und
einen anderen beleidigt zu haben,

im zweiten Fall durch dieselbe Handlung,
einen Menschen mit der Begehung eines gegen ihn gerichteten Verbrechens bedroht zu haben,

3. durch Drohung mit Gewalt ...

In den beiden oben genannten Fällen sind kleine Buchstaben zur Untergliederung der tateinheitlich begangenen Delikte wenig sinnvoll. Ob Sie nun tateinheitlich verwirklichte Delikte untergliedern oder nicht, Sie müssen konsequent sein und das die ganze Anklage durchhalten.

Behalten Sie auch immer die regionalen Besonderheiten im Auge: Gliedern Sie die Anklage im Zweifel so, wie Sie es bei Ihrem Ausbilder gelernt haben.

c) Mehrere Angeschuldigte verwirklichen jeweils mehrere Straftatbestände

Noch komplizierter kann die Darstellung der gesetzlichen Merkmale werden, wenn mehrere **320** Beschuldigte jeweils mehrere Straftatbestände verwirklicht haben. Beherzigen Sie den Rat, den Aufbau zu skizzieren, dann werden Sie auch an dieser Aufgabe nicht scheitern.

Es ist üblich, bei der Untergliederung nach einzelnen Angeschuldigten jeweils römische Zahlen voranzustellen. Den jeweiligen Angeschuldigten sollten Sie weiterhin mit seinem Nachnamen bezeichnen, das ist für den Leser einfacher.

> **Formulierungsbeispiel:**
> **die Angeschuldigten durch jeweils zwei selbstständige Handlungen**
>
> I. der Angeschuldigte M ...
>   1. durch dieselbe Handlung
>   a. mit Gewalt gegen eine Person eine fremde bewegliche Sache ...,
>   b. vorsätzlich einen anderen Menschen körperlich ...,
>   2. in der Absicht sich einen rechtswidrigen Vermögensvorteil zu verschaffen, ...,
>
> II. der Angeschuldigte H ...
>   1. eine Urkunde, welche ihm überhaupt nicht gehört, ...,
>   2. die ihm durch Rechtsgeschäft eingeräumte Befugnis, über fremdes Vermögen ...,

Die jeweils selbstständigen Handlungen sind mit arabischen Zahlen zu nummerieren. Keinesfalls dürfen diese fortlaufend über die Darstellung der Straftaten mehrerer Angeschuldigter beziffert werden. Im obigen Beispiel dürfen Sie also **nicht** wie folgt nummerieren: I 1, I 2, II 3, II 4.

Haben mehrere Angeschuldigte als Mittäter gehandelt, so sind die gegen diese Mittäter erho- **321** benen Vorwürfe möglichst zusammengefasst darzustellen. Denken Sie daran, die Anzahl der jeweils selbstständigen Handlungen vor die Klammer zu ziehen.

> **Formulierungsbeispiel:**
> der Angeschuldigte M ... durch fünf selbstständige Handlungen,
>
> der Angeschuldigte H ... durch sechs selbstständige Handlungen,
>
> I. die Angeschuldigten gemeinschaftlich
>   1.–3. in drei Fällen
>   einen Menschen mit Gewalt gegen eine Person zu einer Handlung genötigt und dadurch
>   dem Vermögen des Genötigten einen Nachteil zugefügt zu haben, um sich zu Unrecht zu
>   bereichern
>   und der Angeschuldigte M ... im zweiten Fall eine Waffe bei sich geführt zu haben,
>
> II. der Angeschuldigte M ...
>   1. durch dieselbe Handlung
>   a. mit Gewalt gegen eine Person eine fremde bewegliche Sache ...,
>   b. vorsätzlich einen anderen Menschen körperlich ...,
>   2. in der Absicht sich einen rechtswidrigen Vermögensvorteil zu verschaffen, ...,
>
> III. der Angeschuldigte H ...
>   1. eine Urkunde, welche ihm überhaupt nicht gehört, ...,
>   2. die ihm durch Rechtsgeschäft eingeräumte Befugnis, über fremdes Vermögen ...
>   3. rechtswidrig eine fremde Sache beschädigt ...,

In derartigen Fällen kann die Konkretisierung leicht unübersichtlich werden, wenn diese den Aufbau der gesetzlichen Merkmale abbilden soll. Oft empfiehlt es sich, beim historischen Aufbau der Konkretisierung zu bleiben, den konkretisierten Taten eine der zeitlichen Abfolge entsprechende **Fallnummer zuzuordnen** und diese auch den gesetzlichen Merkmalen ergänzend zuzuordnen. Der bereits zuvor zitierte Anklagesatz würde dann wie folgt aussehen:

Formulierungsbeispiel:

der Angeschuldigte M ... durch fünf selbstständige Handlungen,

der Angeschuldigte H ... durch sechs selbstständige Handlungen,

I. die Angeschuldigten gemeinschaftlich
   1.–3. in drei Fällen **(Fälle 1, 3 und 7)**
       einen Menschen mit Gewalt gegen eine Person zu einer Handlung genötigt und dadurch dem Vermögen des Genötigten einen Nachteil zugefügt zu haben, um sich zu Unrecht zu bereichern
       und der Angeschuldigte M ... im zweiten Fall eine Waffe bei sich geführt zu haben,

II. der Angeschuldigte M ...
   1. durch dieselbe Handlung **(Fall 2)**
       a. mit Gewalt gegen eine Person eine fremde bewegliche Sache ...,
       b. vorsätzlich einen anderen Menschen körperlich ...,
   2. in der Absicht sich einen rechtswidrigen Vermögensvorteil zu verschaffen, ..., **(Fall 5)**

III. der Angeschuldigte H ...
   1. eine Urkunde, welche ihm überhaupt nicht gehört, ..., **(Fall 4)**
   2. die ihm durch Rechtsgeschäft eingeräumte Befugnis, über fremdes Vermögen ..., **(Fall 6)**
   3. rechtswidrig eine fremde Sache beschädigt ..., **(Fall 8)**

322 Häufig werden mehrere Angeschuldigte auch im Verhältnis Täter/Teilnehmer stehen. Dann stellt sich regelmäßig die Frage, ob bei den gesetzlichen Merkmalen der Anstiftung oder der Beihilfe auf die Darstellung der Haupttat Bezug genommen werden darf. Das ist zu bejahen, wenn die Verständlichkeit des Anklagesatzes darunter nicht leidet.

Formulierungsbeispiel:

I. der Angeschuldigte M ...
   mit Gewalt gegen eine Person eine fremde bewegliche Sache ...,

II. der Angeschuldigte H ...
   ihm zu dieser Tat vorsätzlich Hilfe geleistet zu haben.

Formulierungsbeispiel:

I. der Angeschuldigte M ...
   1. durch dieselbe Handlung
       a. mit Gewalt gegen eine Person eine fremde bewegliche Sache ...,
       b. vorsätzlich einen anderen Menschen körperlich ...,
   2. in der Absicht sich einen rechtswidrigen Vermögensvorteil zu verschaffen, ...,

II. der Angeschuldigte H ...
   1. einen Menschen mit Gewalt gegen eine Person zu einer Handlung genötigt und dadurch dem Vermögen des Genötigten einen Nachteil zugefügt zu haben,
   2. **den Angeschuldigten M vorsätzlich zu dessen Raub (I.1.a.)** bestimmt zu haben.

Die Bezeichnung der Haupttat mit der gesetzlichen Überschrift wie im vorstehenden Beispiel sollten Sie jedoch unbedingt vermeiden, wenn sich die von Ihnen zu verfassende Anklage nur gegen den Teilnehmer richtet, weil der Täter in einem anderen Verfahren verfolgt wurde. Dann ist auch der Straftatbestand, an dessen Verwirklichung der Angeschuldigte teilnahm, voll auszuformulieren.

Bei einer Anklage wegen eines mittäterschaftlich begangenen Delikts sollten Sie den Mittäter des Angeschuldigten immer so genau wie möglich bezeichnen. Ist dieser bekannt, jedoch nicht mit anzuklagen, ist er als »gesondert verfolgt« zu bezeichnen.

Formulierungsbeispiel:

... der Angeschuldigte **gemeinschaftlich mit dem gesondert verfolgten** ...

Ist der Mittäter nicht identifiziert, muss das ebenfalls kenntlich gemacht werden.

Formulierungsbeispiel:

... mit einem bislang unbekannten Mittäter ...

2. Die Konkretisierung

In der Konkretisierung wird der Angeschuldigte darüber unterrichtet, durch welches tatsächliche Geschehen die gesetzlichen Merkmale der angeklagten Straftatbestände erfüllt worden sein sollen. Daneben hat die Konkretisierung eine entscheidende Bedeutung für die sog. **Umgrenzungsfunktion** der Anklage, weil durch sie die tatsächlichen Grenzen der angeklagten Tat (im Sinne des prozessualen Tatbegriffs) abgesteckt werden. Das müssen Sie sich bei deren Formulierung jeweils vor Augen halten.

323

Die Art der Darstellung kann sich von Bundesland zu Bundesland unterscheiden. Klassisch schließt sich die Konkretisierung mit »indem« an die gesetzlichen Merkmale an. Dieser Aufbau hat bei einfachen Sachverhalten den Vorteil, dass Sie zur Präzision und Kürze angehalten werden. Denn ausufernde Darstellungen lässt das nicht zu. Bei etwas komplexeren Sachverhalten werden Sie aber feststellen, wie schwierig es sein wird, das gesamte tatsächliche Geschehen in diesem einen »Indem«-Satz zu schildern. Damit die Formulierung verständlich bleibt, werden Sie mit entsprechendem Aufwand daran feilen müssen. Wie die Erfahrung zeigt, misslingt das häufiger als es gelingt. Je komplexer der Sachverhalt wird, desto eher wird die Verständlichkeit der Darstellung leiden. Deshalb wird es Ihnen in der Regel leichter fallen, den Sachverhalt ohne direkten Anschluss an die gesetzlichen Merkmale in geschlossenen Blöcken zu schildern. Auch wenn das die Gefahr ausufernder Darstellungen in sich birgt, halte ich diese Darstellung für einfacher. Beide Anklagetypen sind gleichermaßen zulässig. Jedoch sollten Sie unbedingt die länderspezifischen Eigenarten beachten. Diese können es auch erforderlich machen, die Konkretisierung dem Abstraktum voranzustellen.

In anderen Bundesländern haben Konkretisierungen grundsätzlich mit der folgenden Einleitung zu beginnen:

Formulierungsbeispiel:
Dem Angeschuldigten wird Folgendes zur Last gelegt:

Schließlich ist auch zulässig, die Konkretisierung ohne eine einleitende Formel zu beginnen.

Die Sachverhaltsschilderung, erfolgt grundsätzlich im **Imperfekt**. Müssen Sie auf die Vorvergangenheitsform zurückgreifen, sollten Sie Ihre Darstellung überdenken. Denn dann wäre es sehr wahrscheinlich eleganter gewesen, das betreffende Geschehen – im Imperfekt – in der Gesamtdarstellung weiter vorne zu schildern.

Vermeiden Sie im Übrigen die Verben »begeben« und »verbringen«. Zum Tatort kann ein Angeschuldigter viel besser »gehen«, »laufen« oder »fahren«, die Beute wird »gebracht«, »abtransportiert« oder »weggetragen«. Das gilt jedoch nicht nur für Tätigkeiten des Angeschuldigten, sondern auch Polizeibeamte und andere Personen sollten sich nicht »begeben« und nichts »verbringen«. Hatten Polizeibeamten etwa die Beute an sich genommen und auf die Wache gebracht, reicht es völlig aus festzustellen, dass sie die Beute »sicherstellten«.

Achten Sie beim Aufbau der Konkretisierung zudem auf Kongruenz mit dem Aufbau der gesetzlichen Merkmale. Das soll heißen, dass die Gliederung der Konkretisierung der Gliederung der gesetzlichen Merkmale entsprechen soll. Immer lässt sich das jedoch nicht durchhalten. Insbesondere wenn Sie bei den gesetzlichen Merkmalen Fälle in gleichartiger Tatmehrheit zusammenfassen, können Sie Schwierigkeiten bekommen. Versuchen Sie aber jedenfalls, das tatsächliche Geschehen durch den Aufbau und entsprechende Verweise auf die Gliederungspunkte der gesetzlichen Merkmale diesen eindeutig zuzuordnen.

Im Übrigen ist es in der Konkretisierung Ihre Aufgabe, alle im ersten Teil des Anklagesatzes genannten objektiven und **subjektiven** Tatbestandsmerkmale mit Sachverhalt zu füllen.

Das wird in der Klausur für Sie immer der Schwerpunkt der Aufgabe sein. Seltener wird es darum gehen, den Sachverhalt so zu beschreiben, dass er in Abgrenzung zu ähnlichen Sachverhalten unverwechselbar feststeht. Wenn auch eins mit dem anderen untrennbar verbunden ist, so steht die Abgrenzungsproblematik eher bei Serienstraftaten im Vordergrund, mit denen Sie es in der Klausur nicht zu tun haben werden.

324 Tatort und genaue Tatzeit müssen zumindest dann noch einmal im Rahmen jeder Tatbeschreibung genannt werden, wenn es sich um mehrere Taten handelt und die einleitenden Angaben damit zu ungenau sind. Nur wenn es sich um lediglich eine Tat handelt, deren Zeit und Ort bereits präzise bezeichnet sind, dürfen Sie auf die erneute Mitteilung verzichten.

> **Achtung:** Sehr häufig werden in der Konkretisierung gerade die **subjektiven** Tatbestandsmerkmale vergessen. Fertigen Sie eine kurze stichwortartige Liste der einzelnen Tatbestandsmerkmale an und machen Sie jeweils einen Vollständigkeitscheck, damit Ihnen dieser ärgerliche Fehler nicht unterläuft.

In einfachen Fällen kann es also wie folgt heißen:

> **Formulierungsbeispiel:**
> (§ 242 StGB)
> indem
> er im Kaufhaus ... eine Flasche Korn zum Preis von 8,99 EUR in die Innentasche seines Mantels steckte, das Kaufhaus wie von vornherein beabsichtigt, ohne die Flasche zu bezahlen, verließ und diese anschließend austrank.
>
> (§ 263 StGB)
> Der Angeschuldigte bestellte am Abend im Restaurant ... ein Menü zum Preis von 29 EUR, ohne zur Zahlung willig und in der Lage zu sein. Im Vertrauen auf die spätere Bezahlung erhielt er von dem Zeugen ... das bestellte Menü und verzehrte es. Als der Zeuge sich kurzzeitig in der Küche aufhielt, verließ der Angeschuldigte unbemerkt und ohne zu bezahlen das Lokal.
>
> (§ 315c I Nr. 1a, III Nr. 1 StGB)
> Nachdem der Angeschuldigte am Tattag so viel Alkohol zu sich genommen hatte, dass er fahruntüchtig war, was er wusste, befuhr er in ... die ...-Straße. Infolge des genossenen Alkohols übersah er die Zeugin, die gerade auf einem Fußgängerüberweg die ...-Straße überquerte, was der Angeschuldigte hätte erkennen können und müssen. Er konnte nicht mehr rechtzeitig bremsen und fuhr ungebremst in die Zeugin hinein.
> Die Zeugin erlitt ...

Zu den unverzichtbaren Angaben zur Tat gehören auch der Wert der Beute, die Höhe des Schadens und die Folgen für den körperlich Verletzten.

325 Vor einem sehr häufigen und schweren Fehler bei der Formulierung der Konkretisierung möchte ich Sie ebenfalls warnen. Immer wieder wird in Klausuren trotz vollendeten Delikts der Eintritt des Taterfolges nicht geschildert. Dieser Fehler unterläuft den Kandidaten besonders oft im Zusammenhang mit der schweren räuberischen Erpressung. So heißt es beispielsweise: »*Der Angeschuldigte hielt die Waffe durch das geöffnete Fenster des Taxis, forderte dessen Fahrer zur Herausgabe des Geldes und anschließend auf zu verschwinden. Danach drehte sich der Angeschuldigte um und lief davon, worauf der Taxifahrer zur nächsten Polizeiwache fuhr.*« Hat die Drohung des Angeschuldigten nun zum gewollten Erfolg geführt? Der Leser erfährt es nicht, kann das allenfalls vermuten.

Richtig hätte die Konkretisierung lauten müssen:

> Der Angeschuldigte hielt das Messer durch das geöffnete Fenster des Taxis und forderte dessen Fahrer zur Herausgabe des Geldes auf. **Aus Angst um sein Leben übergab dieser dem Angeschuldigten seine Tageseinnahmen von 230,60 EUR.** Der Angeschuldigte konnte mit dem Geld, das er anschließend ausgab, entkommen.

326 Oft wird es erforderlich sein, genauere Angaben zur Verwirklichung eines Tatbestandsmerkmals zu machen, weil eine pauschale Beschreibung nicht ausreicht. Zur Verdeutlichung will ich auf das häufige Klausurproblem der Anwendbarkeit des § 250 II Nr. 1 StGB beim Gaswaffeneinsatz zurückgreifen. Keinesfalls genügt es bei der Darstellung des Raubes sich auf folgende Mitteilung zu beschränken: »*... und forderte ihn unter Vorhalten seines Gasrevolvers zur Herausgabe seines Geldes auf.*« Denn nicht jeder Gasrevolver ist eine Waffe im Sinne der Vorschrift, der Revolver muss nach vorne entladen und zudem geladen sein. Präziser müsste es also heißen:

... und hielt dabei, um seiner Forderung Nachdruck zu verleihen, seinen funktionsfähigen und geladenen Gasrevolver, der durch den Lauf nach vorne entlädt, an den Kopf des ...

Wenn **Kausalzusammenhänge** nicht offensichtlich sind, sind diese zu beschreiben.

> **Formulierungsbeispiel:**
> ... **infolge** des Alkoholgenusses fuhr der Angeschuldigte in der Rechtskurve ungebremst geradeaus und gegen ...

Häufig habe ich in letzter Zeit am Ende umfangreicher Ausführungen zum Tatgeschehen folgenden Satz gelesen: »*Dabei handelte er in Kenntnis und mit Wissen und Wollen aller Tatumstände*«. Ein derartiger Satz sollte nur der letzte Rettungsanker sein. Abgesehen davon, dass viele Tatbestände über den Vorsatz hinaus weitere subjektive Merkmale verlangen, die dann häufig übersehen werden, ist diese Formulierung alles andere als gelungen. Denn oft ergibt sich der Vorsatz schon aus dem objektiven Geschehen heraus. Es ist völlig klar, dass derjenige, der seinem Opfer mit einer Bierflasche auf den Kopf schlägt, auch Verletzungsvorsatz hat. Jedes weitere Wort erübrigt sich dann. Völlig anders kann es mit dem Tötungsvorsatz aussehen, wenn der Täter dem Opfer ein Messer in den Bauch stößt. In dieser Konstellation ist es nicht selbstverständlich, dass der Täter mit zumindest bedingtem Tötungsvorsatz handelt. Dann gehört die subjektive Tatseite aber auch unmittelbar zum objektiven Geschehen. 327

> **Formulierungsbeispiel:**
> ... und stieß der Geschädigten das Messer in den oberen rechten Bauchraum, wobei er den Tod der Geschädigten billigend in Kauf nahm. Durch den Messerstich erlitt ...

Ein klassisches Darstellungsproblem, an dem viele Kandidaten scheitern, ergibt sich, wenn Haupttäter und Teilnehmer zusammen anzuklagen sind. Im Abschnitt »gesetzliche Merkmale« werden Sie Haupttat und Teilnahmetat in verschiedenen Abschnitten getrennt nach Angeschuldigten dargestellt haben. Häufig werden anschließend in der Konkretisierung die Tatbeiträge von Haupttäter und Angeschuldigtem getrennt. Darüber hinaus wird die Haupttat zuerst dargestellt, womöglich durch mehrere andere Geschehensabschnitte von der Anstiftungs- oder Beihilfehandlung getrennt. Tatsächlich sollten Sie auch in dieser Konstellation historisch aufbauen und beim Anstiftungsvorwurf die Anstiftungshandlung der Haupttat voranstellen, bei der Beihilfe eine für das Verständnis der Tat vorangegangene Verabredung auch der Tatbeschreibung voranstellen und die eigentliche Beihilfehandlung an die passende Stelle in das Tatgeschehen einbinden. Das wird in den meisten Fällen zu schaffen sein. 328

> **Formulierungsbeispiel:**
> ... Bei einem Treffen der Angeschuldigten am ... forderte der Angeschuldigte A ... den Angeschuldigten B ... auf, den C ... zusammenzuschlagen, weil dieser ... Der Angeschuldigte A ... versprach dem Angeschuldigten B ... dafür 1.000 EUR. B ... nahm das Angebot an.
> Am ... lauerte der Angeschuldigte B dem C ... vor dessen Haustür auf und versetzte ihm mehrere Faustschläge gegen den Kopf, sodass ...

Bei der Darstellung der **Beihilfe** sind Sie freier. 329

> **Formulierungsbeispiel:**
> ... Am ... kaufte der Angeschuldigte A ... eine Maske, die er dem Angeschuldigten B ... übergab, der sich damit, wie der Angeschuldigte A ... wusste, bei einem Überfall auf die ...-Bank maskieren wollte. Er erhielt dafür von dem Angeschuldigten B ... 500 EUR.
> Am ... betrat der maskierte Angeschuldigte B ... mit vorgehaltenem Revolver ...

> **Formulierungsbeispiel:**
> ... hebelte der Angeschuldigte B ... ein Fenster auf, stieg in das Haus ein und entwendete aus einem von ihm aufgeschweißten Tresor Schmuck im Wert von 200.000 EUR, den er später veräußerte.
> Der Angeschuldigte A, dem der Angeschuldigte B dafür 100 EUR gegeben hatte, sichert während der Tatausführung durch den Angeschuldigten B den Tatort, bei dem ...

Müssen Sie eine **mittäterschaftliche** Tatbestandsverwirklichung darstellen, werden Sie sich oft mit den folgenden Formulierungen behelfen können: 330

> ... in bewusstem und gewollten Zusammenwirken ...

> ... entsprechend dem zuvor gefassten gemeinsamen Tatplan ...

331   Haben Sie eine **versuchte Tat** zu konkretisieren, müssen Sie unbedingt – wie auch im Gutachten – **mit** der Darstellung **der subjektiven Tatseite beginnen**, bevor Sie das unmittelbare Ansetzen schildern. Die Darstellung eines nicht zu einem Taterfolg führenden objektiven Geschehens, zu dem die Tätervorstellung erst nachgereicht wird, ist fast immer schwer verständlich oder sogar unverständlich.

> **Formulierungsbeispiel:**
> ... Als der Angeschuldigte die Zeugin mit der auffällig großen Handtasche sah, entschloss er sich, ihr diese zu entreißen, weil er vermutete, darin einen größeren Geldbetrag zu finden. Er rannte ihr hinterher und versuchte, sie am Arm festzuhalten. Der Zeugin gelang es jedoch, sich ihm zu entwinden...

Um es zu verdeutlichen, hier noch einmal der Sachverhalt ohne die vorangestellte subjektive Tatseite, wie ich ihn in einer Klausur gelesen habe: »*Am ... rannte der Angeschuldigte hinter der Zeugin her, die ihn bemerkte und weglief. Der Angeschuldigte konnte zwar kurzzeitig einen Arm der Zeugin festhalten, dieser gelang es jedoch, sich ihm zu entwinden und zu fliehen.*« Für den Leser war es am Ende dieser Passage völlig unklar, was dem Angeschuldigten eigentlich vorgeworfen wurde. Der Phantasie des Lesers waren kaum Grenzen gesetzt. Wollte der Angeschuldigte die Zeugin sexuell belästigen oder meinte er nur, eine alte Bekannte begrüßen zu müssen, irrte sich dabei aber in der Person? Auf einen versuchten Raub kam der Leser nicht zwangsläufig.

Selbstverständlich muss sich aus der Tatbeschreibung unzweifelhaft ergeben, dass es nicht zur Vollendung gekommen ist. Gleichfalls müssen die Gründe dafür mitgeteilt werden, damit er erkennt, dass nicht etwa ein freiwilliger Rücktritt vorliegt.

332   Verinnerlichen Sie auch, dass in der Konkretisierung in der Regel **keine Rechtsbegriffe** verwendet werden dürfen. Davon ausgenommen sind nur gebräuchliche und allgemein verständliche Rechtsbegriffe wie etwa Kaufvertrag, Mietvertrag und Darlehen. Keinesfalls dürfen in Ihrer Konkretisierung Tatbestandsmerkmale wörtlich übernommen werden.

333   Ganz wichtig ist es auch, dass Ihre Konkretisierung **keine Beweiswürdigung** enthält. Das haben Sie ebenfalls schon im Einführungskurs bei der Staatsanwaltschaft gelernt. Sie werden deshalb kaum auf die Idee kommen, in der Konkretisierung die Beweislage ausdrücklich zu würdigen. Das ist auch nicht das Problem. Ein häufiger Fehler ist vielmehr die »versteckte Beweiswürdigung«. Dazu einige Beispiele:

Wenn ein Angeschuldigter einen Vertrag mit einem falschen Namen unterzeichnete, darf es in der Konkretisierung nicht heißen: »*Aus dem schriftlichen Vertrag vom ... ergibt sich, dass der Angeschuldigte mit dem Namen ... unterschrieb.*« Vielmehr haben Sie festzustellen:

> Der Angeschuldigte unterzeichnete den schriftlichen Vertrag mit dem Namenszug ...

Falsch ist auch der folgende Satz: »*Die Zeugin beobachtete, wie der Angeschuldigte die Brieftasche aus der Jacke des Geschädigten entwendete.*« Richtig müsste es vielmehr heißen:

> Der Angeschuldigte entwendete die Brieftasche aus der Jacke des Geschädigten.

334   Zu den Fällen »versteckter Beweiswürdigung« gehört das folgende Beispiel: »*Der Angeschuldigte trank am Nachmittag sechs Flaschen Bier, drei Gläser Schnaps und mehrere Gläser Wein. Anschließend setzte er sich, obwohl er sich müde fühlte, in sein Fahrzeug und fuhr ...*« Weil damit die absolute Fahruntüchtigkeit berechnet nach Trinkmengenangaben und Vorsatz bzgl. der Fahruntüchtigkeit beschrieben werden sollte, hätte es richtig heißen müssen:

> Am Nachmittag nahm der Angeschuldigte so viel Alkohol zu sich, dass er, als er ... befuhr, eine Blutalkoholkonzentration von 1,7 ‰ hatte. Der Angeschuldigte wusste, dass er nicht mehr in der Lage war, sein Fahrzeug ...

Ein weiteres Beispiel für »versteckte Beweiswürdigung«: »*Der Angeschuldigte B ... zwinkerte dem Angeschuldigten F ... zu und äußerte, dieser wisse schon, was er an ihm habe. Er wisse, dass F ... Geldsorgen habe, ihn die Forderung von ... drücke und er könne ihm helfen, wobei er den Bauantrag über den Tisch schob.«* Der Kandidat wollte damit eine Bestechung darstellen. Richtig und konkreter hätte es heißen müssen:

> Der Angeschuldigte B ... bot dem Angeschuldigten F ... als Belohnung für die Bewilligung des Bauantrages, die, wie beide wussten, nicht erfolgen durfte, die Zahlung von ... an.

Ein letztes Beispiel für diesen häufigen Fehler: Der angetrunkene Angeschuldigte floh vor der Polizei und stieß dabei infolge überhöhter Geschwindigkeit gegen ein am Fahrbahnrand abgestelltes Fahrzeug. *»Nach dem Anstoß bremste der Angeschuldigte kurz ab und fuhr anschließend weiter«*. Der Kandidat wollte damit ausdrücken, dass der Beschuldigte den Unfall bemerkte und das, zusammen mit dem Entschluss weiterzufahren, eine Zäsur darstellte. Richtig hätte es also heißen müssen:

> Der Angeschuldigte bemerkte den Aufprall und entschloss sich, seine Flucht vor der ihn verfolgenden Polizei fortzusetzen.

Sind Sie im Gutachten zu einer **Wahlfeststellung** gekommen, muss es in der Konkretisierung heißen: **335**

> Entweder entwendete der Angeschuldigte in der Nacht zum ... die Stereoanlage des Geschädigten im Wert von ...EUR, indem ..., oder er erwarb die Stereoanlage, in dem Wissen, dass die aus einem Diebstahl stammte, von einem bislang nicht ermittelten ...

Denken Sie daran, dass die alternativ vorgeworfenen Handlungen immer auch zu beschreiben sind. Durch die Konkretisierung wird der Verfahrensgegenstand festgelegt. Fehlt in der Anklageschrift eine der Handlungsvarianten, wird eine Verurteilung nicht möglich sein, wenn es sich im prozessualen Sinne um eine andere Tat handelt.

Regional unterschiedlich wird die Darstellung der §§ 69, 69a StGB gehandhabt. Die Feststellung, der Angeschuldigte habe sich durch sein Verhalten als zum Führen von Kraftfahrzeugen ungeeignet erwiesen, kann bereits hinter die gesetzlichen Merkmale der entsprechenden Strafvorschrift gesetzt werden (dazu bereits oben). Das ist unschön, wenn tatmehrheitlich mehrere Straftatbestände verwirklicht worden sind, die zu den Regelbeispielen des § 69 II StGB gehören. Die Feststellung kann auch an das Ende der jeweiligen Tatkonkretisierung gehängt werden, was aus den bereits genannten Gründen ebenfalls unschön sein kann. Der Satz kann ebenfalls an das Ende der Konkretisierung gehängt werden. Dann sollte bei einer Vielzahl von Fällen aber kenntlich gemacht werden, auf welche Tatvorwürfe sich dieser bezieht. Schließlich kann dieser Satz auch im Anschluss an die angewendeten Vorschriften aufgeführt werden. Auch dann sollte bei einer Vielzahl von Fällen kenntlich gemacht werden, auf welche Tatvorwürfe sich dieser bezieht. Denken Sie immer daran, dass die Anklage für den Angeschuldigten verständlich sein soll. **336**

> **Formulierungsbeispiel:**
> Durch sein Verhalten in den Fällen 2 und 3 hat sich der Angeschuldigte als zum Führen von Kraftfahrzeugen ungeeignet erwiesen.

3. Anzuwendende Strafgesetze und sonstige Hinweise

Schließlich folgen die **anzuwendenden Vorschriften**. **337**

Es ist üblich, die sich aus § 12 StGB ergebende **Deliktsnatur** voranzustellen. Denken Sie immer daran, dass eine prozessuale Tat durch die Verwirklichung eines Verbrechenstatbestands insgesamt zu einem Verbrechen wird.

Danach werden zunächst die verwirklichten **Straftatbestände in aufsteigender Reihenfolge** genannt. Vertretbar dürfte es auch sein, die Verbrechenstatbestände vor den Vergehen zu nennen. Sie sollten sich jedoch an die Ihnen bekannte Übung Ihrer Ausbildungsstaatsanwaltschaft halten. **338**

Die Straftatbestände sind so genau wie möglich zu bezeichnen. Es sind also gegebenenfalls Absatz, Satz, Variante, Nummer und Buchstabe zu nennen. Beim Versuch ist auch die Norm oder der Absatz aufzuführen, aus der sich die Versuchsstrafbarkeit ergibt. Zu nennen sind ferner die Rauschtat bei § 323a StGB und Vorschriften, aus denen sich das Erfordernis eines

Strafantrages ergibt. Ferner sind die für die Rechtsfolgen relevanten Vorschriften wie die minder schweren Fälle oder Regelbeispiele aufzuführen. Wahlweise verwirklichte Vorschriften werden in die Reihenfolge eingefügt.

Machen Sie es sich zur Regel, bei mehreren Angeschuldigten die jeweiligen Vorschriften getrennt nach Angeschuldigten aufzuführen. Eine Ausnahme ist allenfalls dann erlaubt, wenn die für alle Angeschuldigten anzuwendenden Vorschriften bis auf das letzte Komma identisch sind.

> **Formulierungsbeispiel:**
> Verbrechen und Vergehen, strafbar
> für den Angeschuldigten A gem. §§ ...,
> für den Angeschuldigten B gem. §§ ...
>
> (oder:)
>
> Anzuwendende Strafvorschriften:
> §§ ...

339   Es folgen die **Vorschriften des Allgemeinen Teils.** Zu nennen sind unter anderem Täterschaftsformen wie § 13 StGB und § 25 I Var. 2 StGB, Versuchsvorschriften wie §§ 22, 23 I und II StGB, Teilnahmeformen wie §§ 25 II 26, 27 StGB, ferner §§ 20, 21, 17 StGB. Auch Vorschriften wie § 49 StGB dürfen Sie nicht vergessen. Abschließend folgen die **Konkurrenzvorschriften** §§ 52, 53 StGB.

340   Danach sind noch die verwirklichten Tatbestände aus den **strafrechtlichen Nebengesetzen** zu nennen.

Die §§ 69, 69a StGB können Sie bei den Vorschriften des allgemeinen Teils einfügen. Zulässig ist es aber auch, diese an die angewendeten Vorschriften anzuhängen.

> **Formulierungsbeispiel:**
> ..., zu maßregeln nach §§ 69 I 2 Nr. 2, 69a StGB.

341   Wiederum sollten Sie sich an der bei Ihrem Bundesland gebräuchlichen Übung orientieren.

Ähnlich verhält es sich, wenn Gegenstände einzuziehen sind. Sie können die §§ 73 ff., 74 ff. StGB bei den angewendeten Vorschriften nennen. Schöner ist es jedoch, wenn Sie den einzuziehenden Gegenstand gleich ganz konkret bezeichnen.

> **Formulierungsbeispiel:**
> Das von dem Angeschuldigten A ... bei der Tat verwendete Messer unterliegt der Einziehung gem. § 74 I StGB.
>
> Die von dem Angeschuldigten erlangten ... unterliegen der Einziehung gem. § 73 I StGB.
>
> Der Angeschuldigte hat durch die ihm zur Last gelegte Tat ... *(erlangter Vermögensgegenstand)* im Wert von ... erlangt. In Höhe dieses Betrages ist gem. §§ 73 I, 73c I StGB die Einziehung des Wertes des Erlangten anzuordnen.

Einen entsprechenden Antrag – wie auch einen Antrag im Hinblick auf die Maßregel nach den §§ 69, 69a StGB – bereits in der Anklage anzukündigen, ist in den meisten Bundesländern nicht üblich, wird aber vereinzelt gefordert. Dann sollte es beispielsweise heißen:

> In der Hauptverhandlung wird gem. § 74 I StGB die Einziehung des von dem Angeschuldigten A ... bei der Tat verwendeten Messers beantragt werden.

342   Keinesfalls dürfen Sie bereits in der Anklageschrift einen konkreten Antrag zur Strafhöhe stellen.

Schließlich ist es Ihre Aufgabe, abschließend auch noch auf eventuell gestellte **Strafanträge** hinzuweisen. Dabei sollten Sie sich nicht auf die schlichte Mitteilung beschränken, dass ein Strafantrag gestellt worden sei, sondern gleich ganz präzise Angaben machen.

> **Formulierungsbeispiel:**
> Der Geschädigte hat am ... den für die Verfolgung der fahrlässigen Körperverletzung erforderlichen Strafantrag gestellt.

Denken Sie auch hier wieder daran, die Aktivform zu verwenden. Der Bezug auf einen konkreten Straftatbestand ist nur erforderlich, wenn dem Angeschuldigten mehrere Straftaten zur Last gelegt werden.

Dagegen fordert Nr. 110 II d RiStBV die Feststellung des öffentlichen Interesses an der Strafverfolgung iSd § 376 StPO nicht. Die hM geht denn auch davon aus, dass ein derartiger Hinweis in der Anklageschrift nicht vorgeschrieben und auch nicht angezeigt ist.[164] Die Annahme des öffentlichen Interesses ergibt sich aus dem Umstand der Anklageerhebung. Im Übrigen unterliegt das öffentliche Interesse auch **nicht der gerichtlichen Überprüfung, weil** dessen Annahme **keine Verfahrensvoraussetzung** ist.

343

III. Beweismittel

In der Anklageschrift sind die zur Aufklärung des Sachverhalts **erforderlichen** Beweismittel zu nennen. Es sei denn, Ihnen ist dieser Teil der Anklageschrift, wie in manchen Bundesländern, erlassen. Der Staatsanwalt hat also nicht alle überhaupt in Betracht kommenden Beweismittel aufzuführen, sondern sich auf die notwendigen zu beschränken. Gegebenenfalls müssen auch die Lebensumstände des Angeschuldigten aufgeklärt werden. Das spielt in der Klausur normalerweise aber keine Rolle, sodass Sie sich auf die Tataufklärung konzentrieren können. Auch das wird Sie vor keine großen Hürden stellen, denn, worauf ich oben schon hingewiesen habe, die Beweismittel, die zu benennen sind, ergeben sich fast zwingend aus dem materiellen Gutachten. Alle Beweismittel, auf die Sie dort zurückgegriffen haben, sollten in der Anklageschrift auftauchen. Im Übrigen greifen Sie auf das Ergebnis ihrer Beweismittelauswahl im B-Gutachten zurück. Es ist erforderlich, die Beweismittel nach ihrer Art zusammenzufassen und diesen römischen Zahlen zuzuordnen.

344

Zur Auswahl der Beweismittel gibt auch **Nr. 111 RiStBV** Anhaltspunkte an die Hand (unbedingt nachlesen!).

1. Einlassung des Angeschuldigten

Unbestritten ist die Einlassung des Angeschuldigten kein Beweismittel im eigentlichen Sinn. Es ist deshalb nicht ganz unstreitig, ob sie als Beweismittel benannt werden muss, insbesondere wenn der Angeschuldigte die Tatvorwürfe bestreitet. Hier sollten Sie sich wieder an den regionalen Gepflogenheiten orientieren. Hat der Angeschuldigte die Tat ganz oder teilweise gestanden ist es jedoch üblich, dies zu vermerken.

345

Denken Sie daran, zwischen Geständnissen und geständigen Einlassungen zu unterscheiden.

> **Formulierungsbeispiel:**
> I. Einlassung des Angeschuldigten
>
> (oder:)
>
> I. Geständige Einlassung des Angeschuldigten
>
> (oder:)
>
> I. Geständnis des Angeschuldigten

Abschließend folgender Hinweis: In vielen Anklageschriften liest man, wenn der Angeschuldigte sich nicht eingelassen hat, vor den Beweismitteln: »*Dem Angeschuldigten ist rechtliches Gehör gewährt worden.*« Auf diesen Satz sollten Sie verzichten, wenn er nicht in Ihrem Bundesland zum Standard gehört, denn er gilt manchen Prüfern als überflüssig, weil die Gewährung rechtlichen Gehörs vor der Anklageerhebung zwingend ist. Andere Prüfer halten den Hinweis aus demselben Grund sogar für falsch. Auch wenn Sie damit zum Ausdruck bringen wollen, dass sich der Angeschuldigte nicht zur Sache eingelassen hat, ist er nicht nötig. Denn das ergibt sich aus der folgenden Beweismittelaufstellung, in der die Einlassung des Angeschuldigten dann nicht auftaucht. Im Übrigen kann es nicht falsch sein, noch vor der Aufzählung der Beweismittel mitzuteilen, dass der Angeschuldigte sich nicht zur Sache eingelassen habe.

---

164 Meyer-Goßner/Schmitt/*Meyer-Goßner* StPO § 376 Rn. 7.

2. Zeugen

346 Die Auswahl der in der Anklageschrift zu benennenden Beweismittel sollten Sie in der Beweisstation des B-Gutachtens bereits erläutert haben. Achten Sie in der Hektik der letzten Minuten darauf, dass die beiden Abschnitte deckungsgleich werden.

Die Zeugen sollten am besten in der Reihenfolge ihrer Wichtigkeit aufgeführt werden. Sie werden mit arabischen Zahlen aufgelistet. Denken Sie daran, dass es nur selten erforderlich sein wird, alle mit den Ermittlungen befassten Polizeibeamten zu benennen, Sie sich vielmehr auf das Benennen der wichtigsten zu beschränken haben. Richter können neben dem Vernehmungsprotokoll, das als Urkunde aufgeführt wird, als Zeugen benannt werden. Auch Zeugen, die sich auf Zeugnisverweigerungsrechte berufen haben, sollten benannt werden, weil die Gerichte in der Regel die Zeugnisverweigerung in der Hauptverhandlung feststellen wollen. Auf das Verwandtschaftsverhältnis sollten Sie nur hinweisen, wenn Sie das als erforderlich gelernt haben. Im Übrigen ist nach § 200 I 3 StPO nur der Wohn- oder Aufenthaltsort anzugeben.[165] Die Angabe der vollständigen Anschrift ist nicht mehr erforderlich. Die Anklageschrift sollte allerdings auf die Fundstelle der vollständigen Anschrift verweisen. Bei Angehörigen des öffentlichen Dienstes, die Beobachtungen in amtlicher Eigenschaft gemacht haben, hat die Ladung immer über den Dienstsitz zu erfolgen. Bei jugendlichen Zeugen sind die gesetzlichen Vertreter zu nennen.

Formulierungsbeispiel:
II. Zeugen
   1. Alfred Z ..., 20... Hamburg, (Bl. ... d. A.)
   2. POK Müller, zu laden über 3. Revier, ...
   3. ...

Fehlt Ihnen in der Klausur die Zeit, ist es sicher kein Beinbruch, wenn Sie die Anschriften durch Punkte oder besser durch die Blattzahl der Fundstelle im Klausursachverhalt ersetzen.

3. Sachverständige

347 Unterscheiden Sie bitte immer sauber zwischen dem Gutachten, das der Sachverständige in der Hauptverhandlung mündlich erstattet und dem schriftlichen Gutachten, das er zur Akte reicht. Beweismittel ist nämlich regelmäßig der Sachverständige mit dem mündlichen Gutachten in der Hauptverhandlung. Das schriftliche Gutachten ist oft nicht mehr als ein Entwurf, der beweisrechtlich keine Rolle spielt. Regelmäßig wird das schriftliche Gutachten nicht durch Verlesung in die Hauptverhandlung eingeführt, sodass das Gutachten beweisrechtlich keine Urkunde ist. Ausnahmsweise können jedoch behördliche Gutachten und Sachverständigengutachten iSd § 256 I Nr. 1a–c, 2–4 StPO durch Verlesung eingeführt werden. Dann wird das schriftliche Gutachten als verlesbare Urkunde ausreichendes Beweismittel sein, Nr. 111 III 2 RiStBV.

Der Sachverständige ist wie der Zeuge mit Anschrift zu benennen.

Formulierungsbeispiel:
III. Sachverständige
   1. Prof. Dr. med. M ..., Direktor des Instituts für Psychiatrie, Universität ..., Robert-Koch-Straße ..., ...
   2. ...

4. Urkunden

348 Vergessen Sie die Urkunden nach § 256 StPO nicht! Zu den Urkunden gehören im Übrigen auch Beiakten.

Formulierungsbeispiel:
IV. Urkunden
   1. schriftlicher Kaufvertrag vom ...
   2. Gutachten der Staatlichen Blutalkoholuntersuchungsstelle vom ...

---

165 Meyer-Goßner/Schmitt/*Meyer-Goßner* StPO § 200 Rn. 16a.

3. Attest des Arztes Dr. med. W ..., Oberweg ..., vom ...
4. ...

5. Augenschein

Das Beweismittel Augenscheinseinnahme dürfte Ihnen keine Probleme bereiten. Hier werden regelmäßig Augenscheinsobjekte wie Tatwerkzeuge und ähnliches zu benennen sein. Die Voraussetzungen, unter denen Urkunden als Augenscheinsobjekte in Betracht kommen, habe ich bereits oben dargestellt.   349

Bevor Sie ein Augenscheinsobjekt benennen, stellen und beantworten Sie sich die Kontrollfrage, was Sie damit beweisen wollen. Geht es um beim Angeschuldigten sichergestellte Tatwaffen, ist das völlig klar. Hat der Angeschuldigte sich aber etwa durch einen Betrug in den Besitz eines Autos gebracht, so ist es ein schwerer Fehler, dieses Auto als Augenscheinsobjekt zu benennen. Was sollte das Auto an sich beweisen?

> **Formulierungsbeispiel:**
> V. Objekte des richterlichen Augenscheins
>   1. Revolver der Marke ...
>   2. Scheck vom ... über 500 EUR, Nr. ...
>   3. ...

IV. Wesentliches Ergebnis der Ermittlungen

In den meisten Bundesländern und den meisten Klausuren sind die Kandidaten vom Anfertigen eines wesentlichen Ermittlungsergebnisses befreit. Dennoch auch dazu einige Hinweise: 349a

Gemäß § 200 II 1 StPO soll in jeder Anklage das wesentliche Ergebnis der Ermittlungen dargestellt werden. In der Praxis wird davon gem. § 200 II 2 StPO nur bei Strafrichteranklagen – dort aber regelmäßig – abgesehen. Anders als der übrige Anklageinhalt wird der Inhalt des wesentlichen Ermittlungsergebnisses in der RiStBV leider nicht näher geregelt, sodass Sie dort keine Hilfestellung finden.

In diesem Abschnitt sollen dem Gericht insbesondere die Beweisgrundlage und auf die Person des Angeschuldigten bezogenen Rechtsfolgenumstände mitgeteilt werden. Die Mitteilung der Beweisgrundlage ist gleichzeitig Basis für das dem Angeschuldigten gem. § 201 I StPO zu gewährende rechtliche Gehör und soll ihm eine wirksame Verteidigung vor und nach Eröffnung des Hauptverfahrens ermöglichen.

1. Beweisgrundlage

In der Klausur ist hier darzustellen, woraus sich der hinreichende Tatverdacht ergibt. Weil Sie dazu bereits im Rahmen des A-Gutachtens eingehend Stellung genommen haben, können Sie die Beweislage in straffer Form darstellen. Ausgangspunkt der Darstellung muss jedoch die Einlassung beziehungsweise das Einlassungsverhalten des Angeschuldigten sein.   349b

2. Rechtsfolgenrelevante Umstände

Darzustellen sind ferner die wesentlichen Tatsachen, die für die zu erwartende Rechtsfolge eine Rolle spielen. Dazu gehören insbesondere die Umstände, die nicht unmittelbar tatbestandsrelevant sind. Mitzuteilen ist etwa eine gedrängte Zusammenfassung   349c

- **des Lebenslaufs des Angeschuldigten,**
- der **Vorgeschichte der Tat** und
- des **Nachtatverhaltens des Angeschuldigten.**
- Darzustellen sind in diesem Zusammenhang auch etwaige **Vorstrafen.**

Naturgemäß werden Sie in Klausursachverhalten zu diesen Umständen nur wenige Informationen erhalten, sodass dieser Abschnitt sehr kurz gefasst werden kann.

V. Anträge

350 Regional sehr unterschiedlich ist die Praxis bei der Formulierung der abschließenden Anträge.

Streng am Wortlaut des § 200 I StPO orientiert, ist lediglich das Gericht zu benennen, vor dem die Hauptverhandlung stattfinden soll. Das ist letztendlich schon durch die Adressierung geschehen, denn es ist selbstverständlich, dass die Staatsanwaltschaft eine Anklage an das Gericht adressiert, vor dem die Hauptverhandlung stattfinden soll. So gesehen wäre der Antrag, das Hauptverfahren zu eröffnen, völlig ausreichend.

Doch sollten Sie sich besser an der Praxis orientieren, die zumindest Gericht und konkreten Spruchkörper noch einmal bezeichnet und sich damit an den Wortlaut des **Nr. 110 III RiStBV** hält.

> **Formulierungsbeispiel:**
> Es wird beantragt, das Hauptverfahren vor dem Landgericht – Schwurgericht – zu eröffnen.

In anderen Bundesländern ist es dagegen üblich, darüber hinaus einen Antrag auf Anberaumung der Hauptverhandlung zu stellen.

> **Formulierungsbeispiel:**
> Es wird beantragt, das Hauptverfahren vor dem Amtsgericht – Strafrichter – zu eröffnen und Termin zur Hauptverhandlung anzuberaumen.
>
> (oder:)
>
> Es wird beantragt,
>   das Hauptverfahren zu eröffnen
>   und Termin zur Hauptverhandlung vor dem
>   Amtsgericht ..., Abt. ...
>   – Strafrichter –
> anzuberaumen.

351 Welche weiteren Anträge in der Anklage zu stellen sind, wird von der Praxis ebenfalls sehr unterschiedlich beantwortet. Dazu sei zunächst auf die Darstellung zur Übersendungsverfügung verwiesen. Unstreitig ist zumindest der **Antrag auf Haftfortdauer** bei bereits bestehendem Haftbefehl **in der Anklageschrift zu stellen**, weil das Gericht über die Haftfortdauer gem. § 207 IV StPO zugleich mit der Eröffnung des Hauptverfahrens zu beschließen hat. Außerdem ergibt sich das unmittelbar aus **Nr. 110 IV 2 RiStBV**. Auch die Anregung, bei einer Strafkammeranklage in der Hauptverhandlung einen dritten Berufsrichter hinzuziehen, gehört, wie sich aus Nr. 113 III RiStBV ergibt, in die Anklage.

Alle anderen Anträge sollten Sie in der Übersendungsverfügung stellen. Denn über diese soll im Zweifel bereits vorab entschieden werden.

> **Formulierungsbeispiel:**
> Es wird beantragt, das Hauptverfahren vor dem Landgericht – Schwurgericht – zu eröffnen und die Fortdauer der Untersuchungshaft anzuordnen.

352 Eines derartigen Antrages bedarf es nur, wenn der Haftbefehl auch tatsächlich vollzogen wird. Nach hM ist eine Entscheidung nach § 207 IV StPO nur geboten, wenn der Haftbefehl nicht außer Vollzug gesetzt ist. Gleichwohl empfiehlt es sich aus Klarstellungsgründen dann folgenden Antrag zu stellen:

> **Formulierungsbeispiel:**
> Es wird beantragt,
> das Hauptverfahren zu eröffnen,
> Hauptverhandlung vor dem Landgericht – Große Strafkammer – anzuberaumen,
> und den Haftbefehl vom ... nebst Außervollzugsetzungsbeschluss vom ... aufrecht zu erhalten.
> Wegen der Schwierigkeit der Sach- und Rechtslage wird angeregt, die Hauptverhandlung in der Besetzung mit drei Berufsrichtern durchzuführen.

VI. Unterschrift

Eine Anklageschrift muss vom Staatsanwalt unterschrieben werden. Unterschreiben Sie die   353–356
Anklage aber keinesfalls mit Ihrem eigenen Namen und gar noch dem Zusatz Staatsanwalt.
Die Examensklausur darf keinen Hinweis auf die Identität des Verfassers enthalten.

In der Klausur sollte es schlicht heißen:

> **Formulierungsbeispiel:**
> Unterschrift des
> Staatsanwalts
>
> (oder:)
>
> Unterschrift
> Staatsanwalt

VII. Süddeutsche Anklageform

Auch die süddeutsche Anklageschrift sieht nicht überall gleich aus, von Bundesland zu Bundesland gibt es vielmehr kleinere Besonderheiten.

Ob im Kopf der Anklageschrift ein Adressat zu nennen ist, hängt vom jeweiligen Bundesland ab. Wird der Adressat nicht aufgeführt, folgen der Überschrift »Anklageschrift« meist die Worte »in der Strafsache gegen«.

Hinführend auf die Konkretisierung, die in der süddeutschen Anklageform dem Abstraktum vorangeht, heißt es üblicherweise:

> **Formulierungsbeispiel:**
> Die Staatsanwaltschaft legt aufgrund ihrer Ermittlungen dem/den Angeschuldigten folgenden Sachverhalt zur Last:

Kürzer kann es auch heißen:

> **Formulierungsbeispiel:**
> ... wird folgender Sachverhalt zur Last gelegt:

Danach folgt die **Konkretisierung**, die nach den bereits dargestellten Regeln zu formulieren ist. In Baden-Württemberg wird die Konkretisierung zum Teil auch im Konjunktiv mit den Worten begonnen:

> **Formulierungsbeispiel:**
> Der Genannte wird angeschuldigt (oder angeklagt), er habe ...

Die gesamte Konkretisierung wird nach dieser Einleitung im Konjunktiv gehalten.

Teilweise wird unmittelbar im Anschluss an die Konkretisierung bereits auf die fehlende Eignung zur Teilnahme am Straßenverkehr (§ 69 StGB), gestellte Strafanträge oder die Bejahung des besonderen öffentlichen Interesses hingewiesen.

Es folgt der **abstrakte Anklagesatz**. Dieser wird teilweise wie folgt überschrieben:

> **Formulierungsbeispiel:**
> Der Angeschuldigte wird daher beschuldigt (oder angeschuldigt), ...

Haben Sie die Konkretisierung im Konjunktiv geschrieben, wird der Gebrauch des Konjunktivs auch im Abstraktum fortgesetzt:

> **Formulierungsbeispiel:**
> Er wird deshalb beschuldigt (oder angeschuldigt), er habe ...

Vergessen Sie nicht, die Anzahl der selbstständigen Handlungen zu nennen! Anschließend ist im abstrakten Anklagesatz die **Wortlaut** der **verletzten Vorschriften** aufzuführen. **Dazu gehören natürlich auch die einschlägigen Vorschriften aus dem Allgemeinen Teil des StGB. Vergessen Sie auch die Schuldform nicht,** wenn diese mitgeteilt werden muss.

Noch innerhalb desselben Satzes wird die Liste der anzuwendenden Strafvorschriften angefügt.

> **Formulierungsbeispiel:**
> ..., strafbar als ...

Die Deliktsnatur (Vergehen oder Verbrechen) kann vor diesen einleitenden Worten oder unmittelbar mit der Bezeichnung des verwirklichten Tatbestands genannt werden.

> **Formulierungsbeispiel:**
> ..., Vergehen und Verbrechen, strafbar ...
> ..., strafbar als Verbrechen des ... und Vergehen des ...

Üblicherweise sind dann – noch einmal zusammen mit den Konkurrenzverhältnissen – zunächst die gesetzlichen Überschriften der verwirklichten Straftatbestände zu nennen.

> **Formulierungsbeispiel:**
> ..., strafbar als Vergehen der Beleidigung und Vergehen der Bedrohung in Tateinheit mit ...

Achten Sie bei dieser Art der Darstellung darauf, dass bei Tateinheit von Verbrechens- und Vergehenstatbestand insgesamt ein Verbrechen vorliegt.

Ganz einheitlich ist die Praxis auch insoweit nicht, die Aufzählung der gesetzlichen Überschriften ist nicht überall geboten. Dann ist die einleitende Bezeichnung der Deliktsnatur ausreichend. Die auf jeden Fall erforderliche Paragraphenkette, für die wiederum die allgemeinen Regeln gelten, beginnt mit dem Wort »gemäß«.

Denken Sie an den Hinweis auf mögliche Verfolgungsbeschränkungen nach § 154a I StPO. Dieser muss spätestens im Anschluss an die Paragraphenkette auf die bereits gezeigte Weise erfolgen. Dieser Hinweis darf der Paragraphenkette auch in einem Halbsatz folgen.

> **Formulierungsbeispiel:**
> ..., worauf das Verfahren gem. § 154a StPO beschränkt worden ist.

Es haben dann noch Hinweise auf eine Maßregel nach § 69 StGB bzw. eine Einziehungsentscheidung zu folgen.

> **Formulierungsbeispiel:**
> Gemäß § 74 StGB kommt die Einziehung des ... in Betracht.

An dieser Stelle würde das wesentliche Ermittlungsergebnis folgen.

> **Überwiegend wird im Anschluss daran das Gericht bezeichnet, das die Staatsanwaltschaft für die Durchführung der Hauptverhandlung zuständig hält. Zugleich werden die Vorschriften zur örtlichen und sachlichen Zuständigkeit genannt.**

> **Formulierungsbeispiel:**
> Zur Aburteilung ist nach den §§ 7–13 StPO, §§ 24 I, 25 Nr. 2 GVG das Amtsgericht ... – Strafrichter – zuständig.

Daran schließen sich die **üblichen auf die Eröffnung des Hauptverfahrens gerichteten Anträge** an.

> **Formulierungsbeispiel:**
> Ich erhebe die öffentliche Klage und beantrage, das Hauptverfahren zu eröffnen.

Gegebenenfalls haben weitere zu stellende Anträge zu folgen. Die in der Anklageschrift zu formulierende Anträge beschränken sich in der süddeutschen Praxis aber nicht nur auf die auf die Eröffnung des Hauptverfahrens gerichteten und den Haftfortdauerantrag, sondern weitgehend werden alle Anträge, die zum Zeitpunkt der Anklageerhebung erforderlich sind, in der Anklageschrift gestellt.

Die Aufzählung der **Beweismittel** folgt bei dieser Form der Anklage – **teilweise ohne Angaben zum Aussageverhalten des Angeschuldigten** – erst im Anschluss an die Anträge. Anstelle der schlichten Überschrift »Beweismittel« heißt es auch:

> **Formulierungsbeispiel:**
> Als Beweismittel bezeichne ich ...

VIII. Anhang: Kurze Anklagebeispiele

Norddeutsche Form: Schleswig-Holstein, Niedersachsen, Nordrhein-Westfalen und andere.

[Anklagende StA mit Az]   [Datum]

An das   Haft!
Amtsgericht – Strafrichter –   Haftprüfungstermin …

                          Anklageschrift

Der   …,

          Verteidiger: Rechtsanwalt …,

wird angeklagt

am … in …
durch … selbstständige Handlungen

          1. …
          2. …

Zu 1: Am … suchte der Angeschuldigte …

Zu 2: Anschließend …

Vergehen, strafbar nach … .
Zu maßregeln gemäß … .
[Hinweis auf § 154 a StPO]

Beweismittel:

          I. Geständnis …
          II. Zeugen …

Es wird beantragt,   das Hauptverfahren vor dem Amtsgericht – Strafrichter – zu eröffnen und
                       Termin zur Hauptverhandlung anzuberaumen.

[Unterschrift, Dienstbezeichnung]

Norddeutsche Form: Hamburg

[Anklagende StA mit Az]   [Datum]

                                                            Haft!
                                                            Haftprüfungstermin …

                                    Anklageschrift

Der   …,
            vorbestraft,

            Verteidiger: Rechtsanwalt …,

wird angeklagt

am … in …
durch … selbstständige Handlungen
            1. …
            2. …
indem
der Beschuldigte …

Vergehen, strafbar nach …

In der Hauptverhandlung wird beantragt werden, dem Beschuldigten gem. § 69 StGB …
[Hinweis auf § 154 a StPO]

Beweismittel:

            I. Geständnis …
            II. Zeugen …

Es wird beantragt,   das Hauptverfahren zu eröffnen und Termin zur Hauptverhandlung vor dem
                      Amtsgericht …, Abt. …,– Strafrichter –
                      anzuberaumen.

[Unterschrift, Dienstbezeichnung]

Süddeutsche Form: Sachsen, Thüringen, Baden-Württemberg, Bayern und andere.

[Anklagende StA mit Az]   [Datum]

                                                         Haft!
                                                         Haftprüfungstermin ...

                              Anklageschrift

                            In der Strafsache
                                  gegen

                             Personalien,
                      Verteidiger: Rechtsanwalt ...,

Die Staatsanwaltschaft legt dem Angeschuldigten aufgrund ihrer Ermittlungen folgenden Sachverhalt zu Last:

          1. ...
          2. ...

Der Angeschuldigte wird daher beschuldigt, ..., strafbar als Verbrechen ... gem. §§ ...
[Hinweis auf § 154a StPO]

Zur Aburteilung ist das Amtsgericht – Strafrichter – zuständig (§§ ...).

Ich erhebe die öffentliche Klage und beantrage:

          das Hauptverfahren zu eröffnen und die Anklage zur Hauptverhandlung zuzulassen,
          Termin zur Hauptverhandlung anzuberaumen.

Als Beweismittel bezeichne ich: ...

[Unterschrift, Dienstbezeichnung]

D. Besonderheiten des Jugendverfahrens

357 Jugendliche und Heranwachsende als Beschuldigte sind in den Examensklausuren die Ausnahme, weil nach den Prüfungsordnungen regelmäßig keine vertieften Kenntnisse des Jugendverfahrens gefordert werden. Gleichwohl will ich Sie auf von Ihnen zu beachtende prozessuale Besonderheiten hinweisen.

Das Verfahren gegen Jugendliche und Heranwachsende ist bekanntlich im Jugendgerichtsgesetz geregelt, dass jedoch, soweit dort nichts Abweichendes bestimmt ist, auf die Vorschriften der StPO verweist (§ 2 II JGG).

358 Ausgangspunkt für die Anwendung des JGG ist das **Alter des Beschuldigten zur Tatzeit** (§ 1 II JGG):

- **Jugendlicher** ist der strafmündige Beschuldigte (vierzehn Jahre alt), bis er das achtzehnte Lebensjahr vollendet hat.
- **Heranwachsender** ist der Beschuldigte von der Vollendung des achtzehnten bis zur Vollendung des einundzwanzigsten Lebensjahrs.

Verfehlungen, von denen das JGG spricht, **sind rechtswidrige Taten iSd § 12 StGB**.

359 Besonderer Erwähnung bedürfen die auch nach dem JGG vorgesehenen Rechtsfolgen, denn die Verhängung von Geld- oder Freiheitsstrafen kommt bei der Anwendung materiellen Jugendstrafrechts nicht in Betracht. Das JGG, in dem der Erziehungsgedanke im Vordergrund steht, unterscheidet zwischen

- **Erziehungsmaßregeln**, § 9 JGG,
  - Weisungen, § 10 JGG,
  - Anordnung der Hilfe zur Erziehung, § 12 JGG,
- **Zuchtmitteln**, § 13 JGG,
  - Verwarnung, § 14 JGG,
  - Auflagen, § 15 JGG,
  - Jugendarrest, § 16 JGG,
    - Freizeitarrest, § 16 II JGG, eine bis zwei Freizeiten (zwei Tage),
    - Kurzarrest, § 16 III JGG, zusammen zu vollstreckende Freizeitarreste,
    - Dauerarrest, § 16 IV JGG, eine Woche bis vier Wochen,
- **Jugendstrafe**, § 17 JGG.
  Das Mindestmaß der Jugendstrafe beträgt **sechs Monate, das Höchstmaß fünf Jahre**. Bei Verbrechen, für die eine Freiheitsstrafe von mehr als zehn Jahren angedroht wird, beträgt das Höchstmaß **ausnahmsweise zehn Jahre**, § 18 JGG.
  Im Verfahren gegen Heranwachsende kann stets Jugendstrafe bis zu zehn Jahren verhängt werden, § 105 III JGG.

I. B-Gutachten

1. Zuständigkeit der Jugendgerichte

360 Im Jugendverfahren sind gem. § 33 JGG die Jugendgerichte der Amts- und Landgerichte zuständig. Das sind die

- **Jugendrichter,**
- **Jugendschöffengerichte,**
- **Jugendkammern.**

Ist der Beschuldigte Heranwachsender müssen Sie sich immer darüber Gewissheit verschaffen, ob nicht abweichende Zuständigkeitsregeln gelten. Aufmerksamkeit ist auch dann erforderlich, wenn sich das Verfahren gegen mehrere Beschuldigte verschiedener Altersstufen richtet.

a) Jugendrichter

Die sachliche Zuständigkeit der Jugendrichter ist in § 39 JGG bestimmt. **Sie richtet sich nach** 361 **der zu erwartenden Rechtsfolge.** Unabhängig von der Rechtsfolgenerwartung, die für die Anklageerhebung maßgebend ist, ist die Rechtsfolgenkompetenz des Jugendrichters auf die Verhängung von **Jugendstrafe** bis zu einem Jahr begrenzt (§ 39 II JGG), wenn es zur Anwendung des Jugendrechts kommt.

aa) Verfahren gegen Jugendliche

Die Jugendrichter sind zuständig 362

- bei Verfehlungen,
- wenn nur Erziehungsmaßregeln, Zuchtmittel, nach dem JGG zulässige Nebenstrafen und Nebenfolgen oder die Entziehung der Fahrerlaubnis zu erwarten sind.

§ 39 JGG eröffnet dem Jugendstaatsanwalt kein Wahlrecht für die Anklageerhebung. **Die Anklage muss vielmehr vor dem Jugendrichter erhoben werden, wenn die zuvor genannten Voraussetzungen erfüllt sind**, es sei denn, die Sach- und Rechtslage wäre schwierig.

bb) Verfahren gegen Heranwachsende

Auch im Verfahren gegen Heranwachsende ist der Jugendrichter zuständig, wenn 363

- gem. § 108 I JGG
  - die Anwendung von **Jugendstrafrecht** in Betracht kommt
  - und nur Erziehungsmaßregeln, Zuchtmittel, nach dem JGG zulässige Nebenstrafen und Nebenfolgen oder die Entziehung der Fahrerlaubnis zu erwarten sind.
- Der Jugendrichter ist gemäß 108 II JGG ferner zuständig,
  - wenn die Anwendung von **Erwachsenenstrafrecht** in Betracht kommt,
  - und der Strafrichter gem. § 25 GVG zuständig wäre. Die Rechtsfolgenkompetenz des Jugendrichters erlaubt dann die Verhängung von **Freiheits**strafen bis zu vier Jahren.

cc) Verbundene Verfahren

Soll in einem verbundenen Verfahren gegen Jugendliche und Heranwachsende gemeinsam Anklage vor dem Jugendrichter erhoben werden, gibt es keine Besonderheiten zu beachten, wenn gegen den Heranwachsenden ebenfalls Jugendstrafrecht anzuwenden ist und die zu erwartenden Rechtsfolgen nicht die Anklage vor einem höheren Gericht gebieten.

Soll vor dem Jugendrichter neben einem Jugendlichen ein Erwachsener oder ein Heranwachsender, auf den Erwachsenenstrafrecht anzuwenden ist, angeklagt werden, ist der Jugendrichter nur zuständig, wenn für das Erwachsenenverfahren die Zuständigkeit des Strafrichters begründet wäre (§§ 39 I 2, 108 II JGG).

b) Jugendschöffengericht

Die sachliche Zuständigkeit der Jugendschöffengerichte ist in § 40 JGG festgelegt. Das Ju- 364 gendschöffengericht hat **im Jugendverfahren die allgemeine sachliche Zuständigkeit**, die lediglich dann eingeschränkt ist, wenn nach den Sondervorschriften (§§ 39, 41 JGG) die Zuständigkeit des Jugendrichters oder der Jugendkammer begründet ist. Deshalb hat das Jugendschöffengericht auch die **volle Rechtsfolgenkompetenz** und kann **Jugendstrafen bis zu zehn Jahren** (§ 18 JGG) verhängen.

Im Jugendverfahren hat das Jugendschöffengericht die allgemeine sachliche Zuständigkeit.

aa) Verfahren gegen Jugendliche

Für das Verfahren gegen Jugendliche bedeutet das, die Zuständigkeit des Jugendschöffen- 365 gerichts ist begründet, wenn

- die Verhängung von Jugendstrafe (§ 17 II JGG) zu erwarten ist,
- nach allgemeinen Vorschriften nicht die Zuständigkeit des Schwurgerichts begründet wäre.

bb) Verfahren gegen Heranwachsende

366 Auch die Zuständigkeit des Jugendschöffengerichts im Verfahren gegen Heranwachsende regelt § 108 JGG.

- Gemäß § 108 I JGG ist das Jugendschöffengericht zuständig, wenn
  - die Anwendung des **Jugendstrafrechts** zu erwarten ist
  - und die Zuständigkeit im Verfahren gegen Jugendliche gegeben wäre.
- Gemäß § 108 II JGG ist die Zuständigkeit des Jugendschöffengerichts begründet, wenn
  - die Anwendung von **Erwachsenenstrafrecht** zu erwarten ist und
  - die Zuständigkeit im Verfahren gegen Erwachsene gem. § 25 GVG begründet wäre,
  - insbesondere eine zu erwartende Freiheitsstrafe vier Jahre nicht übersteigt, weil die **Rechtsfolgenkompetenz** des Jugendschöffengerichts bei Anwendung von **Erwachsenenstrafrecht** nur Freiheitsstrafen von bis zu **vier Jahren** umfasst.

cc) Verbundene Verfahren

367 Soll in einem verbundenen Verfahren gegen Jugendliche und Heranwachsende gemeinsam Anklage vor dem Jugendschöffengericht erhoben werden, gibt es keine Besonderheiten zu beachten, wenn gegen den Heranwachsenden ebenfalls Jugendstrafrecht anzuwenden ist und die zu erwartenden Rechtsfolgen nicht die Anklage vor einem höheren Gericht gebieten.

Soll neben einem Jugendlichen ein Erwachsener oder ein Heranwachsender, auf den Erwachsenenstrafrecht anzuwenden ist, angeklagt werden, ist das Jugendschöffengericht zuständig, wenn auch für das Erwachsenenverfahren seine Zuständigkeit begründet wäre (§ 108 III 1 JGG). Es gilt auch dann die Rechtsfolgenkompetenz von bis zu vier Jahren.

c) Jugendkammer

368 Die sachliche Zuständigkeit der Jugendkammern ergibt sich aus § 41 JGG.

aa) Verfahren gegen Jugendliche

369 Im Verfahren gegen Jugendliche folgt die sachliche Zuständigkeit der Jugendkammern gem. § 41 I Nr. 1 JGG der Zuständigkeit des Schwurgerichts. Die Jugendkammern sind also zuständig, wenn eine **Katalogtat nach § 74 II GVG** anzuklagen ist.

bb) Verfahren gegen Heranwachsende

370 Im Verfahren gegen Heranwachsende ist die Jugendkammer zuständig, wenn

- gem. §§ 108 I, 41 I Nr. 1 JGG, § 74 II GVG die Zuständigkeit des Schwurgerichts gegeben wäre, wobei es keine Rolle spielt, ob Jugend- oder Erwachsenenstrafrecht zur Anwendung kommen wird,
- bei Anwendung von Erwachsenenstrafrecht eine Freiheitsstrafe von mehr als vier Jahren zu erwarten ist, § 108 III 2 JGG.

cc) Verbundene Verfahren

371 Soll in einem verbundenen Verfahren gegen Jugendliche und Heranwachsende Anklage erhoben werden, gibt es keine Besonderheiten zu beachten, wenn gegen den Heranwachsenden ebenfalls Jugendstrafrecht anzuwenden ist.

Soll neben einem Jugendlichen ein Erwachsener oder ein Heranwachsender, auf den Erwachsenenstrafrecht anzuwenden ist, angeklagt werden, ist die Jugendkammer auch dann zuständig, wenn im Erwachsenenverfahren die Zuständigkeit einer allgemeinen Strafkammer oder des Schwurgerichts begründet wäre (§§ 103 II, 108 III 2 JGG). Die besonderen Regelungen für Zuständigkeiten nach denn §§ 74a, 74c GVG spielen in Klausuren keine Rolle.

2. Verfahrenstrennung

372 Ist neben einem Jugendlichen oder Heranwachsenden auch ein Erwachsener anzuklagen, mag in der Praxis die Abtrennung des Verfahrens gegen diesen durchaus in Betracht kommen. Sie werden in der Klausur jedoch kaum die Zeit haben, die dann erforderliche zweite Abschlussverfügung und zweite Anklageschrift zu schreiben. Die Beschuldigten können jedoch ohne Weiteres aufgrund des § 103 I JGG gemeinsam angeklagt werden, wenn die Ihnen bereits bekannten Voraussetzungen des § 3 StPO erfüllt sind. Daran wird es nur in ganz seltenen Fällen fehlen.

3. Besondere Verfahrensarten

Vergessen Sie bitte nicht, dass die §§ 79 bis 81 JGG im Verfahren gegen Jugendliche verschiedene Verfahrensarten ausschließen. Im Verfahren gegen Heranwachsende gelten die Vorschriften über § 109 II JGG nur sehr eingeschränkt. **373**

- **Unzulässig** ist gegen einen Jugendlichen das **Strafbefehlsverfahren, § 79 I JGG.**
  Gegen Heranwachsende ist das Strafbefehlsverfahren nur dann unzulässig, wenn gegen sie materielles Jugendrecht gem. § 105 JGG angewendet wird.
- **Unzulässig** ist gegen Jugendliche auch das **beschleunigte Verfahren, § 79 II JGG.**
  Diese Einschränkung gilt im Verfahren gegen Heranwachsende nicht.
- Gegen einen Jugendlichen kann **Privatklage** nur als Widerklage erhoben werden, § 80 I, II JGG.
  Jedoch hat die Staatsanwaltschaft die Möglichkeit, Privatklagedelikte von Jugendlichen unter erweiterten Voraussetzungen im Offizialverfahren zu verfolgen. Neben das öffentliche Interesse iSd § 376 StPO treten nämlich das **Erziehungsinteresse** und das **berechtigte Interesse des Verletzten** (§ 80 I 2 JGG), die unabhängig vom Vorliegen des öffentlichen Interesses die Verfolgung von Privatklagedelikten ermöglichen.
  § 80 JGG findet auf Heranwachsende keine Anwendung, sodass eine Privatklage zulässig wäre.
- Auch die Möglichkeit, sich dem Verfahren als **Nebenkläger** anzuschließen, ist im Verfahren gegen Jugendliche gem. § 80 III 1 JGG auf schwere Katalogtaten **beschränkt. Achten Sie darauf, dass das auch in verbundenen Verfahren gegen mitverfolgte Erwachsene oder Heranwachsende gilt,** weil anderenfalls der sich aus § 80 III JGG ergebende Schutz des Jugendlichen unterlaufen werden könnte.
  Gegen Heranwachsende ist die Nebenklage uneingeschränkt zulässig, weil § 80 JGG nicht anwendbar ist.
- Ferner ist das **Adhäsionsverfahren** unzulässig, § 81 JGG.
  Gegen Heranwachsende ist dagegen auch ein Adhäsionsverfahren zulässig.

4. Notwendige Verteidigung

Zur notwendigen Verteidigung enthält das JGG zwar in § 68 eine zum Teil eigenständige Regelung. Für die Klausurlösung ist jedoch lediglich § 68 Nr. 1 JGG von Bedeutung, der auf die Regelung in § 140 StPO verweist. Deshalb ist wie im Erwachsenenverfahren auch ein Pflichtverteidiger zu bestellen, wenn **Anklage zum Landgericht erhoben oder dem Beschuldigten ein Verbrechen vorgeworfen wird.** Im Rahmen des § 140 II StPO wird sich ohne Weiteres vertreten lassen, dass wegen der Schwere der Tat schon dann die Verteidigung notwendig ist, wenn dem Beschuldigten Jugendstrafe droht. Die Beiordnung eines Pflichtverteidigers wird umso zwingender je jünger der Beschuldigte ist. Auch bei einer Anklage zum Jugendschöffengericht ist dem Beschuldigten zwingend ein Pflichtverteidiger beizuordnen, wenn ihm eine Jugendstrafe droht, deren Höhe im Erwachsenenverfahren eine Anklage zum Landgericht erfordern würde (mehr als vier Jahre). **374**

Beachte: Schon wenn Jugendstrafe zu erwarten ist, sollte gem. § 68 Nr. 1 JGG, § 140 II StPO ein Antrag gestellt werden, einen Pflichtverteidiger zu bestellen.

5. Besondere Mitteilungen

In § 70 JGG sind verschiedene besondere Mitteilungspflichten formuliert, die jedoch für die Klausurlösungen weitgehend keine Rolle spielen. Mitteilungen an Schulen und Vormundschaftsgericht erfolgen nämlich nur in so seltenen Ausnahmefällen, dass Sie entsprechende Mitteilungspflichten nicht zu erörtern brauchen. Sie müssen lediglich die Mitteilungspflicht gegenüber der Jugendgerichtshilfe beachten, die in Nr. 32 MiStra präzisiert ist. **Bei Anklageerhebung muss der Jugendgerichtshilfe eine Abschrift der Anklageschrift übersandt werden, Nr. 32, 6 IV MiStra.** **375**

6. Einstellungen

376 Fehlt es am hinreichenden Tatverdacht bzgl. einer selbstständigen prozessualen Tat hat die Staatsanwaltschaft das Verfahren gem. § 170 II StPO, § 2 JGG einzustellen. **Auch gegen Jugendliche und Heranwachsende ist das Klageerzwingungsverfahren zulässig,** weil das Legalitätsprinzip durch den Erziehungsgedanken nicht berührt wird. Dem verletzten Antragsteller ist deshalb ein **Bescheid mit Belehrung über die Möglichkeit der Vorschaltbeschwerde** zu erteilen.

Auch die §§ 154, 154a StPO gelten im Verfahren gegen Jugendliche und Heranwachsende über § 2 JGG uneingeschränkt.

Mit **§ 45 JGG** hat der Jugendstaatsanwalt ein weiteres Mittel zur Verfahrenseinstellung, das über die Einstellungsmöglichkeiten im Erwachsenenverfahren weit hinausgeht, in der Klausur aber keine Rolle spielt.

7. Untersuchungshaft

377 **Die Voraussetzungen für die Verhängung von Untersuchungshaft sind im Verfahren gegen Jugendliche gem. § 72 JGG erheblich eingeschränkt.**
Gegenüber Heranwachsenden gelten die Einschränkungen des § 72 JGG dagegen nicht (§ 109 I 1 JGG).

Die Einschränkungen liegen in

- der **Subsidiarität der U-Haft,** § 72 I 1 JGG,
- besonderen Anforderungen an die **Verhältnismäßigkeit,** § 72 I 2 JGG,
- besonderen Anforderungen an den **Haftgrund,** § 72 II JGG.

In der Klausurlösung werden Sie freilich in der gewohnten Reihenfolge prüfen müssen: dringender Tatverdacht, Haftgrund, Verhältnismäßigkeit und zuletzt Subsidiarität.

- Beim dringenden Tatverdacht gibt es natürlich keine Besonderheiten.
- Den **Subsidiaritätsgrundsatz,** der sich aus § 72 I 1 JGG ergibt, sollten Sie ggf. zwar erwähnen. Eine echte Rolle dürfte dieser in der Klausur jedoch nicht spielen, weil die Beurteilung vertiefte Kenntnisse über die vorrangig anzuwenden Maßnahmen erfordert, die von Ihnen nicht verlangt werden.
- Der Grundsatz der Verhältnismäßigkeit gebietet es, dass **U-Haft nur angeordnet** wird, **wenn sie im Hinblick auf die Bedeutung der Sache und die erwartete Rechtsfolge angemessen erscheint.** Damit kommt U-Haft gegen Jugendliche regelmäßig nur dann in Betracht, wenn die Verhängung von Jugendstrafe zu erwarten ist.
- Der Haftgrund der **Fluchtgefahr** ist durch Abs. 2 eingeschränkt, der fordert, dass der Beschuldigte
  – sich dem Verfahren bereits entzogen hat oder Anstalten dazu trifft,
  – **oder** keinen festen Wohnsitz oder Aufenthalt im Geltungsbereich des Gesetzes hat.

II. Abschlussverfügung

378 In der Abschlussverfügung sind nach dem zuvor Gesagten fast keine Besonderheiten zu beachten. Denken Sie an die Mitteilungspflicht gegenüber dem Jugendamt.

III. Anklageschrift

379 Auch beim Anfertigen der Anklageschrift haben Sie ebenfalls nur wenige Besonderheiten zu beachten. **Denken Sie daran, dass die Unterscheidung zwischen nord- und süddeutscher Anklageform auch im Jugendverfahren gilt.**

1. Rubrum

Soll Anklage zu einem der Jugendgerichte erhoben werden, ist wie im Erwachsenenverfahren **380** zu unterscheiden, ob ein einzelner Richter oder ein Kollegialgericht über die Eröffnung entscheidet.

> **Formulierungsbeispiel:**
> An
> das Amtsgericht
> **– Jugendrichter –**
>
> (oder:)
>
> An
> das Amtsgericht
> **– Vors. des Jugendschöffengerichts –**
>
> (oder:)
>
> An
> das Landgericht
> **– Jugendkammer –**

Richtet sich das Verfahren auch gegen einen Jugendlichen, müssen im Rubrum im Anschluss an dessen Personalien die gesetzlichen Vertreter genannt werden.

> **Formulierungsbeispiel:**
> Der Schüler Ralf Müller, geboren am 30. September ... in Hannover, wohnhaft ... Hannover, Meierstraße 1, ledig, deutscher Staatsangehöriger
>
> **gesetzliche Vertreter: H. und B. Müller, wohnhaft** ...

Gesetzliche Vertreter werden Sie natürlich nur dann nennen, wenn der Angeschuldigte auch zum Zeitpunkt der Anklageerhebung noch nicht volljährig ist. Achten Sie darauf!

2. Anklagesatz

a) Abstraktum

Bevor Sie den Wortlaut der verletzten Straftatbestände nennen, müssen Sie dem Leser mitteilen, ob der Beschuldigte oder einer der Beschuldigten die Tat als Jugendlicher oder als Heranwachsender begangen hat. Das geschieht mit wenigen Worten. Bei Beschuldigten, die zur Tatzeit das 18. Lebensjahr noch nicht vollendet hatten, sollte es heißen: **381**

> ... wird angeklagt
> als **Jugendlicher mit Verantwortungsreife** ...
>
> (oder schlicht:)
>
> als **Jugendlicher** ...

Hatte der Beschuldigte zur Tatzeit das 18. aber noch nicht das 21. Lebensjahr vollendet, heißt es:

> ... wird angeklagt
> als **Heranwachsender** ...

Weitere Besonderheiten gibt es nicht zu beachten.

b) Konkretisierung

Die Konkretisierung formulieren Sie wie gewohnt, aus der Anklageerhebung vor einem Jugendgericht ergeben sich keine Besonderheiten. **382**

c) Anzuwendende Vorschriften

Beim Aufzählen der anzuwendenden Vorschriften dürfen Sie die wenigen Vorschriften, aus denen sich die Anwendbarkeit des Jugendstrafrechts ergibt, nicht vergessen. **383**

Bei einer Anklage gegen einen Jugendlichen muss es deshalb heißen:

... StGB, §§ **1, 3 JGG**

Geht es dagegen um einen Heranwachsenden, heißt es:

... StGB, §§ **1, 105 ff. JGG**

3. Anträge

384 Auch die abschließenden Anträge werden Ihnen keine Schwierigkeiten bereiten, weil Sie den Anträgen im Verfahren gegen Erwachsene entsprechen. Es ist von Ihnen lediglich das zuständige Jugendgericht zu benennen.

> **Formulierungsbeispiel:**
> Es wird beantragt, das Hauptverfahren vor dem Landgericht – **Jugendkammer** – zu eröffnen.
>
> (oder:)
>
> Es wird beantragt, das Hauptverfahren vor dem Amtsgericht – **Jugendrichter** – zu eröffnen und Termin zur Hauptverhandlung anzuberaumen.

4. Wesentliches Ermittlungsergebnis

385 Nur der Vollständigkeit halber sei hier abschließend noch auf § 46 JGG hingewiesen, der bestimmt, dass das Ermittlungsergebnis so abgefasst werden muss, dass die Kenntnis des Angeschuldigten von diesem keine Nachteile für seine Erziehung verursacht. Die Vorschrift dürfte für die Klausurlösung keine Relevanz haben.

E. Abschließende Arbeiten

Wenn Sie Anklage und Abschlussverfügung fertig gestellt haben, müssen Sie den praktischen **386** Teil unbedingt noch einmal aufmerksam durchlesen. Haben Sie in der Abschlussverfügung alles veranlasst, was zu veranlassen war? Decken sich Anklageinhalt und Ergebnis des materiellen Gutachtens? Ist die Gliederung der Anklage schlüssig? Sind in der Konkretisierung alle subjektiven Merkmale mit Sachverhalt ausgefüllt?

Erst danach dürfen Sie Ihre Arbeit abgeben!

Stichwortverzeichnis

Die aufgeführten Zahlen bezeichnen Randnummern.

Abschluss der Ermittlungen 278
Abschlussverfügung 126, 258
Absehen von der Verfolgung 194, 276
absolute Antragsdelikte 57i
Abstraktum 305, 381
Abwägungslehre 64
agent provocateur 136
akustische Überwachung 141
Amtliches Auskunftsverlangen 70
anderweitige Rechtshängigkeit 57d
Anklagesatz 300, 381
Anklageschrift 292
Anklageteil 258
Anordnungskompetenz 119, 126, 148
Anschlussberechtigung 204
Anschlusserklärung 204
Antrag 290, 350, 384
Antragsteller 200, 265
anzuwendende Vorschriften 337, 383
ärztliches Attest 251
Augenschein 55, 349
Auskunftsverweigerung 94
Aussagefreiheit 71

Bankgeheimnis 145
Befundtatsachen 53, 111
Behördenauskünfte 143
Behördliche Auskunftpflichten 143
Belehrungspflicht 66, 67, 70, 73, 93, 104
Benachrichtigungspflicht 62
Berufsgeheimnisträger 111
Beschlagnahme 121, 124, 130, 231
Beschlagnahmeanordnung 229
Beschlagnahmeverbot 125
beschleunigtes Verfahren 188, 373
Beschränkung der Verfolgung 192
Beschuldigteneigenschaft 67
Beschwerdebelehrung 266
Beweismittel 49, 248, 344
Beweiswert 47
Beweiswürdigung 28, 333
Beziehungsgegenstände 235
Blutprobe 147

charakterliche Unzuverlässigkeit 226

Dokumentationspflicht 73
dringender Tatverdacht 207, 209, 228
Durchsuchung 113, 114, 229
Durchsuchungsanordnung 120, 229

Ehegatten 101
Einleitungssätze 9
Einstellungsbescheid 196, 200, 262
Einstellungsbeschwerde 265
Einstellungsnachricht 265, 272
Einstellungteil 258
Einziehung 234, 238
E-Mail 130
Ermittlungsbeamte 119
Ermüdung 80
Erziehungsmaßregeln 359

Fahrerlaubnis 225
Fallnummer 321
Fernmeldegeheimnis 130, 143
Fernwirkung 64, 78, 84, 137, 139
Flucht 212
Fluchtgefahr 213
Fortwirkung 75, 83, 134
Funktionieren der Strafrechtspflege 64

Gefahr im Verzug 119, 126, 128, 134, 137,
   141, 148
Gerichtsstand 185
gesetzliche Merkmale der Straftat 305
geständige Einlassung 40, 152, 345
Geständnis 40, 152, 345
Große Strafkammer 169
Gutachtenstil 23, 209

Haftausschließungsgrund 218
Haftbefehl 208, 289, 290, 352
Haftbefehlsantrag 220
Haftfortdauer 221, 351
Haftgrund 211
Haftkontrolle 282
Haftprüfungsfrist 222, 285, 298
Haftprüfungstermin 221, 295
Handlungsabschnitte 8
Heranwachsender 358
Herausgabe 239, 277
hinreichende Wahrscheinlichkeit 31
Hörfalle 84
hypothetische Ersatzanordnung 112, 121,
   148

Informant 132
Informationsfunktion 300, 314
informatorische Befragung 68, 104, 107
Intoxikationspsychose 173

Inzidentprüfung 8

Jugendkammer 369
Jugendlicher 358
Jugendrichter 361
Jugendschöffengericht 364
Jugendstrafe 359

Katalogtat 130, 134, 137, 140, 141, 150, 215, 286
Kernbereich privater Lebensgestaltung 127, 141
Klageerzwingungsverfahren 200, 271, 376
Konkretisierung 292, 323, 382
Konkurrenzen 317
kriminalistische List 80a

Lauschangriff 140
Lebenspartner 101
Lösungsskizze 7, 19, 188

minder schwerer Fall 171, 180, 313
Mitteilungspflicht 245, 375
Motiv 35, 45

Nebenklage 204, 373
Nemo-tenetur-Grundsatz 47, 90, 134
notwendige Verteidigung 202, 374

öffentliches Interesse 196, 197, 343
Offizialdelikt 196, 271
Offizialverfahren 196, 373
Opportunitätsentscheidungen 275

Personalien 296
Pflichtverteidiger 71, 202, 289, 374
Postbeschlagnahme 128
Postgeheimnis 143
Postpendenzfeststellung 11
Privatklage 271, 373
Privatklagedelikte 196, 373
prozessualer Tatbegriff 191
Prozessvoraussetzung 57h
psychodiagnostische Kriterien 177

Qualifikationstatbestand 9, 307
qualifizierte Belehrung 76, 83

Raumgespräche 139
Rechtsbegriff 119, 332
Rechtskreis 74, 94, 123
Regelbeispiel 18, 19, 228, 312
Registerauszüge 259
relative Antragsdelikte 57j
Resorptionsdefizit 176
richterliche Vernehmung 65, 109

Richtervorbehalt 119, 121, 126, 128, 134, 137, 141, 148
Rubrum 293, 380
Rückrechnung 176

Sachverständigengutachten 52, 178, 254
Schöffengericht 169, 186, 203, 286, 293
Schuldform 308
Schwerkriminalität 215
Schwurgericht 169, 257, 365
Sicherheitszuschlag 176
Sozialgeheimnis 143
Spontanäußerung 70, 76, 104, 107
staatliche Blutalkoholuntersuchungsstelle 252
Steuergeheimnis 143
Steuerungsfähigkeit 173, 178
Strafantrag 19, 57h, 338
Strafbefehlsverfahren 186, 373
Straferwartung 183, 184
Strafgewalt 169
Strafkammeranklage 257
Strafklageverbrauch 19, 57a
Strafrahmen 18, 170
Strafrahmenverschiebung 171
Strafrichter 169
Strafzumessungslösung 136
Streitstand 26
Stufenverhältnis 12
Subsidiaritätsgrundsatz 137, 140, 141, 377

Tagebuchaufzeichnungen 127
Tateinheit 317
Täterschaftsform 310
Tatidentität 57g
Tatmehrheit 317
Tatmittel 234
Tatort 185, 303, 324
Tatprodukte 231
Tatprovokation 136
Tatvorwurf 71
Tatzeit 303, 324
Tatzeit-BAK 173, 176
Täuschung 80a, 88
Teileinstellung 199, 261, 272
Teilnahmeform 310
Telefonüberwachung 62, 130, 137, 254
Telekommunikationsvorgang 130
Trunkenheit 173
typische Verkehrsstraftat 227

Übersendungsverfügung 286
Umgrenzungsfunktion 300, 323
unbenannte Strafmilderungsgründe 172, 312
Unmittelbarkeitsgrundsatz 151

Unmittelbarkeitsprinzip 48
Unrechtseinsichtsfähigkeit 173
Unterbrechungshandlung 57k
Untersuchungshaft 202, 206, 351, 377
Urkunde 54
Urkundenbeweis 54, 255
Urteilsstil 15, 22, 229

verbotene Vernehmungsmethoden 79
Verdeckt ermittelnde Polizeibeamte 61
verdeckte Ermittler 62, 134
Verdunkelungsgefahr 214
Verfahrenshindernis 19, 57a, 57h
Verfahrenstrennung 244, 260, 372
Verfahrensverbindung 243
verfassungskonforme Auslegung 215
Verfehlungen 358
Verhältnismäßigkeit 118, 124, 217, 377
Verjährung 57k
Verletzter 200, 265, 276
Verlöbnis 100
Vernehmung 66
Vernehmungsniederschrift 71, 151
Vernehmungsprotokoll 49, 151, 253, 346
Verschwägerte 102
Versprechen eines Vorteils 81
Versuch 312
Verteidigerkonsultation 71
Verteidigerpost 128
Vertrauensleute 135

vertypte Strafmilderungsgründe 172, 312
Verurteilungswahrscheinlichkeit 59
Verwandte 102
Verwertungsverbot 58, 62, 70, 73, 82, 93,
    97, 105, 121, 123, 125, 128, 134, 137, 141,
    146, 148
Verwertungswiderspruch 62
vorläufige Entziehung der Fahrerlaubnis
    228
Vorschaltbeschwerde 200, 376

Wahlfeststellung 11, 314, 315, 335
Wahlverteidiger 202
Wahrheitserforschungspflicht 64
wesentliches Ergebnis der Ermittlungen
    349a
Widerspruchslösung 62, 71, 134, 148
Widmark-Formel 176
Wiederholungsgefahr 216
Wiedervorlagefrist 283
Wohnraumüberwachung 140

Zeuge 32, 48, 145, 152, 248, 251, 346
Zeuge vom Hörensagen 49, 151
Zeugnisverweigerungsrecht 62, 98, 104, 111
Zuchtmittel 359
Zufallsfund 122, 123, 139, 150
Zusammenhang 242
Zusatztatsachen 53, 111
Zweifelsgrundsatz 31, 73, 218, 315